OEUVR

COMPLÈTE

DE CARON DE BEAU

ŒUVRES

COMPLÈTES

DE PIERRE-AUGUSTIN

CARON DE BEAUMARCHAIS,

Écuyer, Conseiller-Secrétaire du Roi, Lieutenant général des Chasses, Bailliage et Capitainerie de la Varenne du Louvre, grande Vénerie et Fauconnerie de France.

Ma vie est un combat.
VOLT.

TOME DEUXIÈME.

THÉATRE.—II.

A PARIS,

Chez LÉOPOLD COLLIN, Libraire, rue Gît-le-Cœur.

1809.

PRÉFACE.

En écrivant cette préface, mon but n'est pas de rechercher oiseusement si j'ai mis au théâtre une pièce bonne ou mauvaise; il n'est plus temps pour moi : mais d'examiner scrupuleusement, et je le dois toujours, si j'ai fait une œuvre blâmable.

Personne n'étant tenu de faire une comédie qui ressemble aux autres; si je me suis écarté d'un chemin trop battu, pour des raisons qui m'ont paru solides, ira-t-on me juger, comme l'ont fait MM. tels, sur des règles qui ne sont pas les miennes? imprimer puérilement que je reporte l'art à son enfance, parce que j'entreprends de frayer un nouveau sentier à cet art dont la loi première, et peut-être la seule, est d'amuser en instruisant? Mais ce n'est pas de cela qu'il s'agit.

Il y a souvent très-loin du mal que l'on dit d'un ouvrage à celui qu'on en pense. Le trait qui nous poursuit, le mot qui importune reste enseveli dans le cœur, pendant que la bouche se venge en blâmant presque tout le reste : de sorte qu'on peut regarder comme un point établi au théâtre, qu'en fait de reproche à l'auteur, ce qui nous affecte le plus est ce dont on parle le moins.

Il est peut-être utile de dévoiler, aux yeux de tous, ce double aspect des comédies, et j'aurai fait encore un bon usage de la mienne, si je parviens, en la scrutant, à fixer l'opinion publique sur ce qu'on doit entendre par ces mots : Qu'est-ce que LA DÉCENCE THÉATRALE ?

A force de nous montrer délicats, fins connaisseurs, et d'affecter, comme j'ai dit autre part, l'hypocrisie de la décence auprès du relâchement des mœurs, nous devenons des êtres nuls, incapables de s'amuser et de juger de ce qui leur convient : faut-il le dire enfin ? des bégueules rassasiées qui ne savent plus ce qu'elles veulent, ni ce qu'elles doivent aimer ou rejeter. Déjà ces mots si rebattus, *bon ton, bonne compagnie,* toujours ajustés au niveau de chaque insipide cotterie, et dont la latitude est si grande qu'on ne sait où ils commencent et finissent, ont détruit la franche et vraie gaîté qui distinguait de tout autre, le comique de notre nation.

Ajoutez-y le pédantesque abus de ces autres grands mots *décence et bonnes mœurs,* qui donnent un air si important, si supérieur, que nos jugeurs de comédies seraient désolés de n'avoir pas à les prononcer sur toutes les pièces de théâtre, et vous connaîtrez à-peu-près ce qui garotte le génie, intimide tous les auteurs, et porte un coup mortel à la vigueur de l'intrigue, sans laquelle il n'y a pourtant que du bel esprit à la glace, et des comédies de quatre jours.

Enfin, pour dernier mal, tous les états de la société sont parvenus à se soustraire à la censure dramatique : on ne pourrait mettre au théâtre *les Plaideurs* de *Racine*, sans entendre aujourd'hui les *Dandins* et les *Brid'oisons*, même des gens plus éclairés, s'écrier qu'il n'y a plus ni mœurs, ni respect pour les magistrats.

On ne ferait point le *Turcaret*, sans avoir à l'instant sur les bras, fermes, sous-fermes, traites et gabelles, droits réunis, tailles, taillons, le trop-plein, le trop-bu, tous les impositeurs royaux. Il est vrai qu'aujourd'hui *Turcaret* n'a plus de modèles. On l'offrirait sous d'autres traits; l'obstacle resterait le même.

On ne jouerait point *les Fâcheux*, *les Marquis*, *les Emprunteurs de Molière*, sans révolter à la fois la haute, la moyenne, la moderne et l'antique noblesse. Ses *Femmes savantes* irriteraient nos féminins bureaux d'esprit; mais quel calculateur peut évaluer la force et la longueur du levier qu'il faudrait, de nos jours, pour élever jusqu'au théâtre l'œuvre sublime du *Tartuffe* ?

Aussi l'auteur qui se compromet avec le public *pour l'amuser, ou pour l'instruire*, au lieu d'intriguer à son choix son ouvrage, est-il obligé de tourniller dans des incidents impossibles, de persiffler au lieu de rire, et de prendre ses modèles hors de la société, crainte de se trouver mille ennemis, dont il ne connaissait aucun en composant son triste drame.

J'ai donc réfléchi que si quelque homme courageux ne secouait pas toute cette poussière, bientôt l'ennui des pièces françaises porterait la nation au frivole opéra-comique, et plus loin encore, aux boulevards, à ce ramas infect de tréteaux élevés à notre honte, où la décente liberté bannie du théâtre français, se change en une licence effrénée; où la jeunesse va se nourrir de grossières inepties, et perdre, avec ses mœurs, le goût de la décence et des chefs-d'œuvres de nos maîtres. J'ai tenté d'être cet homme, et si je n'ai pas mis plus de talent à mes ouvrages, au moins mon intention s'est-elle manifestée dans tous.

J'ai pensé, je pense encore, qu'on n'obtient ni grand pathétique, ni profonde moralité, ni bon et vrai comique au théâtre, sans des situations fortes, et qui naissent toujours d'une disconvenance sociale, dans le sujet qu'on veut traiter. L'auteur tragique, hardi dans ses moyens, ose admettre le crime atroce; les conspirations, l'usurpation du trône, le meurtre, l'empoisonnement, l'inceste dans *Œdipe* et *Phèdre*; le fratricide dans *Vendôme*; le parricide dans *Mahomet*; le régicide dans *Machbet*, etc. etc. La comédie, moins audacieuse, n'excède pas les disconvenances, parce que ses tableaux sont tirés de nos mœurs; ses sujets, de la société. Mais comment frapper sur l'avarice, à moins de mettre en scène un méprisable avare? démasquer l'hypocrisie, sans montrer, comme *Orgon* dans le *Tartuffe*, un abominable hypocrite, *épousant sa fille et convoitant sa femme?* un homme à bonnes fortunes, sans le faire parcourir un cercle entier de femmes galantes? un joueur effréné, sans l'envelopper de fripons, s'il ne l'est pas déjà lui-même?

Tous ces gens-là sont loin d'être vertueux; l'auteur ne les donne pas pour tels: il n'est le patron d'aucun d'eux; il est le peintre de leurs vices. Et parce que le lion est féroce, le loup vorace et glouton, le renard rusé, cauteleux, la fable est-elle sans moralité? quand l'auteur la dirige contre un sot que la louange enivre, il fait choir du bec du corbeau le fromage dans la gueule du renard, sa moralité est remplie: s'il la tournait contre le bas flatteur, il finirait son apologue ainsi: *le renard s'en saisit, le dévore; mais le fromage était empoisonné.* La fable est une comédie légère, et toute comédie n'est qu'un long apologue : leur différence est, que dans la fable les animaux ont de l'esprit; et que dans notre comédie les hommes sont souvent des bêtes, et qui pis est, des bêtes méchantes.

Ainsi, lorsque *Molière*, qui fut si tourmenté par les sots, donne à l'*Avare* un fils prodigue et vicieux qui lui vole sa cassette, et l'injurie en face; est-ce des vertus ou des vices qu'il tire sa moralité ? Que lui importent ses fantômes ? c'est vous qu'il entend corriger. Il est vrai que les afficheurs et balayeurs littéraires de son temps, ne manquèrent pas d'apprendre au bon public combien tout cela était horrible ! Il est aussi prouvé que des envieux très-importants, ou des importants très-envieux, se déchaînèrent contre lui. Voyez le sévère *Boileau* dans son épître au grand *Racine*, venger son ami qui n'est plus, en rappelant ainsi les faits :

>L'ignorance et l'erreur à ses naissantes pièces,
>En habits de marquis, en robes de comtesses,
>Venaient pour diffamer son chef-d'œuvre nouveau,
>Et secouaient la tête à l'endroit le plus beau.
>Le Commandeur voulait la scène plus exacte;
>Le Vicomte indigné, sortait au second acte:
>L'un, défenseur zélé des dévôts mis en jeu,
>Pour prix de ses bons mots, le condamnait au feu;
>L'autre, *fougueux Marquis*, lui déclarant la guerre,
>Voulait venger la cour immolée au parterre.

On voit même dans un placet de *Molière* à *Louis XIV* qui fut si grand en protégeant les arts, et sans le goût éclairé duquel notre théâtre n'aurait pas un seul chef-d'œuvre de *Molière*; on voit ce philosophe auteur se plaindre amèrement au roi, que pour avoir démasqué les hypocrites, ils imprimaient partout qu'il était *un libertin, un impie, un athée, un démon vêtu de chair, habillé en homme*; et cela s'imprimait avec APPROBATION ET PRIVILÉGE de ce roi qui le protégeait : rien là-dessus n'est empiré.

Mais, parce que les personnages d'une pièce s'y montrent sous des mœurs vicieuses, faut-il les bannir de la scène ? Que poursuivrait-on au théâtre ? les travers et les ridicules ? cela vaut bien la peine d'écrire ! ils sont chez nous comme les modes ; on ne s'en corrige point, on en change.

Les vices, les abus, voilà ce qui ne change point, mais se déguise en mille formes sous le masque des mœurs dominantes : leur arracher ce masque et les montrer à découvert, telle est la noble tâche de l'homme qui se voue au théâtre. Soit qu'il moralise en riant, soit qu'il pleure en moralisant : Héraclite ou Démocrite, il n'a pas un autre devoir ; malheur à lui, s'il s'en écarte. On ne peut corriger les hommes qu'en les fesant voir tels qu'ils sont. La comédie utile et véridique, n'est point un éloge menteur, un vain discours d'Académie.

Mais gardons-nous bien de confondre cette critique générale, un des plus nobles buts de l'art, avec la satire odieuse et personnelle : l'avantage de la première est de corriger sans blesser. Faites prononcer au théâtre par l'homme juste, aigri de l'horrible abus des bienfaits, *tous les hommes sont des ingrats* : quoique chacun soit bien près de penser comme lui, personne ne s'offensera. Ne pouvant y avoir un ingrat, sans qu'il existe un bienfaiteur, ce reproche même établit une balance égale entre les bons et mauvais cœurs ; on le sent, et cela console. Que si l'humoriste répond *qu'un bienfaiteur fait cent ingrats* ; on répliquera justement, *qu'il n'y a peut-être pas un ingrat qui n'ait été plusieurs fois bienfaiteur :* et cela console encore. Et c'est ainsi qu'en généralisant, la critique la plus amère porte du fruit, sans nous blesser ; quand la satire personnelle, aussi stérile que funeste, blesse toujours et ne produit jamais. Je hais partout cette dernière, et je la crois un si punissable abus, que j'ai plusieurs fois d'office invoqué la vigilance du magistrat, pour empêcher que le théâtre ne devînt une arène de gladiateurs, où le puissant se crût en droit de faire exercer ses vengeances par les plumes vénales, et malheureusément trop communes, qui mettent leur bassesse à l'enchère.

N'ont-ils donc pas assez, ces Grands, des mille et un feuillistes, feseurs de bulletins, afficheurs, pour y trier les plus mauvais, en choisir un bien lâche, et dénigrer qui les offusque? On tolère un si léger mal, parce qu'il est sans conséquence, et que la vermine éphémère démange un instant et périt; mais le théâtre est un géant qui blesse à mort tout ce qu'il frappe. On doit réserver ses grands coups pour les abus et pour les maux publics.

Ce n'est donc ni le vice ni les incidents qu'il amène, qui font l'indécence théâtrale; mais le défaut de leçons et de moralité. Si l'auteur, ou faible ou timide, n'ose en tirer de son sujet, voilà ce qui rend sa pièce équivoque ou vicieuse.

Lorsque je mis *Eugénie* au théâtre (et il faut bien que je me cite, puisque c'est toujours moi qu'on attaque), lorsque je mis *Eugénie* au théâtre, tous nos jurés-crieurs à la décence, jetaient des flammes dans les foyers sur ce que j'avais osé montrer un seigneur libertin, habillant ses valets en prêtres, et feignant d'épouser une jeune personne qui paraît enceinte au théâtre, sans avoir été mariée.

Malgré leurs cris, la pièce a été jugée, sinon le meilleur, au moins le plus moral des drames, constamment jouée sur tous les théâtres, et traduite dans toutes les langues. Les bons esprits ont vu que la moralité, que l'intérêt y naissaient entièrement de l'abus qu'un homme puissant et vicieux fait de son nom, de son crédit, pour tourmenter une faible fille, sans appui, trompée, vertueuse et délaissée. Ainsi tout ce que l'ouvrage a d'utile et de bon, naît du courage qu'eut l'auteur d'oser porter la disconvenance sociale au plus haut point de liberté.

Depuis, j'ai fait *les Deux Amis*, pièce dans laquelle un père avoue à sa prétendue nièce qu'elle est sa fille illégitime : ce drame est aussi très-moral, parce qu'à travers les sacrifices de la plus parfaite amitié, l'auteur s'attache à y montrer les devoirs qu'impose la nature sur les fruits d'un ancien amour, que la rigoureuse dureté des convenances sociales, ou plutôt leur abus, laisse trop souvent sans appui.

Entre autres critiques de la pièce, j'entendis dans une loge auprès de celle que j'occupais, un jeune *Important* de la Cour, qui disait gaîment à des dames : « l'auteur, sans doute, est un
» garçon fripier qui ne voit rien de plus élevé
» que des commis des fermes, et des marchands
» d'étoffes; et c'est au fond d'un magasin qu'il
» va chercher les nobles amis qu'il traduit à la

» scène française ! » Hélas ! Monsieur, lui dis-je en m'avançant, il a fallu du moins les prendre où il n'est pas impossible de les supposer. Vous ririez bien plus de l'auteur, s'il eût tiré deux vrais amis de l'OEil-de-bœuf ou des carrosses? Il faut un peu de vraisemblance, même dans les actes vertueux.

Me livrant à mon gai caractère, j'ai depuis tenté, dans *le Barbier de Séville*, de ramener au théâtre l'ancienne et franche gaîté, en l'alliant avec le ton léger de notre plaisanterie actuelle; mais comme cela même était une espèce de nouveauté, la pièce fut vivement poursuivie. Il semblait que j'eusse ébranlé l'État; l'excès des précautions qu'on prit et des cris qu'on fit contre moi, décelait surtout la frayeur que certains vicieux de ce temps avaient de s'y voir démasqués. La pièce fut censurée quatre fois, cartonnée trois fois sur l'affiche, à l'instant d'être jouée, dénoncée même au Parlement d'alors; et moi, frappé de ce tumulte, je persistais à demander que le public restât le juge de ce que j'avais destiné à l'amusement du public.

Je l'obtins au bout de trois ans, après les clameurs, les éloges; et chacun me disait tout bas : Faites-nous donc des pièces de ce genre, puisqu'il n'y a plus que vous qui osiez rire en face.

Un auteur désolé par la cabale et les criards, mais qui voit sa pièce marcher, reprend courage, et c'est ce que j'ai fait. Feu M. le prince de *Conti*, de patriotique mémoire (car en frappant l'air de son nom, l'on sent vibrer le vieux mot *Patrie*), feu M. le prince de *Conti*, donc, me porta le défi public de mettre au théâtre ma préface du *Barbier*, plus gaie, disait-il, que la pièce, et d'y montrer la famille de *Figaro*, que j'indiquais dans cette préface. Monseigneur, lui répondis-je, si je mettais une seconde fois ce caractère sur la scène, comme je le montrerais plus âgé, qu'il en saurait quelque peu davantage, ce serait bien un autre bruit, et qui sait s'il verrait le jour! Cependant, par respect, j'acceptai le défi; je composai cette *Folle Journée*, qui cause aujourd'hui la rumeur. Il daigna la voir le premier. C'était un homme d'un grand caractère, un prince auguste, un esprit noble et fier : le dirai-je? il en fut content.

Mais quel piége, hélas! j'ai tendu au jugement de nos critiques en appelant ma comédie du vain nom de *Folle Journée*! mon objet était bien de lui ôter quelqu'importance; mais je ne savais pas encore à quel point un changement d'annonce peut égarer tous les esprits. En lui laissant son véritable titre, on eût lu *l'Epoux suborneur*. C'était pour eux une autre piste; on me courait différemment. Mais ce nom de *Folle Journée*, les a mis à cent lieues de moi : ils n'ont plus rien vu dans l'ouvrage que ce qui n'y sera jamais; et cette remarque un peu sévère sur la facilité de prendre le change, a plus d'étendue qu'on ne croit. Au lieu du nom de *Georges Dandin*, si *Molière* eût appelé son drame *la Sottise des alliances*, il eût porté bien plus de fruit : si *Regnard* eût nommé son *Légataire*, *la Punition du célibat*, la pièce nous eût fait frémir. Ce à quoi il ne songea pas, je l'ai fait avec réflexion. Mais, qu'on ferait un beau chapitre sur tous les jugements des hommes et la morale du théâtre, et qu'on pourrait intituler : *de l'influence de l'Affiche!*

Quoi qu'il en soit, *la Folle Journée* resta cinq ans au portefeuille; les comédiens ont su que je l'avais, ils me l'ont enfin arrachée. S'ils ont bien ou mal fait pour eux, c'est ce qu'on a pu voir depuis. Soit que la difficulté de la rendre excitât leur émulation; soit qu'ils sentissent avec le public que pour lui plaire en comédie il fallait de nouveaux efforts, jamais pièce aussi difficile n'a été jouée avec autant d'ensemble; et si l'auteur (comme on le dit) est resté au-dessous de lui-même, il n'y a pas un seul acteur dont cet ouvrage n'ait établi, augmenté ou confirmé la réputation. Mais revenons à sa lecture, à l'adoption des comédiens.

Sur l'éloge outré qu'ils en firent, toutes les sociétés voulurent le connaître, et dès-lors il fallut me faire des querelles de toute espèce, ou céder aux instances universelles. Dès-lors aussi les grands ennemis de l'auteur ne manquèrent pas de répandre à la Cour qu'il blessait dans cet ouvrage, d'ailleurs *un tissu de bêtises*, la religion, le gouvernement, tous les états de la société, les bonnes mœurs, et qu'enfin la vertu y était opprimée, et le vice triomphant, *comme de raison*, ajoutait-on. Si les graves Messieurs qui l'ont tant répété me font l'honneur de lire cette préface, ils y verront au moins que j'ai cité bien juste ; et la bourgeoise intégrité que je mets à mes citations, n'en fera que mieux ressortir la noble infidélité des leurs.

Ainsi, dans *le Barbier de Séville*, je n'avais qu'ébranlé l'État ; dans ce nouvel essai, plus infâme et plus séditieux, je le renversais de fond en comble. Il n'y avait plus rien de sacré si l'on permettait cet ouvrage. On abusait l'autorité par les plus insidieux rapports ; on cabalait auprès des corps puissants ; on alarmait les dames timorées ; on me fesait des ennemis sur le prie-Dieu des oratoires : et moi, selon les hommes et les lieux, je repoussais la basse intrigue, par mon excessive patience, par la roideur de mon respect, l'obstination de ma docilité, par la raison, quand on voulait l'entendre.

Ce combat a duré quatre ans. Ajoutez-les aux cinq du portefeuille; que reste-t-il des allusions qu'on s'efforce à voir dans l'ouvrage ? Hélas ! quand il fut composé, tout ce qui fleurit aujourd'hui, n'avait pas même encore germé ; c'était tout un autre univers.

Pendant ces quatre ans de débat je ne demandais qu'un censeur ; on m'en accorda cinq ou six. Que virent-ils dans l'ouvrage, objet d'un tel déchaînement? La plus badine des intrigues. Un grand seigneur espagnol, amoureux d'une jeune fille qu'il veut séduire, et les efforts que cette fiancée, celui qu'elle doit épouser, et la femme du seigneur, réunissent pour faire échouer dans son dessein un maître absolu, que son rang, sa fortune et sa prodigalité rendent tout-puissant pour l'accomplir. Voilà tout, rien de plus. La pièce est sous vos yeux.

D'où naissent donc ces cris perçants ? De ce qu'au lieu de poursuivre un seul caractère vicieux, comme le joueur, l'ambitieux, l'avare, ou l'hypocrite, ce qui ne lui eût mis sur les bras qu'une seule classe d'ennemis, l'auteur a profité d'une composition légère, ou plutôt a formé son plan de façon à y faire entrer la critique d'une foule d'abus qui désolent la société. Mais comme ce n'est pas là ce qui gâte un ouvrage aux yeux du censeur éclairé, tous, en l'approuvant, l'ont réclamé pour le théâtre. Il a donc fallu l'y souffrir : alors les grands du monde ont vu jouer avec scandale,

> Cette Pièce où l'on peint un insolent valet
> Disputant sans pudeur son épouse à son maître.
>
> M. Gudin.

Oh ! que j'ai de regrets de n'avoir pas fait de ce sujet moral, une tragédie bien sanguinaire ! Mettant un poignard à la main de l'époux outragé, que je n'aurais pas nommé *Figaro*, dans sa jalouse fureur je lui aurais fait noblement poignarder le puissant vicieux ; et comme il aurait vengé son honneur dans des vers quarrés, bien ronflants, et que mon jaloux, tout au moins général d'armée, aurait eu pour rival quelque tyran bien horrible et régnant au plus mal sur un peuple désolé ; tout cela, très-loin de nos mœurs, n'aurait, je crois, blessé personne ; on eût crié *bravo ! ouvrage bien moral !* Nous étions sauvés, moi et mon *Figaro* sauvage.

Mais ne voulant qu'amuser nos Français et non faire ruisseler les larmes de leurs épouses, de mon coupable amant j'ai fait un jeune seigneur de ce temps là, prodigue, assez galant, même un peu libertin, à-peu-près comme les autres seigneurs de ce temps-là. Mais qu'oserait-on dire au théâtre d'un seigneur, sans les offenser tous, sinon de lui reprocher son trop de galanterie? N'est-ce pas là le défaut le moins contesté par eux-mêmes? J'en vois beaucoup d'ici, rougir modestement (et c'est un noble effort) en convenant que j'ai raison.

Voulant donc faire le mien coupable, j'ai eu le respect généreux de ne lui prêter aucun des vices du peuple. Direz-vous que je ne le pouvais pas? que c'eût été blesser toutes les vraisemblances? Concluez donc en faveur de ma pièce, puisqu'enfin je ne l'ai pas fait.

Le défaut même dont je l'accuse n'aurait produit aucun mouvement comique, si je ne lui avais gaîment opposé l'homme le plus dégourdi de sa nation, *le véritable Figaro*, qui tout en défendant *Suzanne*, sa propriété, se moque des projets de son maître, et s'indigne très-plaisamment qu'il ose joûter de ruse avec lui, maître passé dans ce genre d'escrime.

Ainsi, d'une lutte assez vive entre l'abus de la puissance, l'oubli des principes, la prodigalité, l'occasion, tout ce que la séduction a de plus entraînant; et le feu, l'esprit, les ressources que l'infériorité piquée au jeu, peut opposer à cette attaque; il naît dans ma pièce un jeu plaisant d'intrigue, où l'*époux suborneur*, contrarié, lassé, harrassé, toujours arrêté dans ses vues, est obligé, trois fois dans cette journée, de tomber aux pieds de sa femme qui, bonne, indulgente et sensible, finit par lui pardonner : c'est ce qu'elles font toujours. Qu'a donc cette moralité de blâmable, Messieurs ?

La trouvez-vous un peu badine pour le ton grave que je prends ? Accueillez-en une plus sévère qui blesse vos yeux dans l'ouvrage, quoique vous ne l'y cherchiez pas : c'est qu'un seigneur assez vicieux pour vouloir prostituer à ses caprices tout ce qui lui est subordonné, pour se jouer, dans ses domaines, de la pudicité de toutes ses jeunes vassales, doit finir comme celui-ci, par être la risée de ses valets. Et c'est ce que l'auteur a très-fortement prononcé, lorsqu'en fureur, au cinquième acte, *Almaviva*, croyant confondre une femme infidèle, montre à son jardinier un cabinet, en lui criant : *Entres-y, toi, Antonio ; conduis devant son juge l'infâme qui m'a déshonoré* ; et que celui-ci lui répond : *Il y a, parguenne, une bonne Providence ! Vous en avez tant fait dans le pays, qu'il faut bien aussi qu'à votre tour......*

Cette profonde moralité se fait sentir dans tout l'ouvrage ; et s'il convenait à l'auteur de démontrer aux adversaires qu'à tr... .rte leçon il a porté la considération pour la dignité du coupable, plus loin qu'on ne devait l'attendre de la fermeté de son pinceau ; je leur ferais remarquer que, croisé dans tous ses projets, le comte *Almaviva* se voit toujours humilié, sans être jamais avili.

En effet, si la comtesse usait de ruse pour aveugler sa jalousie dans le dessein de le trahir ; devenue coupable elle-même, elle ne pourrait mettre à ses pieds son époux sans le dégrader à nos yeux. La vicieuse intention de l'épouse, brisant un lien respecté, l'on reprocherait justement à l'auteur d'avoir tracé des mœurs blâmables : car nos jugements sur les mœurs se rapportent toujours aux femmes ; on n'estime pas assez les hommes pour tant exiger d'eux sur ce point délicat. Mais, loin qu'elle ait ce vil projet, ce qu'il y a de mieux établi dans l'ouvrage, est que nul ne veut faire une tromperie au comte, mais seulement l'empêcher d'en faire à tout le monde. C'est la pureté des motifs qui sauve ici les moyens du reproche ; et de cela seul que la comtesse ne veut que ramener son mari, toutes les confusions qu'il éprouve sont certainement très-morales ; aucune n'est avilissante.

Pour que cette vérité vous frappe davantage, l'auteur oppose à ce mari peu délicat, la plus vertueuse des femmes, par goût et par principes.

Abandonnée d'un époux trop aimé, quand l'expose-t-on à vos regards? Dans le moment critique où sa bienveillance pour un aimable enfant, son filleul, peut devenir un goût dangereux, si elle permet au ressentiment qui l'appuie, de prendre trop d'empire sur elle. C'est pour mieux faire ressortir l'amour vrai du devoir, que l'auteur la met un moment aux prises avec un goût naissant qui le combat. Oh! combien on s'est étayé de ce léger mouvement dramatique, pour nous accuser d'indécence! On accorde à la tragédie que toutes les reines, les princesses ayent des passions bien allumées qu'elles combattent plus ou moins; et l'on ne souffre pas que, dans la comédie, une femme ordinaire puisse lutter contre la moindre faiblesse! O grande *influence de l'Affiche!* Jugement sûr et conséquent! Avec la différence du genre, on blâme ici ce qu'on approuvait là. Et cependant, en ces deux cas, c'est toujours le même principe : point de vertu sans sacrifice.

J'ose en appeler à vous, jeunes infortunées, que votre malheur attache à des *Almaviva!* Distingueriez-vous toujours votre vertu de vos chagrins, si quelqu'intérêt importun, tendant trop à les dissiper, ne vous avertissait enfin qu'il est temps de combattre pour elle ? Le chagrin de perdre un mari n'est pas ici ce qui nous touche ; un regret aussi personnel est trop loin d'être une vertu. Ce qui nous plaît dans la comtesse, c'est de la voir lutter franchement contre un goût naissant qu'elle blâme, et des ressentiments légitimes. Les efforts qu'elle fait alors pour ramener son infidèle époux, mettant dans le plus heureux jour les deux sacrifices pénibles de son goût et de sa colère, on n'a nul besoin d'y penser pour applaudir à son triomphe; elle est un modèle de vertu, l'exemple de son sexe et l'amour du nôtre.

Si cette métaphysique de l'honnêteté des scènes ; si ce principe avoué de toute décence théâtrale, n'a point frappé nos juges à la représentation; c'est vainement que j'en étendrais ici le développement et les conséquences; un tribunal d'iniquité n'écoute point les défenses de l'accusé qu'il est chargé de perdre ; et ma comtesse n'est point traduite au parlement de la nation : c'est une commission qui la juge.

On a vu la légère esquisse de son aimable caractère, dans la charmante pièce d'*Heureusement*. Le goût naissant, que la jeune femme éprouve pour son petit cousin l'officier, n'y parut blâmable à personne ; quoique la tournure des scènes pût laisser à penser que la soirée eût fini d'autre manière, si l'époux ne fût pas rentré, comme dit l'auteur, *heureusement*. Heureusement aussi l'on n'avait pas le projet de calomnier cet auteur : chacun se livra de bonne foi à ce doux intérêt qu'inspire une jeune femme honnête et sensible, qui réprime ses premiers goûts ; et notez que dans cette pièce, l'époux ne paraît qu'un peu sot ; dans la mienne, il est infidèle ; ma comtesse a plus de mérite.

Aussi, dans l'ouvrage que je défends, le plus véritable intérêt se porte-t-il sur la comtesse ! le reste est dans le même esprit.

Pourquoi *Suzanne* la camariste, spirituelle, adroite et rieuse, a-t-elle aussi le droit de nous intéresser ? C'est qu'attaquée par un séducteur puissant, avec plus d'avantage qu'il n'en faudrait pour vaincre une fille de son état, elle n'hésite pas à confier les intentions du comte, aux deux personnes les plus intéressées à bien surveiller sa conduite, sa maîtresse et son fiancé. C'est que, dans tout son rôle, presque le plus long de la pièce, il n'y a pas une phrase, un mot, qui ne respire la sagesse et l'attachement à ses devoirs : la seule ruse qu'elle se permette, est en faveur de sa maîtresse, à qui son dévouement est cher, et dont tous les vœux sont honnêtes.

Pourquoi, dans ses libertés sur son maître, *Figaro* m'amuse-t-il, au lieu de m'indigner ? C'est que, l'opposé des valets, il n'est pas, et vous le savez, le malhonnête homme de la pièce : en le voyant forcé, par son état, de repousser l'insulte avec adresse, on lui pardonne tout, dès qu'on sait qu'il ne ruse avec son Seigneur, que pour garantir ce qu'il aime, et sauver sa propriété.

Donc, hors le comte et ses agents, chacun fait dans la pièce à-peu-près ce qu'il doit. Si vous les croyez malhonnêtes, parce qu'ils disent du mal les uns des autres, c'est une règle très-fautive. Voyez nos honnêtes-gens du siècle ; on passe la vie à ne faire autre chose ! Il est même tellement reçu de déchirer sans pitié les absents, que moi, qui les défends toujours, j'entends murmurer très-souvent : quel diable d'homme, et qu'il est contrariant ! il dit du bien de tout le monde !

Est-ce mon page, enfin, qui vous scandalise ? et l'immoralité qu'on reproche au fond de l'ouvrage, serait-elle dans l'accessoire ? O censeurs délicats ! beaux esprits sans fatigue ! inquisiteurs pour la morale, qui condamnez en un clin-d'œil les réflexions de cinq années ; soyez justes une fois, sans tirer à conséquence. Un enfant de treize ans, aux premiers battements du cœur, cherchant tout, sans rien démêler, idolâtre, ainsi qu'on l'est à cet âge heureux, d'un objet céleste pour lui, dont le hasard fit sa marraine, est-il un sujet de scandale ? Aimé de tout le monde au château ;

vif, espiègle et brûlant, comme tous les enfants spirituels, par son agitation extrême, il dérange dix fois, sans le vouloir, les coupables projets du comte. Jeune adepte de la nature ! tout ce qu'il voit a droit de l'agiter : peut-être il n'est plus un enfant ; mais il n'est pas encore un homme : et c'est le moment que j'ai choisi, pour qu'il obtînt de l'intérêt, sans forcer personne à rougir. Ce qu'il éprouve innocemment, il l'inspire partout de même. Direz-vous qu'on l'aime d'amour ? Censeurs ! ce n'est pas là le mot : vous êtes trop éclairés pour ignorer que l'amour, même le plus pur, a un motif intéressé : on ne l'aime donc pas encore ; on sent qu'un jour on l'aimera. Et c'est ce que l'auteur a mis avec gaîté dans la bouche de *Suzanne*, quand elle dit à cet enfant : *Oh ! dans trois ou quatre ans, je prédis que vous serez le plus grand petit vaurien !*.....

Pour lui imprimer plus fortement le caractère de l'enfance, nous le fesons exprès tutoyer par *Figaro*. Supposez-lui deux ans de plus, quel valet dans le château prendrait ces libertés ? Voyez-le à la fin de son rôle ; à peine a-t-il un habit d'officier, qu'il porte la main à l'épée aux premières railleries du comte, sur le quiproquo d'un soufflet. Il sera fier, notre étourdi ! mais c'est un enfant, rien de plus. N'ai-je pas vu nos dames dans les loges aimer mon page à la folie ? Que lui voulaient-elles ? hélas ! rien : c'était de l'intérêt aussi ; mais, comme celui de la comtesse, un pur et naïf intérêt...... un intérêt...... sans intérêt.

Mais est-ce la personne du page ou la conscience du Seigneur, qui fait le tourment du dernier, toutes les fois que l'auteur les condamne à se rencontrer dans la pièce ? Fixez ce léger aperçu, il peut vous mettre sur sa voie ; ou plutôt apprenez de lui, que cet enfant n'est amené que pour ajouter à la moralité de l'ouvrage, en vous montrant que l'homme le plus absolu chez lui, dès qu'il suit un projet coupable, peut être mis au désespoir par l'être le moins important, par celui qui redoute le plus de se rencontrer sur sa route.

Quand mon page aura dix-huit ans, avec le caractère vif et bouillant que je lui ai donné, je serai coupable à mon tour, si je le montre sur la scène. Mais à treize ans, qu'inspire-t-il ? quelque chose de sensible et doux, qui n'est amitié ni amour, et qui tient un peu de tous deux.

J'aurais de la peine à faire croire à l'innocence de ces impressions, si nous vivions dans un siècle moins chaste, dans un de ces siècles de calcul, où, voulant tout prématuré, comme les fruits de leurs serres chaudes, les grands mariaient leurs enfants à douze ans, et fesaient plier la nature, la décence et le goût aux plus sordides convenances, en se hâtant surtout d'arracher de ces êtres non formés, des enfants encore moins formables, dont le bonheur n'occupait personne, et qui n'étaient que le prétexte d'un certain trafic d'avantages, qui n'avait nul rapport à eux, mais uniquement à leur nom. Heureusement nous en sommes bien loin : et le caractère de mon page, sans conséquence pour lui-même, en a une relative au comte, que le moraliste aperçoit, mais qui n'a pas encore frappé le grand commun de nos jugeurs.

Ainsi, dans cet ouvrage, chaque rôle important a quelque but moral. Le seul qui semble y déroger est le rôle de *Marceline*.

Coupable d'un ancien égarement, dont son *Figaro* fut le fruit, elle devrait, dit-on, se voir au moins punie par la confusion de sa faute, lorsqu'elle reconnaît son fils. L'auteur eût pu même en tirer une moralité plus profonde : dans les mœurs qu'il veut corriger, la faute d'une jeune fille séduite, est celle des hommes et non la sienne. Pourquoi donc ne l'a-t-il pas fait ?

Il l'a fait, censeurs raisonnables ! Etudiez la scène suivante, qui fesait le nerf du troisième acte, et que les comédiens m'ont prié de retrancher, craignant qu'un morceau si sévère n'obscurcît la gaîté de l'action.

PRÉFACE.

Quand *Molière* a bien humilié la coquette, ou coquine du *Misantrope*, par la lecture publique de ses lettres à tous ses amants, il la laisse avilie sous les coups qu'il lui a portés; il a raison; qu'en ferait-il? Vicieuse par goût et par choix, veuve aguerrie, femme de Cour, sans aucune excuse d'erreur, et fléau d'un fort honnête homme, il l'abandonne à nos mépris, et telle est sa moralité. Quant à moi, saisissant l'aveu naïf de *Marceline* au moment de la reconnaissance, je montrais cette femme humiliée, et *Bartholo* qui la refuse, et *Figaro* leur fils commun, dirigeant l'attention publique sur les vrais fauteurs du désordre où l'on entraîne sans pitié toutes les jeunes filles du peuple, douées d'une jolie figure.

Telle est la marche de la scène.

BRID'OISON.

(*Parlant de Figaro qui vient de reconnaître sa mère en Marceline.*)

C'est clair : i-il ne l'épousera pas.

BARTHOLO.

Ni moi non plus.

MARCELINE.

Ni vous ! et votre fils ? Vous m'aviez juré....

BARTHOLO.

J'étais fou. Si pareils souvenirs engageaient, on serait tenu d'épouser tout le monde.

BRID'OISON.

E-Et si l'on y regardait de si près, pè-ersonne n'épouserait personne.

BARTHOLO.

Des fautes si connues ! une jeunesse déplorable !

MARCELINE, *s'échauffant par degrés.*

Oui, déplorable, et plus qu'on ne croit ! Je n'entends pas nier mes fautes ; ce jour les a trop bien prouvées ! Mais qu'il est dur de les expier après trente ans d'une vie modeste ! J'étais née, moi, pour être sage, et je le suis devenue sitôt qu'on m'a permis d'user de ma raison. Mais dans l'âge des illusions, de l'inexpérience et des besoins, où les séducteurs nous assiégent, pendant que la misère nous poignarde, que peut opposer une enfant, à tant d'ennemis rassemblés ? Tel nous juge ici sévèrement, qui peut-être en sa vie a perdu dix infortunées.

FIGARO.

Les plus coupables sont les moins généreux ; c'est la règle.

Marceline *vivement.*

Hommes plus qu'ingrats, qui flétrissez par le mépris, les jouets de vos passions, vos victimes! c'est vous qu'il faut punir des erreurs de notre jeunesse : vous et vos magistrats si vains du droit de nous juger, et qui nous laissent enlever, par leur coupable négligence, tout honnête moyen de subsister. Est-il un seul état pour les malheureuses filles? elles avaient un droit naturel à toute la parure des femmes; on y laisse former mille ouvriers de l'autre sexe.

Figaro.

Ils font broder jusqu'aux soldats!

Marceline *exaltée.*

Dans les rangs même plus élevés, les femmes n'obtiennent de vous qu'une considération dérisoire. Leurrées de respects apparents, dans une servitude réelle; traitées en mineures pour nos biens, punies en majeures pour nos fautes; ah! sous tous les aspects, votre conduite avec nous, fait horreur ou pitié.

Figaro.

Elle a raison.

Le Comte *à part.*

Que trop raison.

BRID'OISON.

Elle a, mon-on Dieu! raison.

MARCELINE.

Mais que nous font, mon fils, les refus d'un homme injuste? Ne regarde pas d'où tu viens, vois où tu vas; cela seul importe à chacun. Dans quelques mois ta fiancée ne dépendra plus que d'elle-même ; elle t'acceptera, j'en réponds : vis entre une épouse, une mère tendres, qui te chériront à qui mieux mieux. Sois indulgent pour elles, heureux pour toi, mon fils; gai, libre et bon pour tout le monde, il ne manquera rien à ta mère.

FIGARO.

Tu parles d'or, maman, et je me tiens à ton avis. Qu'on est sot, en effet! il y a des mille et mille ans que le monde roule, et dans cet océan de durée, où j'ai par hasard attrapé quelques chétifs trente ans qui ne reviendront plus, j'irais me tourmenter pour savoir à qui je les dois! tant pis pour qui s'en inquiète. Passer ainsi la vie à chamailler, c'est peser sur le collier sans relâche, comme les malheureux chevaux de la remonte des fleuves, qui ne reposent pas, même quand ils s'arrêtent, et qui tirent toujours, quoiqu'ils cessent de marcher. Nous attendrons.

J'ai bien regretté ce morceau; et maintenant que la pièce est connue, si les comédiens avaient le courage de le restituer à ma prière, je pense que le public leur en saurait beaucoup de gré. Ils n'auraient plus même à répondre, comme je fus forcé de le faire à certains censeurs du beau monde, qui me reprochaient à la lecture, de les intéresser pour une femme de mauvaises mœurs. — Non, Messieurs, je n'en parle pas pour excuser ses mœurs, mais pour vous faire rougir des vôtres sur le point le plus destructeur de toute honnêteté publique ; *la corruption des jeunes personnes*; et j'avais raison de le dire, que vous trouvez ma pièce trop gaie, parce qu'elle est souvent trop sévère. Il n'y a que façon de s'entendre.

— Mais votre *Figaro* est un soleil tournant, qui brûle, en jaillissant, les manchettes de tout le monde. — Tout le monde est exagéré. Qu'on me sache gré du moins s'il ne brûle pas aussi les doigts de ceux qui croyent s'y reconnaître : au temps qui court on a beau jeu sur cette matière au théâtre. M'est-il permis de composer en auteur qui sort du collége? de toujours faire rire des enfants, sans jamais rien dire à des hommes? Et ne devez-vous pas me passer un peu de morale, en faveur de ma gaîté, comme on passe aux Français un peu de folie, en faveur de leur raison?

Si je n'ai versé sur nos sottises qu'un peu de critique badine, ce n'est pas que je ne sache en former de plus sévères : quiconque a dit tout ce qu'il sait dans son ouvrage, y a mis plus que moi dans le mien. Mais je garde une foule d'idées qui me pressent, pour un des sujets les plus moraux du théâtre, aujourd'hui sur mon chantier : *la Mère coupable*; et si le dégoût dont on m'abreuve me permet jamais de l'achever; mon projet étant d'y faire verser des larmes à toutes les femmes sensibles, j'élèverai mon langage à la hauteur de mes situations ; j'y prodiguerai les traits de la plus austère morale, et je tonnerai fortement sur les vices que j'ai trop ménagés. Apprêtez-vous donc bien, Messieurs, à me tourmenter de nouveau ; ma poitrine a déjà grondé ; j'ai noirci beaucoup de papier au service de votre colère.

Et vous, honnêtes indifférents, qui jouissez de tout sans prendre parti sur rien ; jeunes personnes modestes et timides, qui vous plaisez à ma *Folle journée* (et je n'entreprends sa défense que pour justifier votre goût), lorsque vous verrez dans le monde, un de ces hommes tranchants, critiquer vaguement la pièce, tout blâmer sans rien désigner, surtout la trouver indécente ; examinez bien cet homme-là ; sachez son rang, son état, son caractère ; et vous connaîtrez sur-le-champ le mot qui l'a blessé dans l'ouvrage.

On sent bien que je ne parle pas de ces écumeurs littéraires, qui vendent leurs bulletins ou leurs affiches à tant de liards le paragraphe. Ceux-là, comme l'*Abbé Bazile*, peuvent calomnier; *ils médiraient, qu'on ne les croirait pas.*

Je parle moins encore de ces libellistes honteux qui n'ont trouvé d'autre moyen de satisfaire leur rage, l'assassinat étant trop dangereux, que de lancer du cintre de nos salles, des vers infâmes contre l'auteur, pendant que l'on jouait sa pièce. Ils savent que je les connais: si j'avais eu dessein de les nommer, ç'aurait été au ministère public; leur supplice est de l'avoir craint, il suffit à mon ressentiment : mais on n'imaginera jamais jusqu'où ils ont osé élever les soupçons du public sur une aussi lâche épigramme! semblables à ces vils charlatans du pont-neuf, qui, pour accréditer leurs drogues, farcissent d'ordres, de cordons, le tableau qui leur sert d'enseigne.

Non, je cite nos importants, qui blessés, on ne sait pourquoi, des critiques semées dans l'ouvrage, se chargent d'en dire du mal, sans cesser de venir aux noces.

C'est un plaisir assez piquant de les voir d'en bas au spectacle, dans le très-plaisant embarras de n'oser montrer ni satisfaction ni colère ; s'avançant sur le bord des loges, prêts à se moquer de l'auteur, et se retirant aussitôt pour céler un peu de grimace; emportés par un mot de la scène et soudainement rembrunis par le pinceau du moraliste : au plus léger trait de gaîté, jouer tristement les étonnés, prendre un air gauche en fesant les pudiques, et regardant les femmes dans les yeux, comme pour leur reprocher de soutenir un tel scandale; puis aux grands applaudissements, lancer sur le public un regard méprisant, dont il est écrasé; toujours prêts à lui dire comme ce courtisan dont parle *Molière*, lequel outré du succès de l'*Ecole des femmes*, criait des balcons au public, *ris donc, public, ris donc!* En vérité c'est un plaisir, et j'en ai joui bien des fois.

Celui-là m'en rappelle un autre. Le premier jour de *la Folle Journée*, on s'échauffait dans le foyer (même d'honnêtes plébéiens) sur ce qu'ils nommaient spirituellement, *mon audace*. Un petit vieillard sec et brusque, impatienté de tous ces cris, frappe le plancher de sa canne, et dit en s'en allant : *Nos Français sont comme les enfants qui braillent quand on les éberne.* Il avait du sens, ce vieillard! Peut-être on pouvait mieux parler : mais pour mieux penser, j'en défie.

Avec cette intention de tout blâmer, on conçoit que les traits les plus sensés ont été pris en mauvaise part. N'ai-je pas entendu vingt fois un murmure descendre des loges à cette réponse de *Figaro*?

LE COMTE.

Une réputation détestable!

FIGARO.

Et si je vaux mieux qu'elle; y a-t-il beaucoup de seigneurs qui puissent en dire autant?

Je dis moi, qu'il n'y en a point; qu'il ne saurait y en avoir, à moins d'une exception bien rare. Un homme obscur ou peu connu peut valoir mieux que sa réputation, qui n'est que l'opinion d'autrui. Mais de même qu'un sot en place, en paraît une fois plus sot, parce qu'il ne peut plus rien cacher; de même un grand seigneur, l'homme élevé en dignités, que la fortune et sa naissance ont placé sur le grand théâtre, et qui, en entrant dans le monde, eut toutes les préventions pour lui, vaut presque toujours moins que sa réputation s'il parvient à la rendre mauvaise. Une assertion si simple et si loin du sarcasme, devait-elle exciter le murmure? Si son application paraît fâcheuse aux grands peu soigneux de leur gloire, en quel sens fait-elle épigramme sur ceux qui méritent nos respects? et quelle maxime plus juste au théâtre, peut servir de frein aux puissants, et tenir lieu de leçon à ceux qui n'en reçoivent point d'autres?

Non qu'il faille oublier (a dit un écrivain sévère; et je me plais à le citer, parce que je suis de son avis.) » Non qu'il faille oublier, dit-il, ce qu'on » doit aux rangs élevés : il est juste au contraire, » que l'avantage de la naissance soit le moins con- » testé de tous; parce que ce bienfait gratuit de » l'hérédité, relatif aux exploits, vertus ou qua- » lités des aïeux de qui le reçut, ne peut aucu- » nement blesser l'amour-propre de ceux aux- » quels il fut refusé; parce que, dans une monar- » chie, si l'on ôtait les rangs intermédiaires, il y » aurait trop loin du monarque aux sujets ; bien- » tôt on n'y verrait qu'un despote et des esclaves : » le maintien d'une échelle graduée du laboureur » au potentat, intéresse également les hommes de » tous les rangs, et peut-être est le plus ferme » appui de la constitution monarchique ».

Mais quel auteur parlait ainsi? Qui fesait cette profession de foi sur la noblesse, dont on me suppose si loin? C'était Pierre-Augustin Caron de Beaumarchais, plaidant par écrit au Parlement d'Aix en 1778, une grande et sévère question qui décida bientôt de l'honneur d'un noble et du sien. Dans l'ouvrage que je défends on n'attaque point les états, mais les abus de chaque état : les gens seuls qui s'en rendent coupables ont intérêt à le trouver mauvais; voilà les rumeurs expliquées : mais quoi donc! les abus sont-ils devenus si sacrés, qu'on n'en puisse attaquer aucun sans lui trouver vingt défenseurs?

Un avocat célèbre, un magistrat respectable, iront-ils donc s'approprier le plaidoyer d'un *Bartholo*, le jugement d'un *Brid'oison?* Ce mot de *Figaro* sur l'indigne abus des plaidoiries de nos jours (*c'est dégrader le plus noble institut*) a bien montré le cas que je fais du noble métier d'avocat; et mon respect pour la magistrature ne sera pas plus suspecté, quand on saura dans quelle école j'en ai recherché la leçon, quand on lira le morceau suivant, aussi tiré d'un moraliste, lequel parlant des magistrats, s'exprime en ces termes formels :

« Quel homme aisé voudrait, pour le plus
» modique honoraire, faire le métier cruel de se
» lever à quatre heures, pour aller au Palais tous
» les jours s'occuper, sous des formes prescrites,
» d'intérêts qui ne sont jamais les siens? d'é-
» prouver sans cesse l'ennui de l'importunité,
» le dégoût des sollicitations, le bavardage des
» plaideurs, la monotonie des audiences, la fa-
» tigue des délibérations, et la contention d'es-
» prit nécessaire aux prononcés des arrêts, s'il
» ne se croyait pas payé de cette vie laborieuse
» et pénible, par l'estime et la considération pu-
» blique? Et cette estime est-elle autre chose
» qu'un jugement, qui n'est même aussi flatteur

» pour les bons magistrats, qu'en raison de sa
» rigueur excessive contre les mauvais? »

Mais quel écrivain m'instruisait ainsi par ses leçons? Vous allez croire encore que c'est Pierre-Augustin; vous l'avez dit, c'est lui, en 1773, dans son quatrième Mémoire en défendant jusqu'à la mort, sa triste existence attaquée par un soi-disant magistrat. Je respecte donc hautement ce que chacun doit honorer; et je blâme ce qui peut nuire.

— Mais dans cette *Folle Journée*, au lieu de saper les abus, vous vous donnez des libertés très-répréhensibles au théâtre : votre monologue surtout, contient, sur les gens disgraciés, des traits qui passent la licence! — Eh! croyez-vous, Messieurs, que j'eusse un talisman pour tromper, séduire, enchaîner la censure et l'autorité, quand je leur soumis mon ouvrage? Que je n'aye pas dû justifier ce que j'avais osé écrire? Que fais-je dire à *Figaro*, parlant à l'homme déplacé? *Que les sottises imprimées n'ont d'importance qu'aux lieux où l'on en gêne le cours.* Est-ce donc là une vérité d'une conséquence dangereuse? Au lieu de ces inquisitions puériles et fatigantes et qui seules donnent de l'importance à ce qui n'en aurait jamais; si, comme en Angleterre, on était assez sage ici pour traiter les sottises avec ce mépris qui les tue; loin de sortir du vil fumier qui les enfante, elles y pourriraient en germant, et ne se propageraient point. Ce qui multiplie les libelles, est la faiblesse de les craindre : ce qui fait vendre les sottises, est la sottise de les défendre.

Et comment conclut Figaro ? *Que sans la liberté de blâmer, il n'est point d'éloge flatteur, et qu'il n'y a que les petits hommes qui redoutent les petits écrits.* Sont-ce là des hardiesses coupables, ou bien des aiguillons de gloire ? des moralités insidieuses, ou des maximes réfléchies, aussi justes qu'encourageantes ?

Supposez-les le fruit des souvenirs. Lorsque satisfait du présent, l'auteur veille pour l'avenir, dans la critique du passé, qui peut avoir droit de s'en plaindre ? Et si, ne désignant ni temps, ni lieu, ni personnes, il ouvre la voie au théâtre, à des réformes désirables, n'est-ce pas aller à son but ?

La Folle Journée explique donc comment, dans un temps prospère, sous un roi juste, et des ministres modérés, l'écrivain peut tonner sur les oppresseurs, sans craindre de blesser personne. C'est pendant le règne d'un bon prince qu'on écrit sans danger l'histoire des méchants rois ; et plus le gouvernement est sage, est éclairé, moins la liberté de dire est en presse : chacun y fesant son devoir, on n'y craint pas les allusions : nul homme en place ne redoutant ce qu'il est forcé d'estimer, on n'affecte point alors d'opprimer chez nous cette même littérature, qui fait notre gloire au dehors, et nous y donne une sorte de primauté que nous ne pouvons tirer d'ailleurs.

En effet, à quel titre y prétendrions-nous ? Chaque peuple tient à son culte, et chérit son gouvernement. Nous ne sommes pas restés plus braves que ceux qui nous ont battus à leur tour. Nos mœurs plus douces, mais non meilleures, n'ont rien qui nous élève au dessus d'eux. Notre littérature seule, estimée de toutes les nations, étend l'empire de la langue française et nous obtient de l'Europe entière une prédilection avouée qui justifie, en l'honorant, la protection que le gouvernement lui accorde.

Et comme chacun cherche toujours le seul avantage qui lui manque, c'est alors qu'on peut voir dans nos académies l'homme de la cour siéger avec les gens de lettres; les talents personnels, et la considération héritée, se disputer ce noble objet, et les archives académiques se remplir presque également de papiers et de parchemins.

Revenons à *la Folle Journée*.

Un Monsieur de beaucoup d'esprit, mais qui l'économise un peu trop, me disait un soir au spectacle : expliquez-moi donc, je vous prie, pourquoi dans votre pièce on trouve autant de phrases négligées qui ne sont pas de votre style? — De mon style, Monsieur? Si par malheur j'en avais un, je m'efforcerais de l'oublier quand je fais une comédie: ne connaissant rien d'insipide au théâtre comme ces fades camaïeux où tout est bleu, où tout est rose, où tout est l'auteur, quel qu'il soit.

Lorsque mon sujet me saisit, j'évoque tous mes personnages et les mets en situation: — Songe à toi *Figaro*, ton maître va te deviner. Sauvez-vous vite *Chérubin*; c'est le comte que vous touchez. — Ah! comtesse quelle imprudence avec un époux si violent? — Ce qu'ils diront, je n'en sais rien; c'est ce qu'ils feront qui m'occupe. Puis, quand ils sont bien animés, j'écris sous leur dictée rapide, sûr qu'ils ne me tromperont pas, que je reconnaîtrai *Bazile*, lequel n'a pas l'esprit de *Figaro*, qui n'a pas le ton noble du comte, qui n'a pas la sensibilité de la comtesse, qui n'a pas la gaîté de *Suzanne*, qui n'a pas l'espiéglerie du page, et surtout aucun d'eux, la sublimité de *Brid'oison*: chacun y parle son langage: eh! que le dieu du naturel les préserve d'en parler d'autre! Ne nous attachons donc qu'à l'examen de leurs idées, et non à rechercher si j'ai dû leur prêter mon style.

Quelques malveillants ont voulu jeter de la

défaveur sur cette phrase de Figaro : *sommes-nous des soldats qui tuent et se font tuer pour des intérêts qu'ils ignorent ? Je veux savoir, moi, pourquoi je me fâche !* A travers le nuage d'une conception indigeste ils ont feint d'apercevoir : *que je répands une lumière décourageante sur l'état pénible du soldat ; et il y a des choses qu'il ne faut jamais dire.* Voilà dans toute sa force l'argument de la méchanceté ; reste à en prouver la bêtise.

Si, comparant la dureté du service à la modicité de la paye, ou discutant tel autre inconvénient de la guerre, et comptant la gloire pour rien, je versais de la défaveur sur ce plus noble des affreux métiers ; on me demanderait justement compte d'un mot indiscrètement échappé. Mais, du soldat au colonel, au général exclusivement, quel imbécille homme de guerre a jamais eu la prétention qu'il dût pénétrer les secrets du cabinet, pour lesquels il fait la campagne ? C'est de cela seul qu'il s'agit dans la phrase de *Figaro*. Que ce fou-là se montre, s'il existe ; nous l'enverrons étudier sous le philosophe *Babouc*, lequel éclaircit disertement ce point de discipline militaire.

En raisonnant sur l'usage que l'homme fait de sa liberté dans les occasions difficiles, *Figaro* pouvait également opposer à sa situation tout état qui exige une obéissance implicite ; et le cénobite zélé, dont le devoir est de tout croire sans jamais rien examiner ; comme le guerrier valeureux, dont la gloire est de tout affronter sur des ordres non motivés, *de tuer et se faire tuer pour des intérêts qu'il ignore.* Le mot de *Figaro* ne dit donc rien, sinon qu'un homme libre de ses actions, doit agir sur d'autres principes que ceux dont le devoir est d'obéir aveuglémen .

Qu'aurait-ce été, bon Dieu ! si j'avais fait usage d'un mot qu'on attribue au *Grand Condé*, et que j'entends louer à outrance, par ces mêmes logiciens qui déraisonnent sur ma phrase ! A les croire, le *Grand Condé* montra la plus noble présence d'esprit, lorsqu'arrêtant *Louis XIV* prêt à pousser son cheval dans le Rhin, il dit à ce monarque : *Sire, avez-vous besoin du bâton de maréchal ?*

Heureusement on ne prouve nulle part que ce grand homme ait dit cette grande sottise. C'eût été dire au roi devant toute son armée : vous moquez-vous donc, Sire, de vous exposer dans un fleuve ? Pour courir de pareils dangers, il faut avoir besoin d'avancement ou de fortune !

Ainsi l'homme le plus vaillant, le plus grand général du siècle aurait compté pour rien l'honneur, le patriotisme et la gloire ! un misérable calcul d'intérêt eût été, selon lui, le seul principe de la bravoure ! il eût dit là un affreux mot ! et si j'en avais pris le sens pour l'enfermer dans quelque trait, je mériterais le reproche qu'on fait gratuitement au mien.

Laissons donc les cerveaux fumeux louer ou blâmer au hasard, sans se rendre compte de rien ; s'extasier sur une sottise, qui n'a pu jamais être dite, et proscrire un mot juste et simple, qui ne montre que du bon sens.

Un autre reproche assez fort, mais dont je n'ai pu me laver, est d'avoir assigné pour retraite à la comtesse un certain couvent d'*Ursulines. Ursulines !* a dit un seigneur joignant les mains avec éclat. *Ursulines !* a dit une dame en se renversant de surprise sur un jeune anglais de sa loge. *Ursulines !* ah milord ! si vous entendiez le français !.... Je sens, je sens beaucoup, Madame, dit le jeune homme en rougissant. — C'est qu'on n'a jamais mis au théâtre aucune femme aux *Ursulines !* Abbé, parlez-nous donc ! L'abbé, (toujours appuyée sur l'anglais) comment trouvez-vous *Ursulines ?* Fort indécent, répond l'abbé, sans cesser de lorgner *Suzanne* ; et tout le beau monde a répété, *Ursulines est fort indécent.* Pauvre auteur ! on te croit jugé, quand chacun songe à son affaire. En vain j'essayais d'établir que, dans l'événement de la scène, moins la comtesse a dessein de se cloîtrer, plus elle doit le feindre et faire croire à son époux que sa retraite est bien choisie : ils ont proscrit mes *Ursulines !*

Dans le plus fort de la rumeur, moi bonhomme ! j'avais été jusqu'à prier une des actrices, qui font le charme de ma pièce, de demander aux mécontents, à quel autre couvent de filles ils estimaient qu'il fût *décent* que l'on fît entrer la comtesse ? A moi, cela m'était égal ; je l'aurais mise où l'on aurait voulu ; aux *Augustines*, aux *Célestines*, aux *Clairettes*, aux *Visitandines*, même aux *Petites Cordelières*, tant je tiens peu aux *Ursulines !* Mais on agit si durement !

Enfin, le bruit croissant toujours ; pour arranger l'affaire avec douceur, j'ai laissé le mot *Ursulines* à la place où je l'avais mis : chacun alors content de soi, de tout l'esprit qu'il avait montré, s'est appaisé sur *Ursulines*, et l'on a parlé d'autre chose.

Je ne suis point, comme l'on voit, l'ennemi de mes ennemis. En disant bien du mal de moi ils n'en ont point fait à ma pièce ; et s'ils sentaient seulement autant de joie à la déchirer, que j'eus de plaisir à la faire, il n'y aurait personne d'affligé. Le malheur est qu'ils ne rient point ; et ils ne rient point à ma pièce, parce qu'on ne rit point à la leur. Je connais plusieurs amateurs, qui sont même beaucoup maigris depuis le succès du *Mariage :* excusons donc l'effet de leur colère.

A des moralités d'ensemble et de détail, répandues dans les flots d'une inaltérable gaîté; à un dialogue assez vif, dont la facilité nous cache le travail, si l'auteur a joint une intrigue aisément filée, où l'art se dérobe sous l'art, qui se noue et se dénoue sans cesse, à travers une foule de situations comiques, de tableaux piquants et variés qui soutiennent, sans la fatiguer, l'attention du public pendant les trois heures et demie que dure le même spectacle (essai que nul homme de lettres n'avait encore osé tenter!); que restait-il à faire à de pauvres méchants, que tout cela irrite? attaquer, poursuivre l'auteur par des injures verbales, manuscrites, imprimées; c'est ce qu'on a fait sans relâche. Ils ont même épuisé jusqu'à la calomnie, pour tâcher de me perdre dans l'esprit de tout ce qui influe en France sur le repos d'un citoyen. Heureusement que mon ouvrage est sous les yeux de la nation, qui depuis dix grands mois, le voit, le juge et l'apprécie. Le laisser jouer tant qu'il fera plaisir, est la seule vengeance que je me sois permise. Je n'écris point ceci pour les lecteurs actuels; le récit d'un mal trop connu, touche peu; mais dans quatre-vingts ans il portera son fruit. Les auteurs de ce temps-là, compareront leur sort au nôtre; et nos enfants sauront à quel prix on pouvait amuser leurs pères.

Allons au fait; ce n'est pas tout cela qui

blesse. Le vrai motif qui se cache, et qui dans les replis du cœur produit tous les autres reproches, est renfermé dans ce quatrain.

>Pourquoi ce Figaro qu'on va tant écouter,
>Est-il avec fureur déchiré par les sots ?
>*Recevoir, prendre et demander ;*
>*Voilà le secret en trois mots.*

En effet, *Figaro* parlant du métier de courtisan, le définit dans ces termes sévères. Je ne puis le nier, je l'ai dit. Mais reviendrai-je sur ce point ? Si c'est un mal, le remède serait pire : il faudrait poser méthodiquement ce que je n'ai fait qu'indiquer ; revenir à montrer qu'il n'y a point de synonyme en français, entre *l'homme de la cour, l'homme de cour, et le courtisan par métier.*

Il faudrait répéter qu'*homme de la cour* peint seulement un noble état : qu'il s'entend de l'homme de qualité, vivant avec la noblesse et l'éclat que son rang lui impose : que si cet *homme de la cour* aime le bien par goût, sans intérêt ; si, loin de jamais nuire à personne, il se fait estimer de ses maîtres, aimer de ses égaux, et respecter des autres ; alors cette acception reçoit un nouveau lustre, et j'en connais plus d'un que je nommerais avec plaisir, s'il en était question.

Il faudrait montrer qu'*homme de cour*, en

bon français, est moins l'énoncé d'un état, que le résumé d'un caractère adroit, liant, mais réservé; pressant la main de tout le monde en glissant chemin à travers; menant finement son intrigue avec l'air de toujours servir; ne se fesant point d'ennemis, mais donnant près d'un fossé, dans l'occasion, de l'épaule au meilleur ami, pour assurer sa chute et le remplacer sur la crête; laissant à part tout préjugé qui pourrait ralentir sa marche; souriant à ce qui lui déplaît, et critiquant ce qu'il approuve, selon les hommes qui l'écoutent: dans les liaisons utiles de sa femme, ou de sa maîtresse, ne voyant que ce qu'il doit voir : enfin.....

>Prenant tout, pour le faire court,
>En véritable *homme de Cour*.
>
>   La Fontaine.

Cette acception n'est pas aussi défavorable que celle du *courtisan par métier*, et c'est l'homme dont parle *Figaro*.

Mais quand j'étendrais la définition de ce dernier; quand, parcourant tous les possibles, je le montrerais avec son maintien équivoque, haut et bas à la fois; rampant avec orgueil; ayant toutes les prétentions sans en justifier une; se donnant l'air du *protégement* pour se faire chef de parti; dénigrant tous les concurrents qui balanceraient son crédit ; fesant un métier lucratif de ce qui ne devrait qu'honorer ; vendant ses maîtresses à son maître, lui fesant payer ses plaisirs, etc. etc. etc., et quatre pages d'etc. il faudrait toujours revenir au distique de *Figaro*. *Recevoir, prendre et demander ; voilà le secret en trois mots.*

Pour ceux-ci, je n'en connais point ; il y en eut, dit-on, sous *Henri III*, sous d'autres rois encore, mais c'est l'affaire de l'historien ; et quant à moi, je suis d'avis que les vicieux du siècle en sont comme les saints ; qu'il faut cent ans pour les canoniser. Mais puisque j'ai promis la critique de ma pièce, il faut enfin que je la donne.

En général son grand défaut est *que je ne l'ai point faite en observant le monde ; qu'elle ne peint rien de ce qui existe, et ne rappelle jamais l'image de la société où l'on vit ; que ses mœurs, basses et corrompues, n'ont pas même le mérite d'êtres vraies.* Et c'est ce qu'on lisait dernièrement dans un beau discours imprimé, composé par un homme de bien, auquel il n'a manqué qu'un peu d'esprit pour être un écrivain médiocre. Mais, médiocre ou non, moi qui ne fis jamais usage de cette allure oblique et torse avec laquelle un Sbirre, qui n'a pas l'air de vous regarder, vous donne du stylet au flanc, je suis de l'avis de celui-ci. Je conviens qu'à la vérité la génération passée ressemblait beaucoup à ma pièce; que la génération future lui ressemblera beaucoup aussi; mais que pour la génération présente, elle ne lui ressemble aucunement; que je n'ai jamais rencontré ni mari suborneur, ni seigneur libertin, ni courtisan avide, ni juge ignorant ou passionné, ni avocat injuriant, ni gens médiocres avancés, ni traducteur bassement jaloux. Et que si des âmes pures, qui ne s'y reconnaissent point du tout, s'irritent contre ma pièce et la déchirent sans relâche, c'est uniquement par respect pour leurs grands-pères, et sensibilité pour leurs petits-enfants. J'espère, après cette déclaration, qu'on me laissera bien tranquille; ET J'AI FINI.

CARACTÈRES ET HABILLEMENTS

DE LA PIÈCE.

L<small>E</small> Comte ALMAVIVA doit être joué très-noblement, mais avec grâce et liberté. La corruption du cœur ne doit rien ôter au *bon ton* de ses manières. Dans les mœurs *de ce temps-là* les grands traitaient en badinant toute entreprise sur les femmes. Ce rôle est d'autant plus pénible à bien rendre que le personnage est toujours sacrifié. Mais joué par un comédien excellent (*M. Molé*), il a fait ressortir tous les rôles, et assuré le succès de la pièce.

Son vêtement du premier et second actes, est un habit de chasse avec des bottines à mi-jambe, de l'ancien costume espagnol. Du troisième acte jusqu'à la fin, un habit superbe de ce costume.

L<small>A</small> COMTESSE agitée de deux sentiments contraires, ne doit montrer qu'une sensibilité réprimée, ou une colère très-modérée; rien surtout qui dégrade aux yeux du spectateur, son caractère aimable et vertueux. Ce rôle, un des plus difficiles de la pièce, a fait infiniment d'honneur au grand talent de Mlle *Saint-Val*, cadette.

Son vêtement du premier, second et quatrième actes, est une lévite commode, et nul ornement sur la tête : elle est chez elle, et censée incommodée. Au cinquième acte elle a l'habillement et la haute coëffure de *Suzanne*.

FIGARO. L'on ne peut trop recommander à l'acteur qui jouera ce rôle, de bien se pénétrer de son esprit, comme l'a fait M. *Dazincourt*. S'il y voyait autre chose que de la raison assaisonnée de gaîté et de saillies, surtout s'il y mettait la moindre charge, il avilirait un rôle que le premier comique du théâtre, M. *Préville*, a jugé devoir honorer le talent de tout comédien qui saurait en saisir les nuances multipliées, et pourrait s'élever à son entière conception.

Son vêtement comme dans *le Barbier de Séville*.

SUZANNE. Jeune personne adroite, spirituelle et rieuse, mais non de cette gaîté presqu'effrontée de nos soubrettes corruptrices; son joli caractère est dessiné dans la préface, et c'est-là que l'actrice, qui n'a point vu Mlle *Contat*, doit l'étudier pour le bien rendre.

Son vêtement des quatre premiers actes, est un

juste blanc à basquines, très-élégant, la jupe de même, avec une toque, appelée depuis par nos marchandes, *à la Suzanne*. Dans la fête du quatrième acte, le comte lui pose sur la tête une toque à long voile, à hautes plumes, et à rubans blancs. Elle porte au cinquième acte la lévite de sa maîtresse, et nul ornement sur la tête.

MARCELINE est une femme d'esprit, née un peu vive, mais dont les fautes et l'expérience ont réformé le caractère. Si l'actrice qui le joue s'élève avec une fierté bien placée, à la hauteur très-morale qui suit la reconnaissance du troisième acte; elle ajoutera beaucoup à l'intérêt de l'ouvrage.

Son vêtement est celui des duègnes espagnoles, d'une couleur modeste, un bonnet noir sur la tête.

ANTONIO ne doit montrer qu'une demi-ivresse, qui se dissipe par degrés; de sorte qu'au cinquième acte on n'en aperçoive presque plus.

Son vêtement est celui d'un paysan espagnol, où les manches pendent par derrière; un chapeau et des souliers blancs.

FANCHETTE est une enfant de douze ans, très-naïve. Son petit babit est un juste brun avec des gances et des boutons d'argent, la jupe de couleur tranchante, et une toque noire à plumes sur la tête. Il sera celui des autres paysannes de la noce.

CHÉRUBIN. Ce rôle ne peut être joué, comme il l'a été, que par une jeune et très-jolie femme ; nous n'avons point à nos théâtres de très-jeune homme assez formé, pour en bien sentir les finesses. Timide à l'excès devant la comtesse, ailleurs un charmant polisson ; un désir inquiet et vague est le fond de son caractère. Il s'élance à la puberté, mais sans projet, sans connaissances, et tout entier à chaque événement ; enfin il est ce que toute mère, au fond du cœur voudrait peut-être que fût son fils, quoiqu'elle dût beaucoup en souffrir.

Son riche vêtement, au premier et second actes, est celui d'un page de cour espagnol, blanc et brodé d'argent ; le léger manteau bleu sur l'épaule, et un chapeau chargé de plumes. Au quatrième acte il a le corset, la jupe et la toque des jeunes paysannes qui l'amènent. Au cinquième acte, un habit uniforme d'officier, une cocarde et une épée.

BARTHOLO. Le caractère et l'habit comme dans *le Barbier de Séville;* il n'est ici qu'un rôle secondaire.

BAZILE. Caractère et vêtement comme dans

le *Barbier de Séville*; il n'est aussi qu'un rôle secondaire.

BRID'OISON doit avoir cette bonne et franche assurance des bêtes, qui n'ont plus leur timidité. Son bégaiement n'est qu'une grâce de plus, qui doit-être à peine sentie, et l'acteur se tromperait lourdement et jouerait à contresens, s'il y cherchait le plaisant de son rôle. Il est tout entier dans l'opposition de la gravité de son état au ridicule du caractère; et moins l'acteur le chargera, plus il montrera de vrai talent.

Son habit est une robe de juge espagnol, moins ample que celle de nos procureurs, presque une soutane; une grosse perruque, une gonille, ou rabat espagnol au col, et une longue baguette blanche à la main.

DOUBLE-MAIN. Vêtu comme le juge; mais la baguette blanche plus courte.

L'HUISSIER ou ALGUAZIL. Habit, manteau, épée de Crispin, mais portée à son côté sans ceinture de cuir. Point de bottines, une chaussure noire, une perruque blanche naissante et longue à mille boucles, une courte baguette blanche.

GRIPE-SOLEIL. Habit de paysan, les manches

pendantes, veste de couleur tranchée, chapeau blanc.

UNE JEUNE BERGÈRE. Son vêtement comme celui de *Fanchette*.

PÉDRILLE. En veste, gilet, ceinture, fouet, et bottes de poste, une récille sur la tête, chapeau de courier.

PERSONNAGES MUETS, les uns en habits de juges, d'autres en habits de paysans, les autres en habits de livrée.

Placement des acteurs.

Pour faciliter les jeux du théâtre, on a eu l'attention d'écrire au commencement de chaque scène, le nom des personnages dans l'ordre où le spectateur les voit. S'ils font quelque mouvement grave dans la scène, il est désigné par un nouvel ordre de noms, écrit en marge à l'instant qu'il arrive. Il est important de conserver les bonnes positions théâtrales; le relâchement dans la tradition donnée par les premiers acteurs, en produit bientôt un total dans le jeu des pièces, qui finit par assimiler les troupes négligentes aux plus faibles comédiens de société.

LA FOLLE JOURNÉE,

OU

LE MARIAGE DE FIGARO,

COMÉDIE

EN CINQ ACTES ET EN PROSE.

Représentée pour la première fois par les Comédiens Français ordinaires du Roi, le Mardi 27 Avril 1784.

En faveur du badinage,
Faites grâce à la raison.
Vaud. de la Pièce.

PERSONNAGES. ACTEURS.

Le Comte ALMAVIVA, grand
   Corrégidor d'Andalousie,   M. Molé.
La COMTESSE, sa femme,   Mlle. Saint-Val.
FIGARO, Valet-de-chambre du
   Comte et Concierge du château,   M. d'Azincourt.
SUZANNE, première camariste
   de la Comtesse, et fiancée de
   Figaro,   Mlle. Contat.
MARCELINE, femme de charge,   M^{ad}. Bellecourt.
ANTONIO, Jardinier du château,
   oncle de Suzanne et père de Fan-
   chette,   M. Belmont.
FANCHETTE, fille d'Antonio,   Mlle. Laurent.
CHÉRUBIN, premier page du
   Comte,   Mlle. Olivier.
BARTHOLO, Médecin de Séville,   M. Desessarts.
BAZILE, Maître de clavecin de
   la Comtesse,   M. Vanhove.
DON GUSMAN BRID'OISON,
   lieutenant du siége,   M. Préville.
DOUBLE-MAIN, Greffier, Secré-
   taire de Don Gusman,   M. Marsy.
UN HUISSIER-AUDIENCIER,   M. la Rochelle.
GRIPE-SOLEIL, jeune patoureau,   M. Champville.
UNE JEUNE BERGÈRE,   Mlle. Dantier.
PEDRILLE, piqueur du Comte,   M. Florence.

PERSONNAGES MUETS.

TROUPE DE VALETS.
TROUPE DE PAYSANES.
TROUPE DE PAYSANS.

La Scène est au château d'Aguas-Frescas, à trois lieues de Séville.

LA FOLLE JOURNÉE,

OU

LE MARIAGE DE FIGARO.

ACTE PREMIER.

Le Théâtre représente une chambre à demi-démeublée, un grand fauteuil de malade est au milieu. FIGARO, avec une toise, mesure le plancher. SUZANNE attache à sa tête, devant une glace, le petit bouquet de fleurs d'orange, appelé Chapeau de la Mariée.

SCÈNE PREMIÈRE.

FIGARO, SUZANNE.

FIGARO.

DIX-NEUF pieds sur vingt-six.

SUZANNE.

Tiens, Figaro, voilà mon petit chapeau : le trouves-tu mieux ainsi ?

FIGARO *lui prend les mains.*

Sans comparaison, ma charmante. O ! que ce joli bouquet virginal, élevé sur la tête d'une belle fille, est doux, le matin des noces, à l'œil amoureux d'un époux !.....

SUZANNE *se retire.*

Que mesures-tu donc là, mon fils ?

FIGARO.

Je regarde, ma petite Suzanne, si ce beau lit que Monseigneur nous donne, aura bonne grâce ici.

SUZANNE.

Dans cette chambre ?

FIGARO.

Il nous la cède.

SUZANNE.

Et moi je n'en veux point.

FIGARO.

Pourquoi ?

SUZANNE.

Je n'en veux point.

FIGARO.

Mais encore ?

SUZANNE.

Elle me déplaît.

FIGARO.

On dit une raison.

SUZANNE.

Si je n'en veux pas dire ?

FIGARO.

O ! quand elles sont sûres de nous !

SUZANNE.

Prouver que j'ai raison, serait accorder que je puis avoir tort. Es-tu mon serviteur, ou non ?

FIGARO.

Tu prends de l'humeur contre la chambre du château la plus commode, et qui tient le milieu des deux appartements. La nuit, si Madame est incommodée, elle sonnera de son côté ; zeste, en deux pas, tu es chez elle. Monseigneur veut-il quelque chose ? Il n'a qu'à tinter du sien ; crac, en trois sauts, me voilà rendu.

SUZANNE.

Fort bien ! Mais, quand il aura *tinté* le matin, pour te donner quelque bonne et longue commission ; zeste, en deux pas, il est à ma porte, et crac, en trois sauts......

FIGARO.

Qu'entendez-vous par ces paroles ?

SUZANNE.

Il faudrait m'écouter tranquillement.

FIGARO.

Eh qu'est-ce qu'il y a? bon Dieu !

SUZANNE.

Il y a, mon ami, que, las de courtiser les beautés des environs, monsieur le comte Almaviva veut rentrer au château, mais non pas chez sa femme ; c'est sur la tienne, entends-tu, qu'il a jeté ses vues, auxquelles il espère que ce logement ne nuira pas. Et c'est ce que le loyal Bazile, honnête agent de ses plaisirs, et mon noble maître à chanter, me répète chaque jour, en me donnant leçon.

FIGARO.

Bazile ! ô mon mignon ! si jamais volée de bois

vert, appliquée sur une échine, a dûment redressé la moële épinière à quelqu'un....

SUZANNE.

Tu croyais, bon garçon ! que cette dot qu'on me donne était pour les beaux yeux de ton mérite ?

FIGARO.

J'avais assez fait pour l'espérer.

SUZANNE.

Que les gens d'esprit sont bêtes !

FIGARO.

On le dit.

SUZANNE.

Mais c'est qu'on ne veut pas le croire.

FIGARO.

On a tort.

SUZANNE.

Apprends qu'il la destine à obtenir de moi, secrètement, certain quart-d'heure, seul à seule, qu'un ancien droit du seigneur......... Tu sais s'il était triste !

FIGARO.

Je le sais tellement que, si monsieur le comte en se mariant, n'eût pas aboli ce droit honteux, jamais je ne t'eusse épousée dans ses domaines.

SUZANNE.

Hé bien ! s'il l'a détruit, il s'en repent; et c'est de ta fiancée qu'il veut le racheter en secret aujourd'hui.

FIGARO *se frottant la tête.*

Ma tête s'amollit de surprise, et mon front fertilisé.....

SUZANNE.

Ne le frotte donc pas !

FIGARO.

Quel danger ?

SUZANNE *riant.*

S'il y venait un petit bouton; des gens superstitieux......

FIGARO.

Tu ris, friponne ! Ah ! s'il y avait moyen d'attraper ce grand trompeur, de le faire donner dans un bon piége, et d'empocher son or !

SUZANNE.

De l'intrigue et de l'argent, te voilà dans ta sphère.

FIGARO.

Ce n'est pas la honte qui me retient.

SUZANNE.

La crainte ?

FIGARO.

Ce n'est rien d'entreprendre une chose dangereuse, mais d'échapper au péril en la menant à bien : car d'entrer chez quelqu'un la nuit, de lui souffler sa femme, et d'y recevoir cent coups de fouet pour la peine, il n'est rien plus aisé ; mille sots coquins l'ont fait. Mais..... (*on sonne de l'intérieur.*)

SUZANNE.

Voilà Madame éveillée ; elle m'a bien recommandé d'être la première à lui parler le matin de mes noces.

FIGARO.

Y a-t-il encore quelque chose là-dessous ?

SUZANNE.

Le berger dit que cela porte bonheur aux épouses délaissées. Adieu, mon petit fi, fi, Figaro, rêve à notre affaire.

FIGARO.

Pour m'ouvrir l'esprit, donne un petit baiser.

SUZANNE.

A mon amant aujourd'hui ? Je t'en souhaite ! Et qu'en dirait demain mon mari ?

(*Figaro l'embrasse.*)

SUZANNE.

Hé bien ! hé bien !

FIGARO.

C'est que tu n'as pas d'idée de mon amour.

SUZANNE *se défrippant.*

Quand cesserez-vous, importun, de m'en parler du matin au soir ?

FIGARO *mystérieusement.*

Quand je pourrai te le prouver du soir jusqu'au matin. (*On sonne une seconde fois.*)

SUZANNE *de loin, les doigts unis sur sa bouche.*

Voilà votre baiser, Monsieur ; je n'ai plus rien à vous.

FIGARO *court après elle.*

O ! mais ce n'est pas ainsi que vous l'avez reçu.

SCÈNE II.

FIGARO *seul.*

La charmante fille ! toujours riante, verdissante, pleine de gaîté, d'esprit, d'amour et de délices ! mais sage !.... (*Il marche vivement en se frottant les mains.*) Ah, Monseigneur ! Mon cher Monseigneur ! vous voulez m'en donner..... à garder ! Je cherchais aussi pourquoi m'ayant nommé concierge, il m'emmène à son ambassade, et m'établit courier de dépêches. J'entends, monsieur le comte : trois promotions à la fois ; vous, compagnon ministre ; moi, casse-cou politique, et Suzon, dame du lieu, l'ambassadrice de poche, et puis fouette courier ! Pendant que je galoperais d'un côté, vous feriez faire de l'autre à ma belle un joli chemin ! Me crottant, m'échinant pour la gloire de votre famille ; vous, daignant concourir à l'accroissement de la mienne ! Quelle douce réciprocité ! Mais, Monseigneur, il y a de l'abus. Faire à Londres, en même temps, les affaires de votre maître et celles de votre valet ! Représenter à la fois le roi et moi dans une cour étrangère, c'est trop de moitié, c'est trop. — Pour toi,

Bazile ! fripon mon cadet ! Je veux t'apprendre à clocher devant les boîteux ; je veux........... Non, dissimulons avec eux pour les enferrer l'un par l'autre. Attention sur la journée, monsieur Figaro ! D'abord avancer l'heure de votre petite fête, pour épouser plus sûrement ; écarter une Marceline qui de vous est friande en diable ; empocher l'or et les présents ; donner le change aux petites passions de monsieur le comte ; étriller rondement monsieur du Bazile, et......

SCÈNE III.

MARCELINE, BARTHOLO, FIGARO.

FIGARO *s'interrompt.*

.....Héééé, voilà le gros docteur, la fête sera complète. Hé, bon jour, cher docteur de mon cœur. Est-ce ma noce avec Suzon qui vous attire au château ?

BARTHOLO *avec dédain.*

Ah, mon cher Monsieur, point du tout.

FIGARO.

Cela serait bien généreux !

ACTE PREMIER.

BARTHOLO.

Certainement, et par trop sot.

FIGARO.

Moi qui eus le malheur de troubler la vôtre !

BARTHOLO.

Avez-vous autre chose à nous dire ?

FIGARO.

On n'aura pas pris soin de votre mule !

BARTHOLO *en colère*.

Bavard enragé ! laissez-nous !

FIGARO.

Vous vous fâchez, docteur ? Les gens de votre état sont bien durs ! Pas plus de pitié des pauvres animaux..... en vérité..... que si c'était des hommes ! Adieu, Marceline : avez-vous toujours envie de plaider contre moi ?

Pour n'aimer pas, faut-il qu'on se haïsse ?

Je m'en rapporte au docteur.

BARTHOLO.

Qu'est-ce que c'est ?

FIGARO.

Elle vous le contera de reste. (*Il sort.*)

SCÈNE IV.

MARCELINE, BARTHOLO.

BARTHOLO *le regarde aller.*

Ce drôle est toujours le même ! Et à moins qu'on ne l'écorche vif, je prédis qu'il mourra dans la peau du plus fier insolent.....

MARCELINE *le retourne.*

Enfin, vous voilà donc, éternel docteur ? toujours si grave et compassé, qu'on pourrait mourir en attendant vos secours, comme on s'est marié jadis, malgré vos précautions.

BARTHOLO.

Toujours amère et provoquante ! Hé bien, qui rend donc ma présence au château si nécessaire ? Monsieur le comte a-t-il eu quelque accident ?

MARCELINE.

Non, docteur.

BARTHOLO.

La Rosine, sa trompeuse comtesse, est-elle incommodée, Dieu merci ?

ACTE PREMIER.

MARCELINE.

Elle languit.

BARTHOLO.

Et de quoi ?

MARCELINE.

Son mari la néglige.

BARTHOLO *avec joie.*

Ah, le digne époux qui me venge !

MARCELINE.

On ne sait comment définir le comte; il est jaloux et libertin.

BARTHOLO.

Libertin par ennui, jaloux par vanité ; cela va sans dire.

MARCELINE.

Aujourd'hui, par exemple, il marie notre Suzanne à son Figaro qu'il comble en faveur de cette union......

BARTHOLO.

Que Son Excellence a rendue nécessaire !

MARCELINE.

Pas tout à fait ; mais dont Son Excellence voudrait égayer en secret l'événement avec l'épousée.....

BARTHOLO.

De monsieur Figaro ? C'est un marché qu'on peut conclure avec lui.

MARCELINE.

Bazile assure que non.

BARTHOLO.

Cet autre maraut loge ici ? C'est une caverne ! Hé qu'y fait-il ?

MARCELINE.

Tout le mal dont il est capable. Mais le pis que j'y trouve est cette ennuyeuse passion qu'il a pour moi depuis si long-temps.

BARTHOLO.

Je me serais débarrassée vingt fois de sa poursuite.

MARCELINE.

De quelle manière ?

BARTHOLO.

En l'épousant.

MARCELINE.

Railleur fade et cruel, que ne vous débarrassez-vous de la mienne à ce prix ? Ne le devez-vous pas ? Où est le souvenir de vos engagements? Qu'est devenu celui de notre petit Emanuel, ce fruit d'un amour oublié, qui devait nous conduire à des noces ?

BARTHOLO *ôtant son chapeau.*

Est-ce pour écouter ces sornettes que vous m'avez fait venir de Séville ? Et cet accès d'hymen qui vous reprend si vif.......

MARCELINE.

Eh bien ! n'en parlons plus. Mais si rien n'a pu vous porter à la justice de m'épouser, aidez-moi donc du moins à en épouser un autre.

BARTHOLO.

Ah ! volontiers : parlons. Mais quel mortel abandonné du ciel et des femmes ?.....

MARCELINE.

Eh ! qui pourrait-ce être, docteur, sinon le beau, le gai, l'aimable Figaro ?

BARTHOLO.

Ce fripon-là ?

MARCELINE.

Jamais fâché; toujours en belle humeur ; donnant le présent à la joie, et s'inquiétant de l'avenir tout aussi peu que du passé ; sémillant, généreux ! généreux......

BARTHOLO.

Comme un voleur.

MARCELINE.

Comme un seigneur ; charmant enfin : mais c'est le plus grand monstre !

BARTHOLO.

Et sa Suzanne ?

MARCELINE.

Elle ne l'aurait pas, la rusée, si vous vouliez m'aider, mon petit docteur, à faire valoir un engagement que j'ai de lui.

BARTHOLO.

Le jour de son mariage ?

MARCELINE.

On en rompt de plus avancés : et si je ne craignais d'éventer un petit secret des femmes !....

BARTHOLO.

En ont-elles pour le médecin du corps ?

MARCELINE.

Ah ! vous savez que je n'en ai pas pour vous.

ACTE PREMIER.

Mon sexe est ardent, mais timide : un certain charme a beau nous attirer vers le plaisir, la femme la plus aventurée sent en elle une voix qui lui dit : Sois belle si tu peux, sage si tu veux ; mais sois considérée, il le faut. Or, puisqu'il faut être au moins considérée, que toute femme en sent l'importance ; effrayons d'abord la Suzanne sur la divulgation des offres qu'on lui fait.

BARTHOLO.

Où cela mènera-t-il ?

MARCELINE.

Que la honte la prenant au collet, elle continuera de refuser le comte, lequel pour se venger, appuiera l'opposition que j'ai faite à son mariage ; alors le mien devient certain.

BARTHOLO.

Elle a raison. Parbleu ! c'est un bon tour que de faire épouser ma vieille gouvernante au coquin qui fit enlever ma jeune maîtresse.

MARCELINE, *vite.*

Et qui croit ajouter à ses plaisirs en trompant mes espérances.

BARTHOLO, *vite.*

Et qui m'a volé dans le temps cent écus que j'ai sur le cœur.

MARCELINE.

Ah quelle volupté !.....

BARTHOLO.

De punir un scélérat....

MARCELINE.

De l'épouser, docteur, de l'épouser !

SCÈNE V.

MARCELINE, BARTHOLO, SUZANNE.

SUZANNE, *un bonnet de femme avec un large ruban dans la main, une robe de femme sur le bras.*

L'épouser ! l'épouser ! Qui donc ? Mon Figaro ?

MARCELINE, *aigrement.*

Pourquoi non ? Vous l'épousez bien !

BARTHOLO *riant.*

Le bon argument de femme en colère ! Nous parlions, belle Suzon, du bonheur qu'il aura de vous posséder.

ACTE PREMIER.

MARCELINE.

Sans compter Monseigneur dont on ne parle pas.

SUZANNE, *une révérence.*

Votre servante, Madame ; il y a toujours quelque chose d'amer dans vos propos.

MARCELINE, *une révérence.*

Bien la vôtre, Madame ; où donc est l'amertume ? n'est-il pas juste qu'un libéral seigneur partage un peu la joie qu'il procure à ses gens ?

SUZANNE.

Qu'il procure ?

MARCELINE.

Oui, Madame.

SUZANNE.

Heureusement la jalousie de Madame est aussi connue que ses droits sur Figaro sont légers.

MARCELINE.

On eût pu les rendre plus forts en les cimentant à la façon de Madame.

SUZANNE.

Oh ! cette façon, Madame, est celle des dames savantes.

MARCELINE.

Et l'enfant ne l'est pas du tout ! Innocente comme un vieux juge !

BARTHOLO, *attirant Marceline.*

Adieu, jolie fiancée de notre Figaro.

MARCELINE, *une révérence.*

L'accordée secrète de Monseigneur.

SUZANNE, *une révérence.*

Qui vous estime beaucoup, Madame.

MARCELINE, *une révérence.*

Me fera-t-elle aussi l'honneur de me chérir un peu, Madame ?

SUZANNE, *une révérence.*

A cet égard, Madame n'a rien à désirer.

MARCELINE, *une révérence.*

C'est une si jolie personne que Madame !

SUZANNE, *une révérence.*

Eh mais assez pour désoler Madame.

MARCELINE, *une révérence.*

Surtout bien respectable !

SUZANNE, *une révérence.*

C'est aux duègnes à l'être.

MARCELINE, *outrée.*

Aux duègnes! aux duègnes!

BARTHOLO *l'arrêtant.*

Marceline!

MARCELINE.

Allons, docteur, car je n'y tiendrais pas. Bonjour, Madame. (*une révérence.*)

SCÈNE VI.

SUZANNE *seule.*

Allez, Madame! allez, pédante! Je crains aussi peu vos efforts que je méprise vos outrages. — Voyez cette vieille Sibylle! parce qu'elle a fait quelques études et tourmenté la jeunesse de Madame, elle veut tout dominer au château! (*Elle jette la robe qu'elle tient, sur une chaise.*) Je ne sais plus ce que je venais prendre.

SCÈNE VII.

SUZANNE, CHÉRUBIN.

CHÉRUBIN, *accourant.*

Ah, Suzon ! depuis deux heures j'épie le moment de te trouver seule. Hélas ! tu te maries, et moi je vais partir.

SUZANNE.

Comment mon mariage éloigne-t-il du château le premier page de Monseigneur ?

CHÉRUBIN, *piteusement..*

Suzanne, il me renvoie.

SUZANNE *le contrefait.*

Chérubin, quelque sottise !

CHÉRUBIN.

Il m'a trouvé hier au soir chez ta cousine Fanchette, à qui je fesais répéter son petit rôle d'innocente, pour la fête de ce soir : il s'est mis dans une fureur, en me voyant ! — *sortez*, m'a-t-il dit, *petit*..... Je n'ose pas prononcer devant une femme le gros mot qu'il a dit : *sortez* ; et *demain vous ne coucherez pas au château.* Si Madame, si ma belle marraine ne parvient pas à l'appaiser, c'est fait, Suzon ; je suis à jamais privé du bonheur de te voir.

SUZANNE.

De me voir ! moi ? c'est mon tour ! ce n'est donc plus pour ma maîtresse que vous soupirez en secret ?

CHÉRUBIN.

Ah, Suzon, qu'elle est noble et belle ! mais qu'elle est imposante !

SUZANNE.

C'est-à-dire que je ne le suis pas, et qu'on peut oser avec moi....

CHÉRUBIN.

Tu sais trop bien, méchante, que je n'ose pas oser. Mais que tu es heureuse ! à tous moments la voir, lui parler, l'habiller le matin et la déshabiller le soir, épingle à epingle.... ah, Suzon ! je donnerais..... qu'est-ce que tu tiens donc là ?

SUZANNE, *raillant.*

Hélas, l'heureux bonnet, et le fortuné ruban qui renferment la nuit les cheveux de cette belle marraine.....

CHÉRUBIN *vivement.*

Son ruban de nuit ! donne-le moi, mon cœur.

SUZANNE *le retirant.*

Eh que non pas : — *Son cœur !* Comme il est familier donc ! si ce n'était pas un morveux sans conséquence. (*Chérubin arrache le ruban*), ah, le ruban !

CHÉRUBIN *tourne autour du grand fauteuil.*

Tu diras qu'il est égaré, gâté ; qu'il est perdu. Tu diras tout ce que tu voudras.

SUZANNE *tourne après lui.*

O ! dans trois ou quatre ans, je prédis que vous serez le plus grand petit vaurien !... Rendez-vous le ruban ? (*Elle veut le reprendre.*)

CHÉRUBIN *tire une romance de sa poche.*

Laisse, ah, laisse-le-moi, Suzon ; je te donnerai ma romance ; et pendant que le souvenir de ta belle maîtresse attristera tous mes moments, le tien y versera le seul rayon de joie, qui puisse encore amuser mon cœur.

SUZANNE *arrache la romance.*

Amuser votre cœur, petit scélérat ! vous croyez parler à votre Fanchette ; on vous surprend chez elle ; et vous soupirez pour Madame ;

ACTE PREMIER. 83

et vous m'en contez à moi, pardessus le marché!

CHÉRUBIN *exalté*.

Cela est vrai d'honneur! je ne sais plus ce que je suis; mais depuis quelque temps je sens ma poitrine agitée; mon cœur palpite au seul aspect d'une femme; les mots *amour* et *volupté* le font tressaillir et le troublent. Enfin le besoin de dire à quelqu'un *je vous aime*, est devenu pour moi si pressant, que je le dis tout seul, en courant dans le parc, à ta maîtresse, à toi, aux arbres, aux nuages, au vent qui les emporte avec mes paroles perdues. — Hier je rencontrai Marceline.......

SUZANNE *riant*.

Ah, ah, ah, ah!

CHÉRUBIN.

Pourquoi non? elle est femme! elle est fille! une fille! une femme! ah que ces noms sont doux! qu'ils sont intéressants!

SUZANNE.

Il devient fou!

CHÉRUBIN.

Fanchette est douce; elle m'écoute au moins; tu ne l'es pas, toi!

SUZANNE.

C'est bien dommage ; écoutez donc Monsieur ! (*Elle veut arracher le ruban*).

CHÉRUBIN *tourne en fuyant.*

Ah ! ouiche ! on ne l'aura, vois-tu, qu'avec ma vie. Mais, si tu n'es pas contente du prix, j'y joindrai mille baisers.

(*Il lui donne chasse à son tour.*)

SUZANNE *tourne en fuyant.*

Mille soufflets, si vous approchez. Je vais m'en plaindre à ma maîtresse ; et, loin de supplier pour vous, je dirai moi-même à Monseigneur : c'est bien fait, Monseigneur ; chassez-nous ce petit voleur ; renvoyez à ses parents un petit mauvais sujet qui se donne les airs d'aimer Madame, et qui veut toujours m'embrasser par contre-coup.

CHÉRUBIN *voit le Comte entrer ; il se jette derrière le fauteuil avec effroi.*

Je suis perdu.

SUZANNE.

Quelle frayeur ?

SCÈNE VIII.

SUZANNE, LE COMTE, CHÉRUBIN caché.

Suzanne *aperçoit le Comte.*

Ah !...... (*Elle s'approche du fauteuil pour masquer Chérubin.*)

Le Comte *s'avance.*

Tu es émue, Suzon ! tu parlais seule, et ton petit cœur paraît dans une agitation.... bien pardonnable, au reste, un jour comme celui-ci.

Suzanne *troublée.*

Monseigneur, que me voulez-vous ? Si l'on vous trouvait avec moi....

Le Comte.

Je serais désolé qu'on m'y surprît ; mais tu sais tout l'intérêt que je prends à toi. Bazile ne t'a pas laissé ignorer mon amour. Je n'ai qu'un instant pour t'expliquer mes vues; écoute (*Il s'assied dans le fauteuil*).

Suzanne *vivement.*

Je n'écoute rien.

LE COMTE *lui prend la main.*

Un seul mot. Tu sais que le roi m'a nommé son ambassadeur à Londres. J'emmène avec moi Figaro : je lui donne un excellent poste ; et comme le devoir d'une femme est de suivre son mari....

SUZANNE.

Ah, si j'osais parler !

LE COMTE *la rapproche de lui.*

Parle, parle, ma chère ; use aujourd'hui d'un droit que tu prends sur moi pour la vie.

SUZANNE *effrayée.*

Je n'en veux point, Monseigneur, je n'en veux point. Quittez-moi, je vous prie.

LE COMTE.

Mais dis auparavant.

SUZANNE *en colère.*

Je ne sais plus ce que je disais.

LE COMTE.

Sur le devoir des femmes.

SUZANNE.

Eh bien ! lorsque Monseigneur enleva la sienne de chez le Docteur, et qu'il l'épousa par amour ;

lorsqu'il abolit pour elle un certain affreux droit du Seigneur...

LE COMTE *gaîment.*

Qui fesait bien de la peine aux filles ! ah Suzette ! ce droit charmant ! Si tu venais en jaser sur la brune au jardin, je mettrais un tel prix à cette légère faveur.

BAZILE *parle en dehors.*

Il n'est pas chez lui, Monseigneur.

LE COMTE *se lève.*

Quelle est cette voix ?

SUZANNE.

Que je suis malheureuse !

LE COMTE.

Sors, pour qu'on n'entre pas.

SUZANNE *troublée.*

Que je vous laisse ici ?

BAZILE *crie en dehors.*

Monseigneur était chez Madame, il en est sorti : je vais voir.

LE COMTE.

Et pas un lieu pour se cacher ! ah ! derrière

ce fauteuil...... assez mal ; mais renvoie-le bien vite.

SUZANNE *lui barre le chemin, il la pousse doucement, elle recule, et se met ainsi entre lui et le petit page; mais pendant que le Comte s'abaisse et prend sa place, Chérubin tourne et se jette effrayé sur le fauteuil à genoux, et s'y blottit. Suzanne prend la robe qu'elle apportait, en couvre le page, et se met devant le fauteuil.*

SCÈNE IX.

LE COMTE et CHÉRUBIN cachés, SUZANNE, BAZILE.

BAZILE.

N'AURIEZ-VOUS pas vu Monseigneur, Mademoiselle ?

SUZANNE *brusquement.*

Hé pourquoi l'aurais-je vu ? Laissez-moi.

BAZILE *s'approche.*

Si vous étiez plus raisonnable, il n'y aurait rien d'étonnant à ma question. C'est Figaro qui le cherche.

SUZANNE.

Il cherche donc l'homme qui lui veut le plus de mal après vous ?

LE COMTE *à part.*

Voyons un peu comme il me sert.

BAZILE.

Désirer du bien à une femme, est-ce vouloir du mal à son mari ?

SUZANNE.

Non, dans vos affreux principes, agent de corruption.

BAZILE.

Que vous demande-t-on ici que vous n'alliez prodiguer à un autre ? grâce à la douce cérémonie, ce qu'on vous défendait hier, on vous le prescrira demain.

SUZANNE.

Indigne !

BAZILE.

De toutes les choses sérieuses, le mariage étant la plus bouffonne, j'avais pensé...

SUZANNE *outrée.*

Des horreurs. Qui vous permet d'entrer ici ?

BAZILE.

Là, là, mauvaise! Dieu vous appaise! il n'en sera que ce que vous voulez: mais ne croyez pas non plus que je regarde Monsieur Figaro comme l'obstacle qui nuit à Monseigneur; et sans le petit page...

SUZANNE *timidement.*

Don Chérubin ?

BAZILE *la contrefait.*

Cherubino di amore, qui tourne autour de vous sans cesse, et qui ce matin encore, rôdait ici pour y entrer, quand je vous ai quittée; dites que cela n'est pas vrai ?

SUZANNE.

Quelle imposture ! allez vous-en, méchant homme !

BAZILE.

On est un méchant homme, parce qu'on y voit clair. N'est-ce pas pour vous aussi cette romance dont il fait mystère ?

SUZANNE *en colère.*

Ah ! oui, pour moi !

BAZILE.

A moins qu'il ne l'ait composée pour Madame!

en effet, quand il sert à table on dit qu'il la regarde avec des yeux !......... mais peste, qu'il ne s'y joue pas; Monseigneur est *brutal* sur l'article.

Suzanne *outrée*.

Et vous bien scélérat, d'aller semant de pareils bruits pour perdre un malheureux enfant tombé dans la disgrâce de son maître.

Bazile.

L'ai-je inventé? Je le dis, parce que tout le monde en parle.

Le Comte *se lève*.

Comment tout le monde en parle !

Suzanne.

Ah ciel !

Bazile.

Ha, ha !

Le Comte.

Courez Bazile, et qu'on le chasse.

Bazile.

Ah, que je suis fâché d'être entré !

Suzanne *troublée*.

Mon dieu ! Mon dieu !

Chérubin dans le fauteuil.
Le Comte
Suzanne.
Bazile.

Le Comte à *Bazile.*

Elle est saisie. Asseyons-la dans ce fauteuil.

Suzanne *le repousse vivement.*

Je ne veux pas m'asseoir. Entrer ainsi librement, c'est indigne !

Le Comte.

Nous sommes deux avec toi, ma chère. Il n'y a plus le moindre danger !

Bazile.

Moi je suis désolé de m'être égayé sur le page, puisque vous l'entendiez ; je n'en usais ainsi, que pour pénétrer ses sentiments ; car au fond....

Le Comte.

Cinquante pistoles, un cheval, et qu'on le renvoie à ses parents.

Bazile.

Monseigneur, pour un badinage ?

Le Comte.

Un petit libertin que j'ai surpris encore hier avec la fille du jardinier.

Bazile.

Avec Fanchette ?

Ce tour ci vaut l'autre.

ACTE PREMIER.

LE COMTE.

Et dans sa chambre.

SUZANNE *outrée*.

Où Monseigneur avait sans doute affaire aussi !

LE COMTE *gaiment*.

J'en aime assez la remarque.

BAZILE.

Elle est d'un bon augure.

LE COMTE *gaiment*.

Mais non ; j'allais chercher ton oncle Antonio, mon ivrogne de jardinier, pour lui donner des ordres. Je frappe, on est long-temps à m'ouvrir ; ta cousine a l'air empêtré, je prends un soupçon, je lui parle, et, tout en causant, j'examine. Il y avait derrière la porte une espèce de rideau, de porte-manteau, de je ne sais pas quoi, qui couvrait des hardes ; sans faire semblant de rien, je vais doucement, doucement lever ce rideau, (*pour imiter le geste il lève la robe du fauteuil,*) Et je vois..... *Il aperçoit le page.* Ah...

BAZILE.

Ha, ha !

LE COMTE.

Ce tour ci vaut l'autre.

Suzanne.
Chérubin *dans le fauteuil.*
Le Comte.
Bazile.

BAZILE.

Encore mieux.

LE COMTE *à Suzanne.*

A merveilles, Mademoiselle : à peine fiancée vous faites de ces apprêts ? C'était pour recevoir mon page que vous désiriez d'être seule ? Et vous, Monsieur, qui ne changez point de conduite ; il vous manquait de vous adresser sans respect pour votre marraine, à sa première camariste, à la femme de votre ami ! mais je ne souffrirai pas que Figaro, qu'un homme que j'estime et que j'aime, soit victime d'une pareille tromperie : était-il avec vous, Bazile.

SUZANNE *outrée.*

Il n'y a tromperie ni victime ; il était là lorsque vous me parliez.

LE COMTE *emporté.*

Puisses-tu mentir en le disant ! son plus cruel ennemi n'oserait lui souhaiter ce malheur.

SUZANNE.

Il me priait d'engager Madame à vous demander sa grâce. Votre arrivée l'a si fort troublé, qu'il s'est masqué de ce fauteuil.

LE COMTE *en colère.*

Ruse d'enfer ! je m'y suis assis en entrant.

ACTE PREMIER.

CHÉRUBIN.

Hélas, Monseigneur, j'étais tremblant derrière.

LE COMTE.

Autre fourberie! je viens de m'y placer moi-même.

CHÉRUBIN.

Pardon, mais c'est alors que je me suis blotti dedans.

LE COMTE *plus outré.*

C'est donc une couleuvre, que ce petit......... serpent là! il nous écoutait!

CHÉRUBIN.

Au contraire, Monseigneur, j'ai fait ce que j'ai pu pour ne rien entendre.

LE COMTE.

O perfidie! (*à Suzanne.*) Tu n'épouseras pas Figaro.

BAZILE.

Contenez-vous, on vient.

LE COMTE *tirant Chérubin du fauteuil et le mettant sur ses pieds.*

Il resterait là devant toute la terre!

SCÈNE X.

CHÉRUBIN, SUZANNE, FIGARO, LA COMTESSE, LE COMTE, FANCHETTE, BAZILE.

Beaucoup de Valets, Paysanes, Paysans vêtus de blanc.

FIGARO, *tenant une toque de femme, garnie de plumes blanches et de rubans blancs, parle à la Comtesse.*

Il n'y a que vous, Madame, qui puissiez nous obtenir cette faveur.

LA COMTESSE.

Vous les voyez, Monsieur le Comte, ils me supposent un crédit que je n'ai point; mais comme leur demande n'est pas déraisonnable.....

LE COMTE *embarrassé*.

Il faudrait qu'elle le fût beaucoup......

FIGARO, *bas à Suzanne.*

Soutiens bien mes efforts.

ACTE PREMIER.

SUZANNE *bas à Figaro.*

Qui ne mèneront à rien.

FIGARO *bas.*

Va toujours.

LE COMTE, *à Figaro.*

Que voulez-vous ?

FIGARO.

Monseigneur, vos vassaux touchés de l'abolition d'un certain droit fâcheux, que votre amour pour Madame.....

LE COMTE.

Hé bien, ce droit n'existe plus, que veux-tu dire ?

FIGARO *malignement.*

Qu'il est bien temps que la vertu d'un si bon maître éclate ; elle m'est d'un tel avantage aujourd'hui, que je désire être le premier à la célébrer à mes noces.

LE COMTE, *plus embarrassé.*

Tu te moques, ami ! l'abolition d'un droit honteux, n'est que l'acquit d'une dette envers l'honnêteté. Un Espagnol peut vouloir conquérir la beauté par des soins ; mais en exiger le premier, le plus doux emploi, comme une servile redevance ; ah c'est la tyrannie d'un vandale, et non le droit avoué d'un noble Castillan.

FIGARO *tenant Suzanne par la main.*

Permettez donc que cette jeune créature, de qui votre sagesse a préservé l'honneur, reçoive de votre main publiquement, la toque virginale, ornée de plumes et de rubans blancs, symbole de la pureté de vos intentions : — adoptez-en la cérémonie pour tous les mariages, et qu'un quatrain chanté en chœur, rappelle à jamais le souvenir....

LE COMTE *embarrassé.*

Si je ne savais pas qu'amoureux, poète et musicien, sont trois titres d'indulgence pour toutes les folies.....

FIGARO.

Joignez-vous à moi, mes amis.

TOUS ENSEMBLE.

Monseigneur ! Monseigneur !

SUZANNE, *au Comte.*

Pourquoi fuir un éloge que vous méritez si bien ?

LE COMTE *à part.*

La perfide !

FIGARO.

Regardez-la donc, Monseigneur ; jamais plus

jolie fiancée ne montrera mieux la grandeur de votre sacrifice.

SUZANNE.

Laissez-là ma figure, et ne vantons que sa vertu.

LE COMTE, *à part.*

C'est un jeu que tout ceci.

LA COMTESSE.

Je me joins à eux, monsieur le comte; et cette cérémonie me sera toujours chère, puisqu'elle doit son motif à l'amour charmant que vous aviez pour moi.

LE COMTE.

Que j'ai toujours, Madame; et c'est à ce titre que je me rends.

TOUS ENSEMBLE.

Vivat.

LE COMTE, *à part.*

Je suis pris; (*haut.*) Pour que la cérémonie eût un peu plus d'éclat, je voudrais seulement, qu'on la remît à tantôt. (*A part.*) Fesons vite chercher Marceline.

FIGARO, *à Chérubin.*

Eh bien espiègle! vous n'applaudissez pas ?

SUZANNE.

Il est au désespoir ; Monseigneur le renvoie.

LA COMTESSE.

Ah ! Monsieur, je demande sa grâce.

LE COMTE.

Il ne la mérite point.

LA COMTESSE.

Hélas ! il est si jeune !

LE COMTE.

Pas tant que vous le croyez.

CHÉRUBIN *tremblant*.

Pardonner généreusement, n'est pas le droit du seigneur auquel vous avez renoncé en épousant Madame.

LA COMTESSE.

Il n'a renoncé qu'à celui qui vous affligeait tous.

SUZANNE.

Si Monseigneur avait cédé le droit de pardonner, ce serait sûrement le premier qu'il voudrait racheter en secret.

LE COMTE *embarrassé*.

Sans doute.

LA COMTESSE.

Et pourquoi le racheter ?

CHÉRUBIN, *au Comte.*

Je fus léger dans ma conduite, il est vrai, Monseigneur ; mais jamais la moindre indiscrétion dans mes paroles.....

LE COMTE *embarrassé.*

Eh bien, c'est assez.....

FIGARO.

Qu'entend-il ?

LE COMTE *vivement.*

C'est assez, c'est assez ; tout le monde exige son pardon, je l'accorde, et j'irai plus loin. Je lui donne une compagnie dans ma légion.

TOUS ENSEMBLE.

Vivat.

LE COMTE.

Mais c'est à condition qu'il partira sur-le-champ, pour joindre en Catalogne.

FIGARO.

Ah ! Monseigneur, demain.

LE COMTE *insiste.*

Je le veux.

CHÉRUBIN.

J'obéis.

LE COMTE.

Saluez votre marraine, et demandez sa protection.

CHÉRUBIN, *met un genou en terre, devant la Comtesse, et ne peut parler.*

LA COMTESSE *émue.*

Puisqu'on ne peut vous garder seulement aujourd'hui, partez, jeune homme. Un nouvel état vous appelle; allez le remplir dignement. Honorez votre bienfaiteur. Souvenez-vous de cette maison, où votre jeunesse a trouvé tant d'indulgence. Soyez soumis, honnête et brave; nous prendrons part à vos succès. (*Chérubin se relève, et retourne à sa place.*)

LE COMTE.

Vous êtes bien émue, Madame!

LA COMTESSE.

Je ne m'en défends pas. Qui sait le sort d'un enfant jeté dans une carrière aussi dangereuse! il est allié de mes parents; et de plus, il est mon filleul.

LE COMTE, *à part.*

Je vois que Bazile avait raison. (*Haut.*) Jeune

homme, embrassez Suzanne..... pour la dernière fois.

FIGARO.

Pourquoi cela, Monseigneur ? Il viendra passer ses hivers. Baise-moi donc aussi, capitaine ! (*il l'embrasse.*) Adieu, mon petit Chérubin. Tu vas mener un train de vie bien différent, mon enfant: dame! tu ne rôderas plus tout le jour au quartier des femmes : plus d'échaudés, de goûtés à la crême; plus de main chaude, ou de colin-maillard. De bons soldats, morbleu ! bazanés, mal vêtus; un grand fusil bien lourd : tourne à droite, tourne à gauche, en avant, marche à la gloire; et ne va pas broncher en chemin; à moins qu'un bon coup de feu.....

SUZANNE.

Fi donc, l'horreur !

LA COMTESSE.

Quel pronostic ?

LE COMTE.

Où donc est Marceline ? Il est bien singulier qu'elle ne soit pas des vôtres !

FANCHETTE.

Monseigneur, elle a pris le chemin du bourg, par le petit sentier de la ferme.

Le Comte

Et elle en reviendra ?

Bazile.

Quand il plaira à Dieu.

Figaro.

S'il lui plaisait qu'il ne lui plût jamais.....

Fanchette.

Monsieur le docteur lui donnait le bras.

Le Comte *vivement.*

Le docteur est ici ?

Bazile.

Elle s'en est d'abord emparée.....

Le Comte, *à part.*

Il ne pouvait venir plus à propos.

Fanchette.

Elle avait l'air bien échauffé ; elle parlait tout haut en marchant, puis elle s'arrêtait, et fesait comme ça, de grands bras..... et monsieur le docteur lui fesait comme ça, de la main, en l'appaisant : elle paraissait si courroucée ! elle nommait mon cousin Figaro.

Le Comte *lui prend le menton.*

Cousin..... futur.

ACTE PREMIER.

FANCHETTE *montrant Chérubin.*

Monseigneur, nous avez-vous pardonné d'hier?..

LE COMTE *interrompt.*

Bon jour, bon jour, petite.

FIGARO.

C'est son chien d'amour qui la berce ; elle aurait troublé notre fête.

LE COMTE, *à part.*

Elle la troublera je t'en réponds. (*Haut.*) Allons, Madame, entrons. Bazile, vous passerez chez moi.

SUZANNE, *à Figaro.*

Tu me rejoindras, mon fils ?

FIGARO *bas à Suzanne.*

Est-il bien enfilé ?

SUZANNE *bas.*

Charmant garçon !

(*Ils sortent tous.*)

SCÈNE XI.

CHÉRUBIN, FIGARO, BAZILE.

Pendant qu'on sort, Figaro les arréte tous deux et les ramène.

FIGARO.

Ah çà, vous autres ! la cérémonie adoptée, ma fête de ce soir en est la suite ; il faut bravement nous recorder : ne fesons point comme ces acteurs, qui ne jouent jamais si mal que le jour où la critique est le plus éveillée. Nous n'avons point de lendemain qui nous excuse, nous. Sachons bien nos rôles aujourd'hui.

BAZILE *malignement.*

Le mien est plus difficile que tu ne crois.

FIGARO, *fesant, sans qu'il le voie, le geste de le rosser.*

Tu es loin aussi de savoir tout le succès qu'il te vaudra.

CHÉRUBIN.

Mon ami, tu oublies que je pars.

FIGARO.

Et toi, tu voudrais bien rester !

CHÉRUBIN.

Ah ! si je le voudrais !

FIGARO.

Il faut ruser. Point de murmure à ton départ. Le manteau de voyage à l'épaule ; arrange ouvertement ta trousse, et qu'on voie ton cheval à la grille ; un temps de galop jusqu'à la ferme ; reviens à pied par les derrières ; Monseigneur te croira parti ; tiens-toi seulement hors de sa vue ; je me charge de l'appaiser après la fête.

CHÉRUBIN.

Mais Fanchette qui ne sait pas son rôle !

BAZILE.

Que diable lui apprenez-vous donc, depuis huit jours, que vous ne la quittez pas ?

FIGARO.

Tu n'as rien à faire aujourd'hui, donne-lui par grâce une leçon.

BAZILE.

Prenez garde, jeune homme, prenez garde ! le père n'est pas satisfait ; la fille a été soufflettée ;

elle n'étudie pas avec vous : Chérubin ! Cherubin ! vous lui causerez des chagrins ! *tant va la cruche à l'eau !*.....

FIGARO.

Ah ! voilà notre imbécille, avec ses vieux proverbes ! Hé bien, pédant ! que dit la sagesse des nations ? *Tant va la cruche à l'eau, qu'à la fin*.....

BAZILE.

Elle s'emplit.

FIGARO *en s'en allant.*

Pas si bête, pourtant, pas si bête !

FIN DU PREMIER ACTE.

ACTE II.

Le Théâtre représente une chambre à coucher superbe, un grand lit en alcove, une estrade au-devant. La porte pour entrer s'ouvre et se ferme à la troisième coulisse à droite; celle d'un cabinet, à la première coulisse à gauche. Une porte dans le fond va chez les femmes. Une fenêtre s'ouvre de l'autre côté.

SCÈNE PREMIÈRE.

SUZANNE, LA COMTESSE *entrent par la porte à droite.*

La Comtesse *se jète dans une bergère.*

Ferme la porte, Suzanne, et conte moi tout, dans le plus grand détail.

Suzanne.

Je n'ai rien caché à Madame.

La Comtesse.

Quoi, Suzon, il voulait te séduire ?

Suzanne.

Oh que non ! Monseigneur n'y met pas tant de façon avec sa servante : il voulait m'acheter.

La Comtesse.

Et le petit page était présent ?

Suzanne.

C'est-à-dire, caché derrière le grand fauteuil. Il venait me prier de vous demander sa grâce.

La Comtesse.

Hé pourquoi ne pas s'adresser à moi-même ? est-ce que je l'aurais refusé, Suzon ?

Suzanne.

C'est ce que j'ai dit : mais ses regrets de partir, et surtout de quitter Madame ! *Ah Suzon, qu'elle est noble et belle ! mais qu'elle est imposante !*

La Comtesse.

Est-ce que j'ai cet air-là, Suzon ? Moi qui l'ai toujours protégé.

Suzanne.

Puis il a vu votre ruban de nuit que je tenais, il s'est jeté dessus.....

ACTE II.

La Comtesse *souriant.*

Mon ruban ?..... Quelle enfance ?

Suzanne.

J'ai voulu le lui ôter; Madame, c'était un lion; ses yeux brillaient..... tu ne l'auras qu'avec ma vie, disait-il, en forçant sa petite voix douce et grêle.

La Comtesse *rêvant.*

Eh bien, Suzon ?

Suzanne.

Eh bien, Madame, est-ce qu'on peut faire finir ce petit démon-là ? ma marraine par-ci ; je voudrais bien par l'autre ; et parce qu'il n'oserait seulement baiser la robe de Madame, il voudrait toujours m'embrasser, moi.

La Comtesse *rêvant.*

Laissons..... laissons ces folies.... Enfin, ma pauvre Suzanne, mon époux a fini par te dire ?

Suzanne.

Que si je ne voulais pas l'entendre, il allait protéger Marceline.

La Comtesse *se lève et se promène, en se servant fortement de l'éventail.*

Il ne m'aime plus du tout.

SUZANNE.

Pourquoi tant de jalousie ?

LA COMTESSE.

Comme tous les maris, ma chère ! uniquement par orgueil. Ah je l'ai trop aimé ! je l'ai lassé de mes tendresses, et fatigué de mon amour ; voilà mon seul tort avec lui : mais je n'entends pas que cet honnête aveu te nuise, et tu épouseras Figaro. Lui seul peut nous y aider : viendra-t-il ?

SUZANNE.

Dès qu'il verra partir la chasse.

LA COMTESSE *se servant de l'éventail.*

Ouvre un peu la croisée sur le jardin. Il fait une chaleur ici !.....

SUZANNE.

C'est que Madame parle et marche avec action. (*Elle va ouvrir la croisée du fond*).

LA COMTESSE *rêvant long-temps.*

Sans cette constance à me fuir..... les hommes sont bien coupables !

SUZANNE *crie de la fenêtre.*

Ah ! voilà Monseigneur qui traverse à cheval le grand potager, suivi de Pédrille, avec deux, trois, quatre levriers.

LA COMTESSE.

Nous avons du temps devant nous. (*Elle s'assied.*) On frappe, Suzon?

SUZANNE *court ouvrir en chantant.*

Ah, c'est mon Figaro! ah, c'est mon Figaro!

SCÈNE II.

FIGARO, SUZANNE, LA COMTESSE *assise.*

SUZANNE.

Mon cher ami! viens donc. Madame est dans une impatience!.....

FIGARO.

Et toi, ma petite Suzanne? — Madame n'en doit prendre aucune. Au fait, de quoi s'agit-il? d'une misère. Monsieur le comte trouve notre jeune femme aimable, il voudrait en faire sa maîtresse; et c'est bien naturel.

SUZANNE.

Naturel?

FIGARO.

Puis il m'a nommé courier de dépêches, et

Suzon conseiller d'ambassade. Il n'y a pas-là d'étourderie.

SUZANNE.

Tu finiras ?

FIGARO.

Et parce que Suzanne, ma fiancée, n'accepte pas le diplôme, il va favoriser les vues de Marceline ; quoi de plus simple encore ? Se venger de ceux qui nuisent à nos projets en renversant les leurs, c'est ce que chacun fait ; ce que nous allons faire nous-mêmes. Hé bien, voilà tout, pourtant.

LA COMTESSE.

Pouvez-vous, Figaro, traiter si légèrement un dessein qui nous coûte à tous le bonheur ?

FIGARO.

Qui dit cela, Madame ?

SUZANNE.

Au lieu de t'affliger de nos chagrins....

FIGARO.

N'est-ce pas assez que je m'en occupe ? Or, pour agir aussi méthodiquement que lui, tempérons d'abord son ardeur de nos possessions, en l'inquiétant sur les siennes.

LA COMTESSE.

C'est bien dit ; mais comment ?

ACTE II.

FIGARO.

C'est déjà fait, Madame; un faux avis donné sur vous.....

LA COMTESSE.

Sur moi! la tête vous tourne!

FIGARO.

O! c'est à lui qu'elle doit tourner.

LA COMTESSE.

Un homme aussi jaloux!.....

FIGARO.

Tant mieux : pour tirer parti des gens de ce caractère, il ne faut qu'un peu leur fouetter le sang; c'est ce que les femmes entendent si bien! Puis, les tient-on fâchés tout rouge, avec un brin d'intrigue on les mène où l'on veut, par le nez, dans le Guadalquivir. Je vous ai fait rendre à Bazile un billet inconnu, lequel avertit Monseigneur, qu'un galant doit chercher à vous voir aujourd'hui pendant le bal.

LA COMTESSE.

Et vous vous jouez ainsi de la vérité sur le compte d'une femme d'honneur!....

FIGARO.

Il y en a peu, Madame, avec qui je l'eusse osé, crainte de rencontrer juste.

La Comtesse.

Il faudra que je l'en remercie !

Figaro.

Mais dites-moi s'il n'est pas charmant de lui avoir taillé ses morceaux de la journée, de façon qu'il passe à rôder, à jurer après sa dame, le temps qu'il destinait à se complaire avec la nôtre ! il est déjà tout dérouté : galopera-t-il celle-ci ? surveillera-t-il celle-là ? dans son trouble d'esprit, tenez, tenez, le voilà qui court la plaine, et force un lièvre qui n'en peut mais. L'heure du mariage arrive en poste ; il n'aura pas pris de parti contre, et jamais il n'osera s'y opposer devant Madame.

Suzanne.

Non ; mais Marceline, le bel esprit, osera le faire, elle.

Figaro.

Brrrr. Cela m'inquiète bien, ma foi ! Tu feras dire à Monseigneur, que tu te rendras sur la brune au jardin.

Suzanne.

Tu comptes sur celui-là ?

Figaro.

O dame ! écoutez donc ; les gens qui ne veulent

ACTE II.

rien faire de rien, n'avancent rien, et ne sont bons à rien. Voilà mon mot.

SUZANNE.

Il est joli !

LA COMTESSE.

Comme son idée : vous consentiriez qu'elle s'y rendît ?

FIGARO.

Point du tout. Je fais endosser un habit de Suzanne à quelqu'un : surpris par nous au rendez-vous, le comte pourra-t-il s'en dédire ?

SUZANNE.

A qui mes habits ?

FIGARO.

Chérubin.

LA COMTESSE.

Il est parti.

FIGARO.

Non pas pour moi : veut-on me laisser faire ?

SUZANNE.

On peut s'en fier à lui pour mener une intrigue.

FIGARO.

Deux, trois, quatre à-la-fois; bien embrouillées, qui se croisent. J'étais né pour être courtisan.

SUZANNE.

On dit que c'est un métier si difficile !

FIGARO.

Recevoir, prendre et demander; voilà le secret en trois mots.

LA COMTESSE.

Il a tant d'assurance, qu'il finit par m'en inspirer.

FIGARO.

C'est mon dessein.

SUZANNE.

Tu disais donc ?

FIGARO.

Que pendant l'absence de Monseigneur, je vais vous envoyer le chérubin : coiffez-le, habillez-le; je le renferme et l'endoctrine; et puis dansez, Monseigneur. (*Il sort.*)

SCÈNE III.

SUZANNE, LA COMTESSE *assise*.

La Comtesse *tenant sa boîte à mouches.*

Mon dieu, Suzon, comme je suis faite !..... ce jeune homme qui va venir !.....

Suzanne.

Madame ne veut donc pas qu'il en réchappe ?

La Comtesse *rêve devant sa petite glace.*

Moi ?... tu verras comme je vais le gronder.

Suzanne.

Fesons-lui chanter sa romance. (*Elle la met sur la comtesse.*)

La Comtesse.

Mais c'est qu'en vérité, mes cheveux sont dans un désordre.....

Suzanne *riant.*

Je n'ai qu'à reprendre ces deux boucles, Madame le grondera bien mieux.

La Comtesse *revenant à elle.*

Qu'est-ce que vous dites donc, Mademoiselle ?

SCÈNE IV.

CHÉRUBIN, *l'air honteux*, SUZANNE, LA COMTESSE *assise*.

SUZANNE.

Entrez, monsieur l'officier; on est visible.

CHÉRUBIN *avance en tremblant*.

Ah, que ce nom m'afflige, Madame ! il m'apprend qu'il faut quitter des lieux.... une marraine si... bonne !....

SUZANNE.

Et si belle !

CHÉRUBIN, *avec un soupir*.

Ah ! oui.

SUZANNE *le contrefait*.

Ah ! oui. Le bon jeune homme ! avec ses longues paupières hypocrites. Allons, bel oiseau bleu, chantez la romance à Madame.

LA COMTESSE *la déplie*.

De qui..... dit-on qu'elle est?

ACTE II.

SUZANNE.

Voyez la rougeur du coupable : en a-t-il un pied sur les joues ?

CHÉRUBIN.

Est-ce qu'il est défendu... de chérir.......

SUZANNE *lui met le poing sous le nez.*

Je dirai tout, vaurien !

LA COMTESSE.

La..... chante-t-il ?

CHÉRUBIN.

O ! Madame, je suis si tremblant !.....

SUZANNE *en riant.*

Et gnian, gnian, gnian, gnian, gnian, gnian, gnian ; dès que Madame le veut, modeste auteur ! je vais l'accompagner.

LA COMTESSE.

Prends ma guitare. (*La comtesse assise tient le papier pour suivre. Suzanne est derrière son fauteuil, et prélude en regardant la musique par-dessus sa maîtresse. Le petit page est devant elle, les yeux baissés. Ce tableau est juste la* belle estampe d'après *Vanloo*, appelée LA CON-VERSATION ESPAGNOLE.

ROMANCE.

AIR : *Malbroug s'en va-t-en guerre.*

PREMIER COUPLET.

Mon conrsier hors d'haleine,
(Que mon cœur, mon cœur a de peine!)
J'errais de plaine en plaine;
Au gré du destrier.

DEUXIÈME COUPLET.

Au gré du destrier;
Sans Varlet, n'Écuyer;
(1) Là près d'une fontaine,
(Que mon cœur, mon cœur a de peine!)
Songeant à ma Marraine,
Sentais mes pleurs couler.

TROISIÈME COUPLET.

Sentais mes pleurs couler,
Prêt à me désoler;
Je gravais sur un frêne,
(Que mon cœur, mon cœur a de peine!)
Sa lettre sans la mienne;
Le roi vint à passer.

---

(1) Au Spectacle, on a commencé la romance à ce vers, en disant: *Auprès d'une fontaine.*

QUATRIÈME COUPLET.

 Le Roi vint à passer;
 Ses Barons, son Clergier.
 Beau Page, dit la Reine,
(Que mon cœur, mon cœur a de peine!)
 Qui vous met à la gêne?
 Qui vous fait tant plorer?

CINQUIÈME COUPLET.

 Qui vous fait tant plorer?
 Nous faut le déclarer.
 Madame et Souveraine,
(Que mon cœur, mon cœur a de peine!)
 J'avais une Marraine,
 Que toujours adorai (1).

SIXIÈME COUPLET.

 Que toujours adorai;
 Je sens que j'en mourrai.
 Beau Page, dit la Reine,
(Que mon cœur, mon cœur a de peine!)
 N'est-il qu'une Marraine?
 Je vous en servirai.

SEPTIÈME COUPLET.

 Je vous en servirai;
 Mon Page vous ferai;

---

(1) Ici, la Comtesse arrête le Page en fermant le papier. Le reste ne se chante pas au théâtre.

Puis à ma jeune Hélène,
(Que mon cœur, mon cœur a de peine!)
Fille d'un Capitaine,
Un jour vous marîrai.

HUITIÈME COUPLET.

Un jour vous marîrai. —
Nenni n'en faut parler;
Je veux, traînant ma chaine,
(Que mon cœur, mon cœur a de peine!)
Mourir de cette peine;
Mais non m'en consoler.

LA COMTESSE.

Il y a de la naïveté.... du sentiment même.

SUZANNE *va poser la guitare sur un fauteuil.*

Chérubin. O! pour du sentiment, c'est un jeune homme
Suzanne. qui..... Ah çà, monsieur l'officier, vous a-t-on
Comtesse. dit que pour égayer la soirée, nous voulons savoir
d'avance si un de mes habits vous ira passablement?

LA COMTESSE.

J'ai peur que non.

SUZANNE *se mesure avec lui.*

Il est de ma grandeur. Otons d'abord le manteau. (*Elle le détache.*)

LA COMTESSE.

Et si quelqu'un entrait?

Suzanne.

Est-ce que nous fesons du mal donc? je vais fermer la porte: (*Elle court*) mais c'est la coiffure que je veux voir.

La Comtesse.

Sur ma toilette, une baigneuse à moi. (*Suzanne entre dans le cabinet dont la porte est au bord du théâtre.*)

SCÈNE V.

CHÉRUBIN, LA COMTESSE *assise*.

La Comtesse.

Jusqu'a l'instant du bal, le comte ignorera que vous soyiez au château. Nous lui dirons après, que le temps d'expédier votre brevet nous a fait naître l'idée.....

Chérubin *le lui montrant*.

Hélas, Madame, le voici; Bazile me l'a remis de sa part.

La Comtesse.

Déjà? l'on a craint d'y perdre une minute.

(*Elle lit.*) Ils se sont tant pressés, qu'ils ont oublié d'y mettre son cachet.

(*Elle le lui rend.*)

SCÈNE VI.

CHÉRUBIN, LA COMTESSE, SUZANNE.

Suzanne *entre avec un grand bonnet.*

Le cachet, à quoi?

LA COMTESSE.

A son brevet.

SUZANNE.

Déjà?

LA COMTESSE.

C'est ce que je disais. Est-ce là ma baigneuse?

Suzanne *s'assied près de la comtesse.*

Et la plus belle de toutes. (*Elle chante avec des épingles dans sa bouche*),

Tournez-vous donc envers ici,
Jean de Lyra, mon bel ami.

Chérubin *se met à genoux.* (*Elle le coiffe.*)
Madame, il est charmant!

LA COMTESSE.

Arrange son collet, d'un air un peu plus féminin.

SUZANNE *l'arrange.*

Là.... mais voyez donc ce morveux, comme il est joli en fille! j'en suis jalouse, moi! (*Elle lui prend le menton.*) Voulez-vous bien n'être pas joli comme çà?

LA COMTESSE.

Qu'elle est folle! Il faut relever la manche, afin que l'amadis prenne mieux... (*Elle le retrousse.*) Qu'est-ce qu'il a donc au bras? Un ruban?

SUZANNE.

Et un ruban à vous. Je suis bien aise que Madame l'ait vu. Je lui avais dit que je le dirais, déjà! O! si Monseigneur n'était pas venu, j'aurais bien repris le ruban; car je suis presque aussi forte que lui.

LA COMTESSE.

Il y a du sang! (*Elle détache le ruban.*)

CHÉRUBIN *honteux.*

Ce matin, comptant partir, j'arrangeais la gourmette de mon cheval; il a donné de la tête, et la bossette m'a effleuré le bras.

LA COMTESSE.

On n'a jamais mis un ruban...

SUZANNE.

Et surtout un ruban volé. — Voyons donc ce que la bossette.... la courbette !... la cornette du cheval !... Je n'entends rien à tous ces noms-là. — Ah qu'il a le bras blanc ! c'est comme une femme ! plus blanc que le mien ! regardez donc, Madame ? (*Elle les compare*).

LA COMTESSE *d'un ton glacé*.

Occupez-vous plutôt de m'avoir du taffetas gommé dans ma toilette.

Suzanne lui pousse la téte, en riant; il tombe sur les deux mains. (*Elle entre dans le cabinet au bord du théâtre.*)

SCÈNE VII.

CHÉRUBIN *à genoux*, LA COMTESSE *assise*.

LA COMTESSE *reste un moment sans parler, les yeux sur son ruban. Chérubin la dévore de ses regards.*

Pour mon ruban, Monsieur..... comme c'est celui dont la couleur m'agrée le plus... j'étais fort en colère de l'avoir perdu.

SCÈNE VIII.

CHÉRUBIN *à genoux*, LA COMTESSE *assise*, SUZANNE.

SUZANNE *revenant*.

Et la ligature à son bras ? (*Elle remet à la comtesse du taffetas gommé et des ciseaux.*)

LA COMTESSE.

En allant lui chercher tes hardes, prends le ruban d'un autre bonnet.

(SUZANNE *sort par la porte du fond, en emportant le manteau du page.*)

SCÈNE IX.

CHÉRUBIN *à genoux*, LA COMTESSE *assise*.

CHÉRUBIN *les yeux baissés*.

Celui qui m'est ôté, m'aurait guéri en moins de rien.

LA COMTESSE.

Par quelle vertu ? (*lui montrant le taffetas*) ceci vaut mieux.

Théâtre. II.

Chérubin *hésitant.*

Quand un ruban.... a serré la tête.... ou touché la peau d'une personne....

La Comtesse *coupant la phrase.*

..... Étrangère ! il devient bon pour les blessures ? J'ignorais cette propriété. Pour l'éprouver, je garde celui-ci qui vous a serré le bras. A la première égratignure..... de mes femmes, j'en ferai l'essai.

Chérubin *pénétré.*

Vous le gardez, et moi je pars.

La Comtesse.

Non pour toujours.

Chérubin.

Je suis si malheureux !

La Comtesse *émue.*

Il pleure à présent ! c'est ce vilain Figaro avec son pronostic !

Chérubin *exalté.*

Ah ! je voudrais toucher au terme qu'il m'a prédit ! sûr de mourir à l'instant, peut-être ma bouche oserait....

ACTE II.

LA COMTESSE *l'interrompt, et lui essuie les yeux avec son mouchoir.*

Taisez-vous, taisez-vous, enfant. Il n'y a pas un brin de raison dans tout ce que vous dites. (*On frappe à la porte, elle élève la voix.*) Qui frappe ainsi chez moi ?

SCÈNE X.

CHÉRUBIN, LA COMTESSE, LE COMTE *en dehors.*

LE COMTE *en dehors.*

Pourquoi donc enfermée ?

LA COMTESSE *troublée se lève.*

C'est mon époux ! grands Dieux !... (*à Chérubin qui s'est levé aussi*) vous sans manteau, le col et les bras nus ! seul avec moi ! cet air de désordre, un billet reçu, sa jalousie !.....

LE COMTE *en dehors.*

Vous n'ouvrez pas ?

LA COMTESSE.

C'est que.... je suis seule.

LE COMTE *en dehors.*

Seule ! avec qui parlez-vous donc ?

LA COMTESSE *cherchant.*

..... Avec vous sans doute.

CHÉRUBIN *à part.*

Après les scènes d'hier et de ce matin, il me tuerait sur la place ! (*Il court vers le cabinet de toilette, y entre, et tire la porte sur lui.*)

SCÈNE XI.

LA COMTESSE *seule, en ôte la clef, et court ouvrir au comte.*

Ah quelle faute ! quelle faute !

SCÈNE XII.

LE COMTE, LA COMTESSE.

LE COMTE *d'un ton un peu sévère.*

Vous n'êtes pas dans l'usage de vous enfermer !

LA COMTESSE *troublée.*

Je.... je chiffonnais.... oui, je chiffonnais

avec Suzanne ; elle est passée un moment chez elle.

LE COMTE *l'examine.*

Vous avez l'air et le ton bien altérés !

LA COMTESSE.

Cela n'est pas étonnant... pas étonnant du tout... je vous assure....., nous parlions de vous..... elle est passée, comme je vous dis.

LE COMTE.

Vous parliez de moi !...... Je suis ramené par l'inquiétude ; en montant à cheval, un billet qu'on m'a remis, mais auquel je n'ajoute aucune foi, m'a.... pourtant agité.

LA COMTESSE.

Comment, Monsieur ?... quel billet ?

LE COMTE.

Il faut avouer, Madame, que vous ou moi sommes entourés d'êtres... bien méchants ! On me donne avis que, dans la journée, quelqu'un que je crois absent, doit chercher à vous entretenir.

LA COMTESSE.

Quel que soit cet audacieux, il faudra qu'il pénètre ici ; car mon projet est de ne pas quitter ma chambre de tout le jour.

LE COMTE.

Ce soir, pour la noce de Suzanne ?

LA COMTESSE.

Pour rien au monde; je suis très-incommodée.

LE COMTE.

Heureusement le docteur est ici.

(*Le page fait tomber une chaise dans le cabinet.*)

Quel bruit entends-je ?

LA COMTESSE *plus troublée*.

Du bruit ?

LE COMTE.

On a fait tomber un meuble.

LA COMTESSE.

Je.... je n'ai rien entendu, pour moi.

LE COMTE.

Il faut que vous soyez furieusement préoccupée!

LA COMTESSE.

Préoccupée ! de quoi ?

LE COMTE.

Il y a quelqu'un dans ce cabinet, Madame.

ACTE II.

LA COMTESSE.

Hé..... qui voulez-vous qu'il y ait, Monsieur?

LE COMTE.

C'est moi qui vous le demande ; j'arrive.

LA COMTESSE.

Hé mais.... Suzanne apparemment qui range.

LE COMTE.

Vous avez dit qu'elle était passée chez elle !

LA COMTESSE.

Passée..... ou entrée-là ; je ne sais lequel.

LE COMTE.

Si c'est Suzanne, d'où vient le trouble où je vous vois ?

LA COMTESSE.

Du trouble pour ma camariste ?

LE COMTE.

Pour votre camariste, je ne sais ; mais pour du trouble, assurément.

LA COMTESSE.

Assurément, Monsieur, cette fille vous trouble, et vous occupe beaucoup plus que moi.

Le Comte *en colère.*

Elle m'occupe à tel point, Madame, que je veux la voir à l'instant.

La Comtesse.

Je crois, en effet, que vous le voulez souvent; mais voilà bien les soupçons les moins fondés.....

SCÈNE XIII.

LE COMTE, LA COMTESSE, SUZANNE *entre avec des hardes et pousse la porte du fond.*

Le Comte.

Ils en seront plus aisés à détruire. *Il crie en regardant du côté du cabinet.*—Sortez, Suzon; je vous l'ordonne.

(*Suzanne s'arrête auprès de l'alcove dans le fond.*)

La Comtesse.

Elle est presque nue, Monsieur : vient-on troubler ainsi des femmes dans leur retraite ? Elle essayait des hardes que je lui donne en la mariant ; elle s'est enfuie, quand elle vous a entendu.

Le Comte.

Si elle craint tant de se montrer, au moins elle

peut parler. (*Il se tourne vers la porte du cabinet.*) Répondez-moi, Suzanne ; êtes-vous dans ce cabinet ?

(*Suzanne, restée au fond, se jette dans l'alcove, et s'y cache.*

LA COMTESSE *vivement, tournée vers le cabinet.*

Suzon, je vous défends de répondre. (*Au comte.*) On n'a jamais poussé si loin la tyrannie !

LE COMTE *s'avance vers le cabinet.*

Oh bien, puisqu'elle ne parle pas, vêtue ou non, je la verrai.

LA COMTESSE *se met au-devant.*

Partout ailleurs je ne puis l'empêcher ; mais j'espère aussi que chez moi....

LE COMTE.

Et moi j'espère savoir dans un moment quelle est cette Suzanne mystérieuse. Vous demander la clef, serait, je le vois, inutile ! mais il est un moyen sûr de jeter en dedans cette légère porte. Holà quelqu'un ?

LA COMTESSE.

Attirer vos gens, et faire un scandale public d'un soupçon qui nous rendrait la fable du château ?

Le Comte.

Fort bien, Madame; en effet, j'y suffirai; je vais à l'instant prendre chez moi ce qu'il faut.... (*Il marche pour sortir et revient.*) Mais pour que tout reste au même état, voudrez-vous bien m'accompagner sans scandale et sans bruit, puisqu'il vous déplaît tant?... une chose aussi simple, apparemment, ne me sera pas refusée !

La Comtesse *troublée.*

Eh ! Monsieur, qui songe à vous contrarier ?

Le Comte.

Ah ! j'oubliais la porte qui va chez vos femmes; il faut que je la ferme aussi, pour que vous soyez pleinement justifiée. (*Il va fermer la porte du fond, et en ôte la clef.*)

La Comtesse *à part.*

O ! ciel ! étourderie funeste !

Le Comte *revenant à elle.*

Maintenant que cette chambre est close, acceptez mon bras, je vous prie; (*il élève la voix*) et quant à la Suzanne du cabinet, il faudra qu'elle ait la bonté de m'attendre, et le moindre mal qui puisse lui arriver à mon retour.....

La Comtesse.

En vérité, Monsieur, voilà bien la plus odieuse

aventure..... (*Le comte l'emmène et ferme la porte à la clef.*)

SCÈNE XIV.

SUZANNE, CHÉRUBIN.

Suzanne *sort de l'alcove, accourt vers le cabinet et parle à travers la serrure.*

Ouvrez, Chérubin, ouvrez vite, c'est Suzanne; ouvrez et sortez.

CHÉRUBIN *sort.*

Ah, Suzon, quelle horrible scène !

SUZANNE.

Sortez, vous n'avez pas une minute.

CHÉRUBIN *effrayé.*

Eh par où sortir ?

SUZANNE.

Je n'en sais rien, mais sortez.

CHÉRUBIN.

S'il n'y a pas d'issue ?

SUZANNE.

Après la rencontre de tantôt, il vous écraserait ! et nous serions perdues.—Courez conter à Figaro....

CHÉRUBIN.

La fenêtre du jardin n'est peut-être pas bien haute. (*Il court y regarder.*)

SUZANNE *avec effroi.*

Un grand étage ! impossible ! ah ma pauvre maîtresse ! et mon mariage, ô ciel !

CHÉRUBIN *revient.*

Elle donne sur la melonnière ; quitte à gâter une couche ou deux.

SUZANNE *le retient et s'écrie :*

Il va se tuer.

CHÉRUBIN *exalté.*

Dans un gouffre allumé, Suzon ! oui je m'y jetterais plutôt que de lui nuire..... Et ce baiser va me porter bonheur. (*Il l'embrasse et court sauter par la fenêtre.*)

SCÈNE XV.

Suzanne *seule, un cri de frayeur.*

Ah!... (*Elle tombe assise un moment. Elle va péniblement regarder à la fenêtre et revient.*) Il est déjà bien loin. O le petit garnement! aussi leste que joli! si celui-là manque de femmes..... Prenons sa place au plutôt. (*En entrant dans le cabinet.*) Vous pouvez à présent, monsieur le comte, rompre la cloison, si cela vous amuse; au diantre qui répond un mot.

(*Elle s'y enferme.*)

SCÈNE XVI.

LE COMTE, LA COMTESSE *rentrent dans la chambre.*

Le Comte, *une pince à la main, qu'il jette sur le fauteuil.*

Tout est bien comme je l'ai laissé. Madame, en m'exposant à briser cette porte, réfléchissez aux suites : encore une fois voulez-vous l'ouvrir?

La Comtesse.

Eh, Monsieur, quelle horrible humeur peut altérer ainsi les égards entre deux époux ? Si l'amour vous dominait au point de vous inspirer ces fureurs ; malgré leur déraison, je les excuserais ; j'oublierais, peut-être, en faveur du motif, ce qu'elles ont d'offensant pour moi. Mais la seule vanité peut-elle jeter dans cet excès un galant homme ?

Le Comte.

Amour ou vanité, vous ouvrirez la porte ; ou je vais à l'instant.....

La Comtesse *au-devant.*

Arrêtez, Monsieur, je vous prie. Me croyez-vous capable de manquer à ce que je me dois ?

Le Comte.

Tout ce qu'il vous plaira, Madame ; mais je verrai qui est dans ce cabinet.

La Comtesse *effrayée.*

Hé bien, Monsieur, vous le verrez. Ecoutez moi... tranquillement.

Le Comte.

Ce n'est donc pas Suzanne ?

La Comtesse, *timidement.*

Au moins n'est-ce pas non plus une personne...

Je le tuerai, je le tuerai, Tuez-le donc, ce méchant Page.

ACTE II.

dont vous deviez rien redouter... nous disposions une plaisanterie... bien innocente, en vérité, pour ce soir.... et je vous jure....

LE COMTE.

Et vous me jurez?

LA COMTESSE.

Que nous n'avions pas plus de dessein de vous offenser l'un que l'autre.

LE COMTE, *vite*.

L'un que l'autre? c'est un homme.

LA COMTESSE.

Un enfant, Monsieur.

LE COMTE.

Hé qui donc?

LA COMTESSE.

A peine osé-je le nommer!

LE COMTE *furieux*.

Je le tuerai.

LA COMTESSE.

Grands dieux!

LE COMTE.

Parlez donc.

LA COMTESSE.

Ce jeune.... Chérubin....

LE COMTE.

Chérubin ! l'insolent ! voilà mes soupçons et le billet expliqués.

LA COMTESSE, *joignant les mains.*

Ah ! Monsieur, gardez de penser.....

LE COMTE, *frappant du pied.*

(*A part.*) Je trouverai partout ce maudit page ! (*haut.*) Allons, Madame, ouvrez ; je sais tout, maintenant. Vous n'auriez pas été si émue, en le congédiant ce matin ; il serait parti quand je l'ai ordonné ; vous n'auriez pas mis tant de fausseté dans votre conte de Suzanne ; il ne se serait pas si soigneusement caché, s'il n'y avait rien de criminel.

LA COMTESSE.

Il a craint de vous irriter en se montrant.

LE COMTE, *hors de lui, et criant tourné vers le cabinet.*

Sors donc, petit malheureux !

LA COMTESSE *le prend à bras le corps, en l'éloignant.*

Ah ! Monsieur, Monsieur, votre colère me

fait trembler pour lui. N'en croyez pas un injuste soupçon, de grâce; et que le désordre, où vous l'allez trouver....

Le Comte.

Du désordre !

La Comtesse.

Hélas oui; prêt à s'habiller en femme, une coiffure à moi sur la tête, en veste et sans manteau, le col ouvert, les bras nus; il allait essayer...

Le Comte.

Et vous vouliez garder votre chambre ! Indigne épouse ! ah, vous la garderez... long-temps; mais il faut avant que j'en chasse un insolent, de manière à ne plus le rencontrer nulle part.

La Comtesse *se jette à genoux, les bras élevés.*

Monsieur le comte, épargnez un enfant; je ne me consolerais pas d'avoir causé....

Le Comte.

Vos frayeurs aggravent son crime.

La Comtesse.

Il n'est pas coupable, il partait : c'est moi qui l'ai fait appeler.

Le Comte *furieux*.

Levez-vous. Otez-vous.... Tu es bien audacieuse d'oser me parler pour un autre !

La Comtesse.

Eh bien ! je m'ôterai, Monsieur, je me lèverai ; je vous remettrai même la clef du cabinet : mais, au nom de votre amour....

Le Comte.

De mon amour ! perfide !

La Comtesse *se lève et lui présente la clef.*

Promettez-moi que vous laisserez aller cet enfant sans lui faire aucun mal ; et puisse après, tout votre courroux tomber sur moi, si je ne vous convaincs pas.....

Le Comte *prenant la clef.*

Je n'écoute plus rien.

La Comtesse *se jette sur une bergère, un mouchoir sur les yeux.*

O ! ciel ! il va périr.

Le Comte *ouvre la porte et recule.*

C'est Suzanne !

SCÈNE XVII.

LA COMTESSE, LE COMTE, SUZANNE.

Suzanne *sort en riant.*

Je le tuerai, je le tuerai. Tuez-le donc, ce méchant page !

Le Comte *à part.*

Ah quelle école ! (*regardant la comtesse qui est restée stupéfaite.*) Et vous aussi, vous jouez l'étonnement ?... Mais peut-être elle n'y est pas seule. (*Il entre.*)

SCÈNE XVIII.

LA COMTESSE *assise*, SUZANNE.

Suzanne *accourt à sa maîtresse.*

Remettez-vous, Madame, il est bien loin ; il a fait un saut....

La Comtesse.

Ah, Suzon, je suis morte.

SCÈNE XIX.

LA COMTESSE *assise*, SUZANNE, LE COMTE.

Le Comte *sort du cabinet d'un air confus. Après un court silence.*

Il n'y a personne, et pour le coup j'ai tort. — Madame ?..... Vous jouez fort bien la comédie.

Suzanne *gaîment.*

Et moi, Monseigneur ?

La Comtesse, *son mouchoir sur sa bouche pour se remettre, ne parle pas.*

Le Comte *s'approche.*

Quoi, Madame, vous plaisantiez ?

La Comtesse *se remettant un peu.*

Et pourquoi non, Monsieur ?

Le Comte.

Quel affreux badinage ! et par quel motif, je vous prie ?....

La Comtesse.

Vos folies méritent-elles de la pitié ?

ACTE II.

LE COMTE.

Nommer folies ce qui touche à l'honneur!

LA COMTESSE *assurant son ton par degrés.*

Me suis-je unie à vous pour être éternellement dévouée à l'abandon et à la jalousie, que vous seul osez concilier?

LE COMTE.

Ah! Madame, c'est sans ménagement.

SUZANNE.

Madame n'avait qu'à vous laisser appeler les gens.

LE COMTE.

Tu as raison, et c'est à moi de m'humilier.... Pardon, je suis d'une confusion!....

SUZANNE.

Avouez, Monseigneur, que vous la méritez un peu!

LE COMTE.

Pourquoi donc ne sortais-tu pas, lorsque je t'appelais? mauvaise!

SUZANNE.

Je me r'habillais de mon mieux, à grand renfort d'épingles et madame qui me le défendait, avait bien ses raisons pour le faire.

Le Comte.

Au lieu de rappeler mes torts, aide-moi plutôt à l'appaiser.

La Comtesse.

Non, Monsieur; un pareil outrage ne se couvre point. Je vais me retirer aux Ursulines, et je vois trop qu'il en est temps.

Le Comte.

Le pourriez-vous sans quelques regrets ?

Suzanne.

Je suis sûre moi, que le jour du départ serait la veille des larmes.

La Comtesse.

Eh ! quand cela serait, Suzon; j'aime mieux le regretter, que d'avoir la bassesse de lui pardonner; il m'a trop offensée.

Le Comte.

Rosine !......

La Comtesse.

Je ne la suis plus, cette Rosine que vous avez tant poursuivie ! je suis la pauvre comtesse Almaviva; la triste femme délaissée, que vous n'aimez plus.

ACTE II.

SUZANNE.
Madame.

LE COMTE *suppliant*.
Par pitié.

LA COMTESSE.
Vous n'en aviez aucune pour moi.

LE COMTE.
Mais aussi ce billet….. Il m'a tourné le sang !

LA COMTESSE.
Je n'avais pas consenti qu'on l'écrivît.

LE COMTE.
Vous le saviez ?

LA COMTESSE.
C'est cet étourdi de Figaro……

LE COMTE.
Il en était ?

LA COMTESSE.
…….Qui l'a remis à Bazile.

LE COMTE.
Qui m'a dit le tenir d'un paysan. O perfide chanteur ! lame à deux tranchants ! c'est toi qui paieras pour tout le monde.

La Comtesse.

Vous demandez pour vous un pardon que vous refusez aux autres : voilà bien les hommes ! Ah ! si jamais je consentais à pardonner en faveur de l'erreur où vous a jeté ce billet, j'exigerais que l'amnistie fût générale.

Le Comte.

Hé bien, de tout mon cœur, Comtesse. Mais comment réparer une faute aussi humiliante ?

La Comtesse *se lève.*

Elle l'était pour tous deux.

Le Comte.

Ah ! dites pour moi seul. —Mais je suis encore à concevoir comment les femmes prennent si vite et si juste, l'air et le ton des circonstances. Vous rougissiez, vous pleuriez, votre visage était défait...... D'honneur il l'est encore.

La Comtesse *s'efforçant de sourire.*

Je rougissais..... du ressentiment de vos soupçons. Mais les hommes sont-ils assez délicats pour distinguer l'indignation d'une âme honnête outragée, d'avec la confusion qui naît d'une accusation méritée ?

Le Comte *souriant.*

Et ce page en désordre, en veste et presque nu.......

ACTE II.

LA COMTESSE *montrant Suzanne.*

Vous le voyez devant vous. N'aimez-vous pas mieux l'avoir trouvé que l'autre ? En général, vous ne haïssez pas de rencontrer celui-ci.

LE COMTE *riant plus fort.*

Et ces prières, ces larmes feintes....

LA COMTESSE.

Vous me faites rire, et j'en ai peu d'envie.

LE COMTE.

Nous croyons valoir quelque chose en politique, et nous ne sommes que des enfants. C'est vous, c'est vous, Madame, que le roi devrait envoyer en ambassade à Londres ! Il faut que votre sexe ait fait une étude bien réfléchie de l'art de se composer pour réussir à ce point !

LA COMTESSE.

C'est toujours vous qui nous y forcez.

SUZANNE.

Laissez-nous prisonniers sur parole, et vous verrez si nous sommes gens d'honneur.

LA COMTESSE.

Brisons-là, monsieur le Comte. J'ai peut-être été trop loin ; mais mon indulgence en un cas aussi grave, doit au moins m'obtenir la vôtre.

LE COMTE.

Mais vous répéterez que vous me pardonnez.

LA COMTESSE.

Est-ce que je l'ai dit, Suzon?

SUZANNE.

Je ne l'ai pas entendu, Madame.

LE COMTE.

Eh bien, que ce mot vous échappe.

LA COMTESSE.

Le méritez-vous donc, ingrat?

LE COMTE.

Oui, par mon repentir.

SUZANNE.

Soupçonner un homme dans le cabinet de madame!

LE COMTE.

Elle m'en a si sévèrement puni!

SUZANNE.

Ne pas s'en fier à elle, quand elle dit que c'est sa camariste!

LE COMTE.

Rosine, êtes-vous donc implacable?

LA COMTESSE.

Ah! Suzon! que je suis faible! quel exemple je te donne! (*tendant la main au comte.*) On ne croira plus à la colère des femmes.

SUZANNE.

Bon! Madame, avec eux, ne faut-il pas toujours en venir là?

Le Comte baise ardemment la main de sa femme.

SCÈNE XX.

SUZANNE, FIGARO, LA COMTESSE, LE COMTE.

FIGARO *arrivant tout essoufflé.*

On disait madame incommodée. Je suis vite accouru.... je vois avec joie qu'il n'en est rien.

LE COMTE *sèchement.*

Vous êtes fort attentif.

FIGARO.

Et c'est mon devoir. Mais puisqu'il n'en est

rien, Monseigneur; tous vos jeunes vassaux des deux sexes sont en bas avec les violons et les cornemuses, attendant pour m'accompagner, l'instant où vous permettrez que je mène ma fiancée.......

LE COMTE.

Et qui surveillera la Comtesse au château ?

FIGARO.

La veiller ! elle n'est pas malade.

LE COMTE.

Non; mais cet homme absent qui doit l'entretenir ?

FIGARO.

Quel homme absent ?

LE COMTE.

L'homme du billet que vous avez remis à Bazile.

FIGARO.

Qui dit cela ?

LE COMTE.

Quand je ne le saurais pas d'ailleurs, fripon ! ta physionomie qui t'accuse, me prouverait déjà que tu mens.

FIGARO.

S'il est ainsi, ce n'est pas moi qui mens, c'est ma physionomie.

SUZANNE.

Va, mon pauvre Figaro ! n'use pas ton éloquence en défaites ; nous avons tout dit.

FIGARO.

Et quoi dit ? vous me traitez comme un Bazile !

SUZANNE.

Que tu avais écrit le billet de tantôt pour faire accroire à Monseigneur, quand il entrerait, que le petit page était dans ce cabinet, où je me suis enfermée.

LE COMTE.

Qu'as-tu à répondre ?

LA COMTESSE.

Il n'y a plus rien à cacher, Figaro ; le badinage est consommé.

FIGARO *cherchant à deviner.*

Le badinage..... est consommé ?

LE COMTE.

Oui, consommé. Que dis-tu là-dessus ?

FIGARO.

Moi ! je dis...... que je voudrais bien qu'on en pût dire autant de mon mariage ; et si vous l'ordonnez......

LE COMTE.

Tu conviens donc enfin du billet?

FIGARO.

Puisque Madame le veut, que Suzanne le veut, que vous le voulez vous-même, il faut bien que je le veuille aussi : mais à votre place, en vérité, Monseigneur, je ne croirais pas un mot de tout ce que nous vous disons.

LE COMTE.

Toujours mentir contre l'évidence! à la fin, cela m'irrite.

LA COMTESSE *en riant.*

Eh, ce pauvre garçon! pourquoi voulez-vous, Monsieur, qu'il dise une fois la vérité?

FIGARO, *bas à Suzanne.*

Je l'avertis de son danger; c'est tout ce qu'un honnête homme peut faire.

SUZANNE, *bas.*

As-tu vu le petit page?

FIGARO, *bas.*

Encore tout froissé.

SUZANNE, *bas.*

Ah, Pécaïre!

LA COMTESE.

Allons, monsieur le Comte, ils brûlent de s'unir: leur impatience est naturelle! entrons pour la cérémonie.

LE COMTE, *à part.*

Et Marceline, Marceline.... (*haut*) je voudrais être..... au moins vêtu.

LA COMTESE.

Pour nos gens! est-ce que je le suis?

SCÈNE XXI.

FIGARO, SUZANNE, LA COMTESSE, LE COMTE, ANTONIO.

ANTONIO, *demi-gris, tenant un pot de giroflées écrasées.*

Monseigneur! Monseigneur!

LE COMTE.

Que me veux-tu, Antonio?

ANTONIO.

Faites donc une fois griller les croisées qui donnent sur mes couches. On jète toutes sortes de choses par ces fenêtres; et tout à l'heure encore on vient d'en jeter un homme.

LE COMTE.

Par ces fenêtres ?

ANTONIO.

Regardez comme on arrange mes giroflées !

SUZANNE, *bas à Figaro.*

Alerte, Figaro ! alerte.

FIGARO.

Monseigneur, il est gris dès le matin.

ANTONIO.

Vous n'y êtes pas. C'est un petit reste d'hier. Voilà comme on fait des jugements.... ténébreux.

LE COMTE *avec feu.*

Cet homme ! cet homme ! où est-il ?

ANTONIO.

Où il est ?

LE COMTE.

Oui.

ANTONIO.

C'est ce que je dis. Il faut me le trouver déjà. Je suis votre domestique; il n'y a que moi qui prends soin de votre jardin ; il y tombe un homme et vous sentez... que ma réputation en est effleurée.

SUZANNE, *bas à Figaro.*

Détourne, détourne.

FIGARO.

Tu boiras donc toujours?

ANTONIO.

Et si je ne buvais pas, je deviendrais enragé.

LA COMTESSE.

Mais en prendre ainsi sans besoin.....

ANTONIO.

Boire sans soif et faire l'amour en tout temps, Madame ; il n'y a que ça qui nous distingue des autres bêtes.

LE COMTE *vivement.*

Réponds-moi donc, ou je vais te chasser.

ANTONIO.

Est-ce que je m'en irais?

LE COMTE.

Comment donc ?

ANTONIO *se touchant le front.*

Si vous n'avez pas assez de ça pour garder un

bon domestique; je ne suis pas assez bête, moi, pour renvoyer un si bon maître.

LE COMTE *le secoue avec colère.*

On a, dis-tu, jeté un homme par cette fenêtre?

ANTONIO.

Oui, mon Excellence; tout à l'heure, en veste blanche, et qui s'est enfui, jarni, courant.......

LE COMTE *impatienté.*

Après?

ANTONIO.

J'ai bien voulu courir après; mais je me suis donné contre la grille une si fière gourde à la main, que je ne peux plus remuer ni pied ni patte de ce doigt-là. (*Levant le doigt.*)

LE COMTE.

Au moins tu reconnaîtrais l'homme?

ANTONIO.

Oh! que oui-dà!..... si je l'avais vu! pourtant!

SUZANNE *bas à Figaro.*

Il ne l'a pas vu.

FIGARO.

Voilà bien du train pour un pot de fleurs! combien te faut-il, pleurard! avec ta giroflée? Il est inutile de chercher, Monseigneur, c'est moi qui ai sauté.

ACTE II.

LE COMTE.

Comment c'est vous!

ANTONIO.

Combien te faut-il, pleurard? Votre corps a donc bien grandi depuis ce temps-là? car je vous ai trouvé beaucoup plus moindre, et plus fluet!

FIGARO.

Certainement; quand on saute, ou se pelotonne.....

ANTONIO.

M'est avis que c'était plutôt..... qui dirait, le gringalet de page.

LE COMTE.

Chérubin, tu veux dire?

FIGARO.

Oui, revenu tout exprès avec son cheval, de la porte de Séville, où peut-être il est déjà.

ANTONIO.

O! non, je ne dis pas ça, je ne dis pas ça; je n'ai pas vu sauter de cheval, car je le dirais de même.

LE COMTE.

Quelle patience!

Figaro.

J'étais dans la chambre des femmes en veste blanche : il fait un chaud !..... J'attendais là ma Suzanette, quand j'ai oui tout à coup la voix de Monseigneur, et le grand bruit qui se fesait : je ne sais quelle crainte m'a saisi à l'occasion de ce billet; et s'il faut avouer ma bêtise, j'ai sauté sans réflexion sur les couches, où je me suis même un peu foulé le pied droit. (*Il frotte son pied.*)

Antonio.

Puisque c'est vous, il est juste de vous rendre ce brinborion de papier qui a coulé de votre veste en tombant.

Le Comte *se jette dessus.*

Donne-le moi. (*Il ouvre le papier et le referme.*)

Figaro *à part.*

Je suis pris.

Le Comte *à Figaro.*

La frayeur ne vous aura pas fait oublier ce que contient ce papier, ni comment il se trouvait dans votre poche ?

Figaro *embarrassé, fouille dans ses poches et en tire des papiers.*

Non sûrement.... Mais c'est que j'en ai tant.

Il faut répondre à tout..... (*Il regarde un des papiers.*) Ceci? ah! c'est une lettre de Marceline, en quatre pages, elle est belle!..... Ne serait-ce pas la requête de ce pauvre braconnier en prison?..... non, la voici..... J'avais l'état des meubles du petit château, dans l'autre poche.....

Le Comte r'ouvre le papier qu'il tient.

LA COMTESSE, *bas à Suzanne.*

Ah dieux! Suzon. C'est le brevet d'officier.

SUZANNE, *bas à Figaro.*

Tout est perdu, c'est le brevet.

LE COMTE *replie le papier.*

Eh bien! l'homme aux expédients, vous ne devinez pas?

ANTONIO, *s'approchant de Figaro.*

Monseigneur dit, si vous ne devinez pas?

FIGARO *le repousse.*

Fi donc! vilain qui me parle dans le nez!

LE COMTE.

Vous ne vous rappelez pas ce que ce peut être?

FIGARO.

A, a, a, ah! *Povero!* ce sera le brevet de ce

Antonio.
Figaro.
Suzanne.
La Comtesse
Le Comte

malheureux enfant, qu'il m'avait remis, et que j'ai oublié de lui rendre. O, o, o, oh! étourdi que je suis! que fera-t-il sans son brevet? il faut courir.....

LE COMTE.

Pourquoi vous l'aurait-il remis?

FIGARO, *embarrassé.*

Il..... désirait qu'on y fît quelque chose.

LE COMTE *regarde son papier.*

Il n'y manque rien.

LA COMTESSE, *bas à Suzanne.*

Le cachet.

SUZANNE, *bas à Figaro.*

Le cachet manque.

LE COMTE, *à Figaro.*

Vous ne répondez pas?

FIGARO.

C'est..... qu'en effet, il y manque peu de chose. Il dit que c'est l'usage.

LE COMTE.

L'usage! l'usage! l'usage de quoi?

FIGARO.

D'y apposer le sceau de vos armes. Peut-être aussi que cela ne valait pas la peine.

Le Comte *r'ouvre le papier et le chiffonne de colère.*

Allons, il est écrit que je ne saurai rien. (*A part.*) C'est ce Figaro qui les mène, et je ne m'en vengerais pas! (*Il veut sortir avec dépit.*)

Figaro, *l'arrêtant.*

Vous sortez, sans ordonner mon mariage?

SCÈNE XXII.

BAZILE, BARTHOLO, MARCELINE, FIGARO, LE COMTE, GRIPE-SOLEIL, LA COMTESSE, SUZANNE, ANTONIO, *valets du Comte, ses vassaux.*

Marceline, *au Comte.*

Ne l'ordonnez pas, Monseigneur; avant de lui faire grâce, vous nous devez justice. Il a des engagements avec moi.

Le Comte *à part.*

Voilà ma vengeance arrivée.

Figaro.

Des engagements! de quelle nature? expliquez-vous.

MARCELINE.

Oui, je m'expliquerai, malhonnête!

LA COMTESSE *s'assied sur une bergère.*

SUZANNE *est derrière elle.*

LE COMTE.

De quoi s'agit-il, Marceline?

MARCELINE.

D'une obligation de mariage.

FIGARO.

Un billet, voilà tout, pour de l'argent prêté.

MARCELINE, *au Comte.*

Sous condition de m'épouser. Vous êtes un grand Seigneur, le premier juge de la province...

LE COMTE.

Présentez-vous au tribunal, j'y rendrai justice à tout le monde.

BAZILE *montrant Marceline.*

En ce cas, votre grandeur permet que je fasse aussi valoir mes droits sur Marceline?

LE COMTE *à part.*

Ah! voilà mon fripon du billet.

FIGARO.

Autre fou de la même espèce!

ACTE II.

Le Comte *en colère, à Bazile.*

Vos droits! vos droits! il vous convient bien de parler devant moi, maître sot!

Antonio *frappant dans sa main.*

Il ne l'a ma foi pas manqué du premier coup: c'est son nom.

Le Comte.

Marceline, on suspendra tout jusqu'à l'examen de vos titres, qui se fera publiquement dans la grande salle d'audience. Honnête Bazile! agent fidèle et sûr! allez au bourg chercher les gens du siége.

Bazile.

Pour son affaire?

Le Comte.

Et vous m'amènerez le paysan du billet.

Bazile.

Est-ce que je le connais?

Le Comte.

Vous résistez!

Bazile.

Je ne suis pas entré au château, pour en faire les commissions.

LE COMTE.

Quoi donc?

BAZILE.

Homme à talent sur l'orgue du village, je montre le clavecin à Madame, à chanter à ses femmes, la mandoline aux pages ; et mon emploi surtout, est d'amuser votre compagnie avec ma guitare, quand il vous plaît me l'ordonner.

GRIPE-SOLEIL *s'avance.*

J'irai bien, Monsigneu, si cela vous plaira?

LE COMTE.

Quel est ton nom, et ton emploi?

GRIPE-SOLEIL.

Je suis Gripe-Soleil, mon bon Signeu ; le petit patouriau des chèvres, commandé pour le feu d'artifice. C'est fête aujourd'hui dans le troupiau ; et je sais ous-ce-qu'est toute l'enragée boutique à procès du pays.

LE COMTE.

Ton zèle me plaît ; vas-y : mais, vous (*à Bazile*), accompagnez Monsieur en jouant de la guitare, et chantant pour l'amuser en chemin. Il est de ma compagnie.

ACTE II.

GRIPE-SOLEIL, *joyeux.*

Oh, moi, je suis de la.....

SUZANNE *l'appaise de la main, en lui montrant la Comtesse.*

BAZILE, *surpris.*

Que j'accompagne Gripe-Soleil en jouant ?....

LE COMTE.

C'est votre emploi : partez, ou je vous chasse.

(*Il sort.*)

SCÈNE XXIII.

LES ACTEURS PRÉCÉDENTS, *excepté* LE COMTE.

BAZILE *à lui-même.*

Ah ! je n'irai pas lutter contre le pot de fer, moi qui ne suis.....

FIGARO.

Qu'une cruche.

BAZILE *à part.*

Au lieu d'aider à leur mariage, je m'en vais

assurer le mien avec Marceline. (*A Figaro.*) Ne conclus rien, crois-moi, que je ne sois de retour. (*Il va prendre la guitare sur le fauteuil du fond.*)

Figaro *le suit.*

Conclure! oh va, ne crains rien; quand même tu ne reviendrais jamais..... tu n'as pas l'air en train de chanter; veux-tu que je commence?.... allons gai! haut là-mi-là, pour ma fiancée. (*Il se met en marche à reculons, danse en chantant la séguedille suivante, Bazile accompagne, et tout le monde le suit.*)

Séguedille : *air noté.*

Je préfère à richesse,
La sagesse
De ma Suzon,
Zon, zon, zon,
Zon, zon, zon,
Zon, zon, zon,
Zon, zon, zon,
Aussi sa gentillesse
Est maîtresse
De ma raison;
Zon, zon, zon,
Zon, zon, zon,
Zon, zon, zon,
Zon, zon, zon.

(*Le bruit s'éloigne, on n'entend pas le reste.*)

SCÈNE XXIV.

SUZANNE, LA COMTESSE.

La Comtesse *dans sa bergère.*

Vous voyez, Suzanne, la jolie scène que votre étourdi m'a valu avec son billet.

Suzanne.

Ah, Madame, quand je suis rentrée du cabinet, si vous aviez vu votre visage ! il s'est terni tout à coup : mais ce n'a été qu'un nuage ; et par degrés, vous êtes devenue, rouge, rouge, rouge !

La Comtesse.

Il a donc sauté par la fenêtre ?

Suzanne.

Sans hésiter, le charmant enfant ! léger..... comme une abeille.

La Comtesse.

Ah ce fatal jardinier ! Tout cela m'a remuée au point..... que je ne pouvais rassembler deux idées.

SUZANNE.

Ah! Madame, au contraire; et c'est là que j'ai vu combien l'usage du grand monde donne d'aisance aux Dames comme il faut, pour mentir sans qu'il y paraisse.

LA COMTESSE.

Crois-tu que le Comte en soit la dupe? et s'il trouvait cet enfant au château!

SUZANNE.

Je vais recommander de le cacher si bien.....

LA COMTESSE.

Il faut qu'il parte. Après ce qui vient d'arriver, vous croyez bien que je ne suis pas tentée de l'envoyer au jardin à votre place.

SUZANNE.

Il est certain que je n'irai pas non plus. Voilà donc mon mariage encore une fois.....

LA COMTESSE *se lève.*

Attends..... Au lieu d'un autre, ou de toi, si j'y allais moi-même!

SUZANNE.

Vous, Madame?

LA COMTESSE.

Il n'y aurait personne d'exposé..... le Comte alors ne pourrait nier..... Avoir puni sa jalousie, et lui prouver son infidélité! cela serait..... Allons : le bonheur d'un premier hasard m'enhardit à tenter le second. Fais-lui savoir promptement que tu te rendras au jardin. Mais surtout que personne.....

SUZANNE.

Ah! Figaro.

LA COMTESSE.

Non, non. Il voudrait mettre ici du sien..... Mon masque de velours, et ma canne; que j'aille y rêver sur la terrasse. (*Suzanne entre dans le cabinet de toilette.*)

SCÈNE XXV.

LA COMTESSE *seule*.

Il est assez effronté mon petit projet! (*Elle se retourne.*) Ah le ruban! mon joli ruban! je t'oubliais! (*elle le prend sur sa bergère et le roule*) Tu ne me quitteras plus..... tu me rappelleras la scène où ce malheureux enfant..... ah! monsieur le Comte! qu'avez-vous fait?..... et moi! que fais-je en ce moment?

SCÈNE XXVI.

LA COMTESSE, SUZANNE.

La Comtesse *met furtivement le ruban dans son sein.*

Voici la canne et votre loup.

LA COMTESSE.

Souviens-toi que je t'ai défendu d'en dire un mot à Figaro.

SUZANNE, *avec joie.*

Madame, il est charmant votre projet. Je viens d'y réfléchir. Il rapproche tout, termine tout, embrasse tout ; et quelque chose qui arrive, mon mariage est maintenant certain. *Elle baise la main de sa maîtresse.*) (*Elles sortent.*)

FIN DU SECOND ACTE.

Pendant l'entr'acte, des valets arrangent la salle d'audience : on apporte les deux banquettes à dossier des Avocats, que l'on place aux deux côtés du Théâtre, de façon que le passage soit libre par derrière. On pose une estrade a deux marches dans le milieu du Théâtre, vers le fond, sur laquelle on place le fauteuil du Comte. On met la table du Greffier et son tabouret de côté sur le devant, et des siéges pour Brid'oison et d'autres Juges, des deux côtés de l'estrade du Comte.

ACTE III.

Le Théâtre représente une salle du Château, appelée salle du Trône, et servant de salle d'audience, ayant sur le côté une impériale en dais, et dessous, le portrait du Roi.

SCÈNE PREMIÈRE.

LE COMTE, PEDRILLE *en veste, botté, tenant un paquet cacheté.*

Le Comte *vite.*

M'as-tu bien entendu ?

Pedrille.

Excellence, oui. (*Il sort.*)

SCÈNE II.

LE COMTE seul, criant.

Pedrille?

SCÈNE III.

LE COMTE, PEDRILLE revient.

PEDRILLE.

Excellence?

Le Comte.

On ne t'a pas vu?

Pedrille.

Ame qui vive.

Le Comte.

Prenez le cheval barbe.

Pedrille.

Il est à la grille du potager, tout sellé.

Le Comte.

Ferme, d'un trait, jusqu'à Séville.

ACTE III.

PEDRILLE.

Il n'y a que trois lieues, elles sont bonnes.

LE COMTE.

En descendant, sachez si le page est arrivé.

PEDRILLE.

Dans l'hôtel?

LE COMTE.

Oui; surtout depuis quel temps?

PEDRILLE.

J'entends.

LE COMTE.

Remets-lui son brevet, et reviens-vite.

PEDRILLE.

Et s'il n'y était pas?

LE COMTE.

Revenez plus vite, et m'en rendez compte : allez.

SCÈNE IV.

LE COMTE *seul, marche en rêvant.*

J'AI fait une gaucherie en éloignant Bazile!..... la colère n'est bonne à rien. — Ce billet remis par lui, qui m'avertit d'une entreprise sur la Comtesse ; la camariste enfermée quand j'arrive ; la maîtresse affectée d'une terreur fausse ou vraie ; un homme qui saute par la fenêtre, et l'autre après qui avoue..... ou qui prétend que c'est lui..... Le fil m'échappe. Il y a là dedans une obscurité..... Des libertés chez mes vassaux, qu'importe à gens de cette étoffe ? mais la comtesse ! si quelque insolent attentait..... où m'égaré-je ? En vérité quand la tête se monte, l'imagination la mieux réglée devient folle comme un rêve ! — Elle s'amusait ; ces ris étouffés, cette joie mal éteinte ! — Elle se respecte ; et mon honneur..... où diable on l'a placé ! De l'autre part où suis-je ? cette friponne de Suzanne a-t-elle trahi mon secret ?... comme il n'est pas encore le sien !..... Qui donc m'enchaîne à cette fantaisie ? j'ai voulu vingt fois y renoncer.... Étrange effet de l'irrésolution ! si je la voulais sans débat, je la désirerais mille fois moins. — Ce Figaro se fait bien attendre ! il faut le sonder adroitement, (*Figaro paraît dans le fond :* [*il s'arrête.*) et tâcher, dans la conversation que je vais avoir avec lui, de démêler d'une manière détournée, s'il est instruit ou non de mon amour pour Suzanne.

SCÈNE V.

LE COMTE, FIGARO.

FIGARO *à part.*

Nous y voilà.

LE COMTE.

..... S'il en sait par elle un seul mot.....

FIGARO *à part.*

Je m'en suis douté.

LE COMTE.

..... Je lui fais épouser la vieille.

FIGARO *à part.*

Les amours de monsieur Bazile ?

LE COMTE

..... Et voyons ce que nous ferons de la jeune.

FIGARO *à part.*

Ah ! ma femme, s'il vous plaît.

LE COMTE *se retourne.*

Hein ? quoi ? qu'est-ce que c'est ?

FIGARO *s'avance.*

Moi, qui me rends à vos ordres.

LE COMTE.

Et pourquoi ces mots?

FIGARO.

Je n'ai rien dit.

LE COMTE *répète.*

Ma femme, s'il vous plaît?

FIGARO.

C'est..... la fin d'une réponse que je fesais : *allez le dire à ma femme, s'il vous plaît.*

LE COMTE *se promène.*

Sa femme!..... Je voudrais bien savoir quelle affaire peut arrêter monsieur, quand je le fais appeler?

FIGARO *feignant d'assurer son habillement.*

Je m'étais sali sur ces couches en tombant; je me changeais.

LE COMTE.

Faut-il une heure?

FIGARO.

Il faut le temps.

LE COMTE.

Les domestiques ici..... sont plus longs à s'habiller que les maîtres!

ACTE III.

FIGARO.

C'est qu'ils n'ont point de valets pour les y aider.

LE COMTE.

..... Je n'ai pas trop compris ce qui vous avait forcé tantôt de courir un danger inutile, en vous jetant......

FIGARO.

Un danger! on dirait que je me suis engouffré tout vivant.....

LE COMTE.

Essayez de me donner le change en feignant de le prendre, insidieux valet! vous entendez fort bien que ce n'est pas le danger qui m'inquiète, mais le motif.

FIGARO.

Sur un faux avis, vous arrivez furieux, renversant tout, comme le torrent de *la Morena*; vous cherchez un homme, il vous le faut, ou vous allez briser les portes, enfoncer les cloisons! je me trouve là par hasard; qui sait dans votre emportement si.....

LE COMTE, *interrompant*.

Vous pouviez fuir par l'escalier.

FIGARO.

Et vous, me prendre au corridor.

LE COMTE *en colère*.

Au corridor! (*A part.*) Je m'emporte, et nuis à ce que je veux savoir.

FIGARO (*à part.*)

Voyons le venir, et jouons serré.

LE COMTE *radouci*.

Ce n'est pas ce que je voulais dire, laissons cela. J'avais.... oui, j'avais quelqu'envie de t'emmener à Londres, courier de dépêches..... mais toutes réflexions faites.....

FIGARO.

Monseigneur a changé d'avis?

LE COMTE.

Premièrement, tu ne sais pas l'anglais.

FIGARO.

Je sais *God-dam*.

LE COMTE.

Je n'entends pas.

FIGARO.

Je dis que je sais *God-dam*.

ACTE III.

LE COMTE.

Hé bien?

FIGARO.

Diable! c'est une belle langue que l'anglais, il en faut peu pour aller loin. Avec *God-dam* en Angleterre, on ne manque de rien nulle part. — Voulez-vous tâter d'un bon poulet gras? entrez dans une taverne, et faites seulement ce geste au garçon. (*Il tourne la broche*) *God-dam!* on vous apporte un pied de bœuf salé sans pain. C'est admirable! Aimez-vous à boire un coup d'excellent Bourgogne ou de Clairet? rien que celui-ci. (*Il débouche une bouteille*) *God-dam!* on vous sert un pot de bierre, en bel étain, la mousse aux bords. Quelle satisfaction! Rencontrez-vous une de ces jolies personnes, qui vont trottant menu, les yeux baissés, coudes en arrière, et tortillant un peu des hanches? mettez mignardement tous les doigts unis sur la bouche. Ah! *God-dam!* elle vous sangle un soufflet de crocheteur. Preuve qu'elle entend. Les Anglais, à la vérité, ajoutent par-ci, par-là, quelques autres mots en conversant; mais il est bien aisé de voir que *God-dam* est le fond de la langue; et si Monseigneur n'a pas d'autre motif de me laisser en Espagne.

LE COMTE (*à part.*)

Il veut venir à Londres; elle n'a pas parlé.

FIGARO (*à part.*)

Il croit que je ne sais rien ; travaillons-le un peu dans son genre.

LE COMTE.

Quel motif avait la Comtesse, pour me jouer un pareil tour ?

FIGARO.

Ma foi, Monseigneur, vous le savez mieux que moi.

LE COMTE.

Je la préviens sur tout, et la comble de présents.

FIGARO.

Vous lui donnez, mais vous êtes infidèle. Sait-on gré du superflu, à qui nous prive du nécessaire ?

LE COMTE.

..... Autrefois tu me disais tout.

FIGARO.

Et maintenant je ne vous cache rien.

LE COMTE.

Combien la Comtesse t'a-t-elle donné pour cette belle association ?

FIGARO.

Combien me donnâtes-vous, pour la tirer des

mains du docteur ! tenez Monseigneur ; n'humilions pas l'homme qui nous sert bien, crainte d'en faire un mauvais valet.

Le Comte.

Pourquoi faut-il qu'il y ait toujours du louche en ce que tu fais ?

Figaro.

C'est qu'on en voit partout quand on cherche des torts.

Le Comte.

Une réputation détestable !

Figaro.

Et si je vaux mieux qu'elle ? y a-t-il beaucoup de Seigneurs qui puissent en dire autant ?

Le Comte.

Cent fois je t'ai vu marcher à la fortune, et jamais aller droit.

Figaro.

Comment voulez-vous, la foule est-là : chacun veut courir, on se presse, on pousse, on coudoie, on renverse, arrive qui peut ; le reste est écrasé. Aussi c'est fait ; pour moi j'y renonce.

Le Comte.

A la fortune ? (*à part.*) Voici du neuf.

Figaro.

(*à part*) A mon tour maintenant. (*haut*) Votre Excellence m'a gratifié de la conciergerie du château ; c'est un fort joli sort : à la vérité je ne serai pas le courier étrenné des nouvelles intéressantes ; mais en revanche, heureux avec ma femme au fond de l'Andalousie.....

Le Comte.

Qui t'empêcherait de l'emmener à Londres ?

Figaro.

Il faudrait la quitter si souvent, que j'aurais bientôt du mariage par-dessus la tête.

Le Comte.

Avec du caractère et de l'esprit, tu pourrais un jour t'avancer dans les bureaux.

Figaro.

De l'esprit pour s'avancer ? Monseigneur se rit du mien. Médiocre et rampant ; et l'on arrive à tout.

Le Comte.

..... Il ne faudrait qu'étudier un peu sous moi la politique.

Figaro.

Je la sais.

LE COMTE.

Comme l'anglais, le fond de la langue !

FIGARO.

Oui, s'il y avait ici de quoi se vanter. Mais, feindre d'ignorer ce qu'on sait, de savoir tout ce qu'on ignore ; d'entendre ce qu'on ne comprend pas, de ne point ouir ce qu'on entend ; surtout de pouvoir au-delà de ses forces : avoir souvent pour grand secret, de cacher qu'il n'y en a point ; s'enfermer pour tailler des plumes, et paraître profond, quand on n'est, comme on dit, que vide et creux : jouer bien ou mal un personnage ; répandre des espions et pensionner des traîtres ; amollir des cachets ; intercepter des lettres ; et tâcher d'ennoblir la pauvreté des moyens, par l'importance des objets. Voilà toute la politique, où je meure !

LE COMTE.

Eh ! c'est l'intrigue que tu définis !

FIGARO.

La politique, l'intrigue, volontiers ; mais, comme je les crois un peu germaines, en fasse qui voudra. *J'aime mieux ma mie au gué*, comme dit la chanson du bon roi.

LE COMTE (*à part.*)

Il veut rester. J'entends....Suzanne m'a trahi.

FIGARO (*à part*)

Je l'enfile et le paye en sa monnaie.

LE COMTE.

Ainsi tu espères gagner ton procès contre Marceline?

FIGARO.

Me feriez-vous un crime de refuser une vieille fille, quand votre Excellence se permet de nous souffler toutes les jeunes?

LE COMTE, *raillant*.

Au tribunal, le magistrat s'oublie, et ne voit plus que l'ordonnance.

FIGARO.

Indulgente aux grands, dure aux petits.....

LE COMTE.

Crois-tu donc que je plaisante?

FIGARO.

Eh! qui le sait, Monseigneur? *Tempo e galant'uomo*, dit l'Italien; il dit toujours la vérité: c'est lui qui m'apprendra qui me veut du mal, ou du bien.

LE COMTE, *à part*.

Je vois qu'on lui a tout dit; il épousera la duègne.

FIGARO (*à part*).

Il a joué au fin avec moi, qu'a-t-il appris ?

SCÈNE VI.

LE COMTE, UN LAQUAIS, FIGARO.

LE LAQUAIS *annonçant*.

Dom Gusman Brid'oison.

LE COMTE.

Brid'oison ?

FIGARO.

Eh ! sans doute. C'est le juge ordinaire ; le lieutenant du siége ; votre prud'homme.

LE COMTE.

Qu'il attende. (*Le laquais sort.*)

SCÈNE VII.

LE COMTE, FIGARO.

FIGARO *reste un moment à regarder le Comte qui rêve.*

.....Est-ce là ce que Monseigneur voulait ?

Le Comte, *revenant à lui.*

Moi?.... je disais d'arranger ce salon pour l'audience publique.

FIGARO.

Hé, qu'est-ce qu'il manque? le grand fauteuil pour vous, de bonnes chaises aux prud'hommes, le tabouret du greffier, deux banquettes aux avocats, le plancher pour le beau monde, et la canaille derrière. Je vais renvoyer les frotteurs.

(*Il sort.*)

SCÈNE VIII.

LE COMTE *seul.*

LE maraut m'embarrassait! en disputant, il prend son avantage, il vous serre, vous enveloppe..... Ah friponne et fripon! vous vous entendez pour me jouer! Soyez amis, soyez amants, soyez ce qu'il vous plaira, j'y consens ; mais, parbleu, pour époux....

SCÈNE IX.

SUZANNE, LE COMTE.

SUZANNE *essoufflée.*

Monseigneur... pardon, Monseigneur.

LE COMTE, *avec humeur.*

Qu'est-ce qu'il y a, Mademoiselle ?

SUZANNE.

Vous êtes en colère !

LE COMTE.

Vous voulez quelque chose apparemment ?

SUZANNE, *timidement.*

C'est que ma maîtresse a ses vapeurs. J'accourais vous prier de nous prêter votre flacon d'éther. Je l'aurais rapporté dans l'instant.

LE COMTE *le lui donne.*

Non, non, gardez-le pour vous-même. Il ne tardera pas à vous être utile.

SUZANNE.

Est-ce que les femmes de mon état ont des

vapeurs, donc ? c'est un mal de condition, qu'on ne prend que dans les boudoirs.

Le Comte.

Une fiancée bien éprise, et qui perd son futur....

Suzanne.

En payant Marceline, avec la dot que vous m'avez promise......

Le Comte.

Que je vous ai promise, moi ?

Suzanne, *baissant les yeux.*

Monseigneur, j'avais cru l'entendre.

Le Comte.

Oui, si vous consentiez à m'entendre vous-même.

Suzanne, *les yeux baissés.*

Et n'est-ce pas mon devoir d'écouter son Excellence ?

Le Comte.

Pourquoi donc, cruelle fille ! ne me l'avoir pas dit plutôt ?

Suzanne.

Est-il jamais trop tard pour dire la vérité ?

ACTE III.

LE COMTE.

Tu te rendrais sur la brune au jardin ?

SUZANNE.

Est-ce que je ne m'y promène pas tous les soirs ?

LE COMTE.

Tu m'as traité ce matin si durement !

SUZANNE.

Ce matin ? — Et le page derrière le fauteuil ?

LE COMTE.

Elle a raison, je l'oubliais. Mais pourquoi ce refus obstiné, quand Bazile, de ma part ?....

SUZANNE.

Quelle nécessité qu'un Bazile ?....

LE COMTE.

Elle a toujours raison. Cependant il y a un certain Figaro à qui je crains bien que vous n'ayiez tout dit !

SUZANNE.

Dame ! oui, je lui dis tout...... hors ce qu'il faut lui taire.

LE COMTE, *en riant*.

Ah charmante ! Et, tu me le promets ? si tu

manquais à ta parole ; entendons-nous, mon cœur : point de rendez-vous, point de dot, point de mariage.

S u z a n n e, *fesant la révérence.*

Mais aussi : point de mariage, point de droit du seigneur, Monseigneur.

L e C o m t e.

Où prend-elle ce qu'elle dit ? d'honneur j'en rafollerai ! mais ta maîtresse attend le flacon.....

S u z a n n e, *riant et rendant le flacon.*

Aurais-je pu vous parler sans un prétexte ?

L e C o m t e *veut l'embrasser.*

Délicieuse créature !

S u z a n n e *s'échappe.*

Voilà du monde.

L e C o m t e (*à part*).

Elle est à moi.   (*Il s'enfuit*).

S u z a n n e.

Allons vite rendre compte à Madame.

SCÈNE X.

SUZANNE, FIGARO.

Figaro.

Suzanne, Suzanne ! où cours-tu donc si vite en quittant Monseigneur ?

Suzanne.

Plaide à présent, si tu le veux ; tu viens de gagner ton procès. (*Elle s'enfuit*).

Figaro *la suit*.

Ah ! mais, dis donc.....

SCÈNE XI.

Le Comte *rentre seul*.

*T*u viens de gagner ton procès ! — Je donnais-là dans un bon piège ! O mes chers insolents ! je vous punirai de façon....... Un bon arrêt, bien juste..... mais s'il allait payer la duègne...... avec quoi ?..... s'il payait..... Eeeeh ! n'ai-je pas le fier Antonio, dont le noble orgueil dédaigne, en

Figaro, un inconnu pour sa nièce ? En caressant cette manie... pourquoi non ? dans le vaste champ de l'intrigue, il faut savoir tout cultiver, jusqu'à la vanité d'un sot. (*Il appelle*) Anto..... (*il voit entrer Marceline, etc.*)

(*Il sort.*)

SCÈNE XII.

BARTHOLO, MARCELINE, BRID'OISON.

MARCELINE, *à Brid'oison.*

Monsieur, écoutez mon affaire.

BRID'OISON, *en robe, et bégayant un peu.*

Eh bien ! pa-arlons-en verbalement.

BARTHOLO.

C'est une promesse de mariage.

MARCELINE.

Accompagnée d'un prêt d'argent.

BRID'OISON.

J'en-entends, et cœtera, le reste.

MARCELINE.

Non, Monsieur, point *d'et cœtera*.

ACTE III.

BRID'OISON.

J'en-entends : vous avez la somme ?

MARCELINE.

Non, Monsieur, c'est moi qui l'ai prêtée.

BRID'OISON.

J'en-entends bien, vou-ous redemandez l'argent ?

MARCELINE.

Non, Monsieur ; je demande qu'il m'épouse.

BRID'OISON.

Eh, mais, j'en-entends fort bien ; et lui veu-eut-il vous épouser ?

MARCELINE.

Non, Monsieur ; voilà tout le procès !

BRID'OISON.

Croyez-vous que je ne l'en-entende pas, le procès ?

MARCELINE.

Non Monsieur : (*à Bartholo*) où sommes-nous, (*à Brid'oison*) Quoi, c'est vous qui nous jugerez ?

BRID'OISON.

Est-ce que j'ai a-acheté ma charge pour autre chose ?

MARCELINE, *en soupirant.*

C'est un grand abus que de les vendre !

BRID'OISON.

Oui, l'on-on ferait mieux de nous les donner pour rien. Contre qui plai-aidez-vous ?

SCÈNE XIII.

BARTHOLO, MARCELINE, BRID'OISON, FIGARO *rentre en se frottant les mains.*

MARCELINE, *montrant Figaro.*

Monsieur, contre ce malhonnête homme.

FIGARO, *très-gaîment, à Marceline.*

Je vous gêne peut-être. — Monseigneur revient dans l'instant, monsieur le Conseiller.

BRID'OISON.

J'ai vu ce ga-arçon quelque part ?

FIGARO.

Chez Madame votre femme, à Séville, pour la servir, Monsieur le Conseiller.

BRID'OISON.

Dan-ans quel temps ?

ACTE III.

FIGARO.

Un peu moins d'un an avant la naissance de monsieur votre fils le cadet, qui est un bien joli enfant, je m'en vante.

BRID'OISON.

Oui, c'est le plus jo-oli de tous. On dit que tu-u fais ici des tiennes?

FIGARO.

Monsieur est bien bon. Ce n'est-là qu'une misère.

BRID'OISON.

Une promesse de mariage! A-ah le pauvre benêt.

FIGARO.

Monsieur.....

BRID'OISON.

A-t-il vu mon-on secrétaire, ce bon garçon?

FIGARO.

N'est-ce pas Double-main, le greffier?

BRID'OISON.

Oui, c'è-est qu'il mange à deux rateliers.

FIGARO.

Manger! je suis garant qu'il dévore. Oh que

oui, je l'ai vu, pour l'extrait, et pour le supplément d'extrait; comme cela se pratique, au reste.

BRID'OISON.

On- on doit remplir les formes.

FIGARO.

Assurément, Monsieur : si le fond des procès appartient aux plaideurs, on sait bien que la forme est le patrimoine des tribunaux.

BRID'OISON.

Ce garçon là n'è-est pas si niais que je l'avais cru d'abord. Hé bien, l'ami, puisque tu en sais tant, nou-ous aurons soin de ton affaire.

FIGARO.

Monsieur, je m'en rapporte à votre équité, quoique vous soyiez de notre justice.

BRID'OISON.

Hein?...... Oui, je suis de la-a justice. Mais si tu dois, et que tu-u ne payes pas?....

FIGARO.

Alors Monsieur voit bien que c'est comme si je ne devais pas.

BRID'OISON.

San-ans doute. — Hé mais qu'est-ce donc qu'il dit?

SCÈNE XIV.

BARTHOLO, MARCELINE, LE COMTE, BRID'OISON, FIGARO, UN HUISSIER.

L'Huissier, *précédant le Comte, crie.*

Monseigneur, Messieurs.

Le Comte.

En robe ici, seigneur Brid'oison! ce n'est qu'une affaire domestique. L'habit de ville était trop bon.

Brid'oison.

C'è-est vous qui l'êtes, monsieur le Comte. Mais je ne vais jamais san-ans elle; parce que la forme, voyez-vous; la forme! Tel rit d'un juge en habit court, qui-i tremble au seul aspect d'un procureur en robe. La forme, la-a forme!

Le Comte, *à l'Huissier.*

Faites entrer l'audience.

L'Huissier *va ouvrir en glapissant.*

L'audience.

SCÈNE XV.

LES ACTEURS précédents, ANTONIO, Les VALETS du Château, les PAYSANS ET PAYSANES *en habits de fêtes*; LE COMTE *s'assied sur le grand fauteuil*, BRID'OISON *sur une chaise à côté*; LE GREFFIER *sur le tabouret derrière sa table*; LES JUGES, LES AVOCATS *sur les banquettes*; MARCELINE, *à côté de* BARTHOLO; FIGARO *sur l'autre banquette*; LES PAYSANS ET LES VALETS *debout derrière*.

BRID'OISON, *à Double-main.*

Double-main, a-appelez les causes.

DOUBLE-MAIN *lit un papier.*

Noble, très-noble, infiniment noble, *Dom Pédro George*, *Hidalgo*, *Baron de Los altos*, *y montes fieros*, *y otros montes* : contre *Alonzo Calderon*, jeune auteur dramatique. Il est question d'une comédie mor-née, que chacun désavoue, et rejète sur l'autre.

LE COMTE.

Ils ont raison tous deux. Hors de Cour. S'ils

font ensemble un autre ouvrage, pour qu'il marque un peu dans le grand monde, ordonné que le noble y mettra son nom, le poète son talent.

DOUBLE-MAIN *lit un autre papier.*

André Pétrutchio, laboureur; contre le receveur de la province. Il s'agit d'un forcement arbitraire.

LE COMTE.

L'affaire n'est pas de mon ressort. Je servirai mieux mes vassaux, en les protégeant près du roi. Passez.

DOUBLE-MAIN *en prend un troisième. Bartholo et Figaro se lèvent.*

Barbe, Agar, Raab, Madelaine, Nicole, Marceline de Verte-allure, fille majeure; (*Marceline se lève et salue*) contre *Figaro*... nom de baptême en blanc?

FIGARO.

Anonyme.

BRID'OISON.

A-anonyme! Què-el patron est-ce là?

FIGARO.

C'est le mien.

DOUBLE-MAIN *écrit.*

Contre anonyme *Figaro*. Qualités?

FIGARO.

Gentilhomme.

LE COMTE.

Vous êtes gentilhomme? (*Le greffier écrit.*)

FIGARO.

Si le ciel l'eût voulu, je serais le fils d'un prince.

LE COMTE, *au greffier.*

Allez.

L'HUISSIER, *glapissant.*

Silence, Messieurs.

DOUBLE-MAIN, *lit.*

...... Pour cause d'opposition faite au mariage dudit *Figaro*, par ladite *de Verte-allure*. Le docteur *Bartholo* plaidant pour la demanderesse, et ledit *Figaro* pour lui-même; si la Cour le permet, contre le vœu de l'usage, et la jurisprudence du siége.

FIGARO.

L'usage, maître Double-main, est souvent un abus; le client un peu instruit sait toujours mieux sa cause, que certains avocats qui, suant à froid, criant à tue tête, et connaissant tout, hors le fait, s'embarrassent aussi peu de ruiner le plaideur, que d'ennuyer l'auditoire, et d'endormir Messieurs : plus boursoufflés après, que s'ils eussent

ACTE III.

composé l'*Oratio pro Murend*; moi je dirai le fait en peu de mots. Messieurs.....

DOUBLE-MAIN.

En voilà beaucoup d'inutiles, car vous n'êtes pas demandeur, et n'avez que la défense : avancez, docteur, et lisez la promesse.

FIGARO.

Oui, promesse !

BARTHOLO, *mettant ses lunettes.*

Elle est précise.

BRID'OISON.

I-il faut la voir.

DOUBLE-MAIN.

Silence donc, Messieurs.

L'HUISSIER, *glapissant.*

Silence.

BARTHOLO *lit.*

Je soussigné reconnais avoir reçu de damoiselle, etc.... Marceline de Verte-allure, dans le château d'Aguas-Frescas, la somme de deux mille piastres fortes cordonnées; laquelle somme je lui rendrai à sa réquisition, dans ce château; et je l'épouserai, par forme de reconnaissance, etc.

Signé *Figaro*, tout court. Mes conclusions sont au paiement du billet, et à l'exécution de la promesse, avec dépens. (*Il plaide.*) Messieurs...... jamais cause plus intéressante ne fut soumise au jugement de la cour! et depuis Alexandre-le-Grand, qui promit mariage à la belle Thalestris....

LE COMTE, *interrompant.*

Avant d'aller plus loin, avocat, convient-on de la validité du titre?

BRID'OISON, *à Figaro.*

Qu'oppo.... qu'oppo-osez vous à cette lecture?

FIGARO.

Qu'il y a, Messieurs, malice, erreur, ou distraction dans la manière dont on a lu la pièce; car il n'est pas dit dans l'écrit; *laquelle somme je lui rendrai ET je l'épouserai; mais, laquelle somme je lui rendrai, OU je l'épouserai;* ce qui est bien différent.

LE COMTE.

Y a-t-il ET, dans l'acte; ou bien OU?

BARTHOLO.

Il y a ET.

FIGARO.

Il y a OU.

Un pa......âté? je sais ce que c'est.

BRID'OISON.

Dou-ouble-main, lisez vous-même.

DOUBLE-MAIN, *prenant le papier.*

Et c'est le plus sûr; car souvent les parties déguisent en lisant. (*Il lit.*) E.e.e.e. *Damoiselle* e.e.e. *de Verte-allure* e. e. e. Ha! *laquelle somme je lui rendrai à sa réquisition, dans ce château*..... ET.... OU.... ET.... OU.... Le mot est si mal écrit.... il y a un pâté.

BRID'OISON.

Un pâ-âté? je sais ce que c'est.

BARTHOLO, *plaidant.*

Je soutiens, moi, que c'est la conjonction copulative ET qui lie les membres corrélatifs de la phrase; je paierai la demoiselle, ET je l'épouserai.

FIGARO, *plaidant.*

Je soutiens, moi, que c'est la conjonction alternative OU, qui sépare lesdits membres; je paierai la donzelle, OU je l'épouserai : à pédant, pédant et demi; qu'il s'avise de parler latin, j'y suis grec; je l'extermine.

LE COMTE.

Comment juger pareille question?

BARTHOLO.

Pour la trancher, Messieurs, et ne plus chicaner sur un mot, nous passons qu'il y ait OU.

FIGARO.

J'en demande acte.

BARTHOLO.

Et nous y adhérons. Un si mauvais refuge ne sauvera pas le coupable : examinons le titre en ce sens. (*Il lit.*) *Laquelle somme je lui rendrai dans ce château où je l'épouserai;* c'est ainsi qu'on dirait, Messieurs : *vous vous ferez saigner dans ce lit* où *vous resterez chaudement*, c'est dans lequel. *Il prendra deux gros de rhubarbe* où *vous mêlerez un peu de tamarin* : dans lesquels on mêlera. Ainsi *château* où *je l'épouserai*, Messieurs, c'est *château dans lequel*....

FIGARO.

Point du tout : la phrase est dans le sens de celle-ci : ou *la maladie vous tuera*, ou *ce sera le médecin;* ou bien *le médecin*; c'est incontestable. Autre exemple : ou *vous n'écrirez rien qui plaise*, ou *les sots vous dénigreront;* ou bien *les sots*; le sens est clair; car, audit cas, *sots ou méchants*, sont le substantif qui gouverne. Maître Bartholo croit-il donc que j'aye oublié ma syntaxe ? Ainsi, je la paierai dans ce château, *virgule*; ou je l'épouserai.....

BARTHOLO, *vite.*

Sans virgule.

FIGARO, *vite.*

Elle y est. C'est, *virgule*, Messieurs, ou bien je l'épouserai.

BARTHOLO, *regardant le papier : vite.*

Sans virgule, Messieurs.

FIGARO, *vite.*

Elle y était, Messieurs. D'ailleurs, l'homme qui épouse est-il tenu de rembourser.

BARTHOLO, *vite.*

Oui; nous nous marions séparés de biens.

FIGARO, *vite.*

Et nous de corps, dès que mariage n'est pas quittance. (*Les juges se lèvent et opinent tout bas.*)

BARTHOLO.

Plaisant acquittement!

DOUBLE-MAIN.

Silence, Messieurs.

L'HUISSIER, *glapissant.*

Silence.

BARTHOLO.

Un pareil fripon appelle cela payer ses dettes.

FIGARO.

Est-ce votre cause, avocat, que vous plaidez?

BARTHOLO.

Je défends cette demoiselle.

FIGARO.

Continuez à déraisonner; mais cessez d'injurier. Lorsque, craignant l'emportement des plaideurs, les tribunaux ont toléré qu'on appelât des tiers; ils n'ont pas entendu que ces défenseurs modérés, deviendraient impunément des insolents privilégiés. C'est dégrader le plus noble institut.

(*Les juges continuent d'opiner bas.*)

TONIO, *à Marceline montrant les juges.*

Qu'ont-ils tant à balbucifier?

MARCELINE.

On a corrompu le grand juge, il corrompt l'autre, et je perds mon procès.

BARTHOLO, *bas, d'un ton sombre.*

J'en ai peur.

FIGARO, *gaîment.*

Courage, Marceline?

ACTE III.

DOUBLE-MAIN *se lève; à Marceline.*

Ah, c'est trop fort ! je vous dénonce, et pour l'honneur du tribunal, je demande qu'avant faire droit sur l'autre affaire, il soit prononcé sur celle-ci.

LE COMTE *s'assied.*

Non, greffier, je ne prononcerai point sur mon injure personnelle ; un juge Espagnol n'aura point à rougir d'un excès digne au plus des tribunaux asiatiques : c'est assez des autres abus ! J'en vais corriger un second en vous motivant mon arrêt : tout juge qui s'y refuse, est un grand ennemi des lois ! Que peut requérir la demanderesse ? mariage à défaut de paiement ; les deux ensemble impliqueraient.

DOUBLE-MAIN.

Silence, Messieurs.

L'HUISSIER, *glapissant.*

Silence.

LE COMTE.

Que nous répond le défendeur ? qu'il veut garder sa personne ; à lui permis.

FIGARO, *avec joie.*

J'ai gagné.

LE COMTE.

Mais comme le texte dit : *laquelle somme je*

paierai à sa première réquisition, ou bien j'épouserai, etc. La cour condamne le défendeur à payer deux mille piastres fortes, à la demanderesse ; ou bien à l'épouser dans le jour. (*Il se lève*).

FIGARO, *stupéfait.*

J'ai perdu.

ANTONIO, *avec joie.*

Superbe arrêt.

FIGARO.

En quoi superbe ?

ANTONIO.

En ce que tu n'es plus mon neveu. Grand merci, Monseigneur.

L'HUISSIER, *glapissant.*

Passez, Messieurs. (*Le peuple sort*).

ANTONIO.

Je m'en vas tout conter à ma nièce. (*Il sort.*)

SCÈNE XVI.

LE COMTE, *allant de côté et d'autre;* MARCELINE, BARTHOLO, FIGARO, BRID'OISON.

MARCELINE *s'assied.*

Ah! je respire.

FIGARO.

Et moi, j'étouffe.

LE COMTE (*à part.*)

Au moins je suis vengé, cela soulage.

FIGARO (*à part.*)

Et ce Bazile qui devait s'opposer au mariage de Marceline; voyez comme il revient!—(*au Comte qui sort*) Monseigneur vous nous quittez?

LE COMTE.

Tout est jugé.

FIGARO, *à Brid'oison.*

C'est ce gros enflé de conseiller......

BRID'OISON.

Moi, gro-os enflé!

FIGARO.

Sans doute. Et je ne l'épouserai pas : je suis gentilhomme une fois. (*Le Comte s'arrête.*)

BARTHOLO.

Vous l'épouserez.

FIGARO.

Sans l'aveu de mes nobles parents ?

BARTHOLO.

Nommez-les, montrez-les.

FIGARO.

Qu'on me donne un peu de temps : je suis bien près de les revoir; il y a quinze ans que je les cherche.

BARTHOLO.

Le fat ! c'est quelqu'enfant trouvé !

FIGARO.

Enfant perdu, docteur; ou plutôt enfant volé.

LE COMTE *revient*.

Volé, *perdu*, la preuve ? il crierait qu'on lui fait injure.

FIGARO.

Monseigneur, quand les langes à dentelles, tapis brodés et joyaux d'or trouvés sur moi par

ACTE III. 217

les brigands, n'indiqueraient pas ma haute naissance; la précaution qu'on avait prise de me faire des marques distinctives, témoignerait assez combien j'étais un fils précieux: et cet hiéroglyphe à mon bras.... (*Il veut se dépouiller le bras droit*).

MARCELINE, *se levant vivement*.

Une spatule à ton bras droit?

FIGARO.

D'où savez-vous que je dois l'avoir?

MARCELINE.

Dieux! c'est lui!

FIGARO.

Oui, c'est moi.

BARTHOLO, *à Marceline*.

Et qui? lui!

MARCELINE, *vivement*.

C'est Emmanuel.

BARTHOLO, *à Figaro*.

Tu fus enlevé par des Bohémiens?

FIGARO, *exalté*.

Tout près d'un château. Bon docteur, si vous

me rendez à ma noble famille, mettez un prix à ce service; des monceaux d'or n'arrêteront pas mes illustres parents.

BARTHOLO, *montrant Marceline.*

Voilà ta mère.

FIGARO.

.... Nourrice ?

BARTHOLO.

Ta propre mère.

LE COMTE.

Sa mère !

FIGARO.

Expliquez-vous.

MARCELINE, *montrant Bartholo.*

Voilà ton père.

FIGARO, *désolé.*

O o oh ! aye de moi.

MARCELINE.

Est-ce que la nature ne te l'a pas dit mille fois?

FIGARO.

Jamais.

LE COMTE (*à part*).

Sa mère !

ACTE III.

BRID'OISON.

C'est clair, i-il ne l'épousera pas.

☞ BARTHOLO.

Ni moi non plus.

MARCELINE.

Ni vous! et votre fils? vous m'aviez juré....

BARTHOLO.

J'étais fou. Si pareils souvenirs engageaient, on serait tenu d'épouser tout le monde.

BRID'OISON.

E-et si l'on y regardait de si près, per-ersonne n'épouserait personne.

BARTHOLO.

Des fautes si connues! une jeunesse déplorable!

MARCELINE, *s'échauffant par degrés.*

Oui, déplorable, et plus qu'on ne croit! je n'entends pas nier mes fautes, ce jour les a trop bien prouvées! mais qu'il est dur de les expier après trente ans d'une vie modeste! j'étais née,

---

☞ Ce qui suit, enfermé dans ces deux index, a été retranché par les Comédiens Français aux représentations de Paris.

moi, pour être sage, et je le suis devenue sitôt qu'on m'a permis d'user de ma raison. Mais dans l'âge des illusions, de l'inexpérience et des besoins, où les séducteurs nous assiégent, pendant que la misère nous poignarde, que peut opposer une enfant à tant d'ennemis rassemblés ? tel nous juge ici sévèrement, qui, peut-être, en sa vie a perdu dix infortunées !

FIGARO.

Les plus coupables sont les moins généreux ; c'est la règle.

MARCELINE, *vivement.*

Hommes plus qu'ingrats, qui flétrissez par le mépris les jouets de vos passions, vos victimes ! c'est vous qu'il faut punir des erreurs de notre jeunesse; vous et vos magistrats, si vains du droit de nous juger, et qui nous laissent enlever, par leur coupable négligence, tout honnête moyen de subsister. Est-il un seul état pour les malheureuses filles ? Elles avaient un droit naturel à toute la parure des femmes : on y laisse former mille ouvriers de l'autre sexe.

FIGARO, *en colère.*

Ils font broder jusqu'aux soldats !

MARCELINE *exaltée.*

Dans les rangs mêmes plus élevés, les femmes

n'obtiennent de vous qu'une considération dérisoire ; leurrées de respects apparents, dans une servitude réelle ; traitées en mineures pour nos biens, punies en majeures pour nos fautes ! ah, sous tous les aspects, votre conduite avec nous fait horreur, ou pitié !

FIGARO.

Elle a raison !

LE COMTE (*à part*).

Que trop raison !

BRID'OISON.

Elle a, mon-on dieu raison.

MARCELINE.

Mais que nous font, mon fils, les refus d'un homme injuste ? ne regarde pas d'où tu viens, vois où tu vas ; cela seul importe à chacun. Dans quelques mois ta fiancée ne dépendra plus que d'elle-même ; elle t'acceptera, j'en réponds : vis entre une épouse, une mère tendres qui te chériront à qui mieux-mieux. Sois indulgent pour elles, heureux pour toi, mon fils ; gai, libre et bon pour tout le monde : il ne manquera rien à ta mère.

FIGARO.

Tu parles d'or, maman, et je me tiens à ton

avis. Qu'on est sot en effet! il y a des mille et mille ans que le monde roule, et dans cet océan de durée où j'ai par hasard attrapé quelques chétifs trente ans qui ne reviendront plus, j'irais me tourmenter pour savoir à qui je les dois! tant pis pour qui s'en inquiète. Passer ainsi la vie à chamailler, c'est peser sur le collier sans relâche comme les malheureux chevaux de la remonte des fleuves, qui ne reposent pas, même quand ils s'arrêtent, et qui tirent toujours quoiqu'ils cessent de marcher. Nous attendrons.

Le Comte.

Sot événement qui me dérange !

Brid'oison, *à Figaro*.

Et la noblesse et le château ? vous impo-osez à la justice ?

Figaro.

Elle allait me faire faire une belle sottise, la justice! après que j'ai manqué, pour ces maudits cent écus, d'assommer vingt fois Monsieur, qui se trouve aujourd'hui mon père ! mais, puisque le ciel a sauvé ma vertu de ces dangers; mon père, agréez mes excuses... Et vous, ma mère, embrassez-moi.... le plus maternellement que vous pourrez.

(*Marceline lui saute au cou.*)

SCÈNE XVII.

BARTHOLO, FIGARO, MARCELINE, BRID'OISON, SUZANNE, ANTONIO, LE COMTE.

SUZANNE, *accourant, une bourse à la main.*

MONSEIGNEUR, arrêtez ; qu'on ne les marie pas : je viens payer Madame avec la dot que ma maîtresse me donne.

LE COMTE *à part.*

Au diable la maîtresse ! il semble que tout conspire. *Il sort.*

SCÈNE XVIII.

BARTHOLO, ANTONIO, SUZANNE, FIGARO, MARCELINE, BRID'OISON.

ANTONIO *voyant Figaro embrasser sa mère, dit à Suzanne.*

AH, oui payer ! Tiens, tiens.

SUZANNE *se retourne.*

J'en vois assez : sortons, mon oncle.

FIGARO *l'arrêtant.*

Non, s'il vous plaît. Que vois-tu donc ?

SUZANNE.

Ma bêtise et ta lâcheté.

FIGARO.

Pas plus de l'une que de l'autre.

SUZANNE *en colère.*

Et que tu l'épouses à gré puisque tu la caresses.

FIGARO, *gaîment.*

Je la caresse ; mais je ne l'épouse pas.

(*Suzanne veut sortir, Figaro la retient.*)

SUZANNE *lui donne un soufflet.*

Vous êtes bien insolent d'oser me retenir !

FIGARO, *à la compagnie.*

C'est-il ça de l'amour ? Avant de nous quitter, je t'en supplie, envisage bien cette chère femme-là.

SUZANNE.

Je la regarde.

FIGARO.

Et tu la trouves ?

ACTE III.

SUZANNE.

Affreuse.

FIGARO.

Et vive la jalousie! elle ne vous marchande pas.

MARCELINE, *les bras ouverts.*

Embrasse ta mère, ma jolie Suzanette. Le méchant qui te tourmente est mon fils.

SUZANNE *court à elle.*

Vous sa mère! (*elles restent dans les bras l'une de l'autre.*)

ANTONIO.

C'est donc de tout à l'heure?

FIGARO.

..... Que je le sais.

MARCELINE *exaltée.*

Non, mon cœur entraîné vers lui, ne se trompait que de motif; c'était le sang qui me parlait.

FIGARO.

Et moi, le bon sens, ma mère, qui me servait d'instinct quand je vous refusais; car j'étais loin de vous haïr, témoin l'argent...

MARCELINE *lui remet un papier.*

Il est à toi : reprends ton billet, c'est ta dot.

SUZANNE *lui jette la bourse.*

Prends encore celle-ci.

FIGARO.

Grand-merci.

MARCELINE *exaltée.*

Fille assez malheureuse, j'allais devenir la plus misérable des femmes, et je suis la plus fortunée des mères ! Embrassez-moi, mes deux enfants ; j'unis en vous toutes mes tendresses. Heureuse autant que je puis l'être, ah, mes enfants, combien je vais aimer !

FIGARO *attendri : avec vivacité.*

Arrête donc, chère mère ! arrête donc ! voudrais-tu voir se fondre en eau mes yeux noyés des premières larmes que je connaisse ? elles sont de joie, au moins. Mais quelle stupidité ! j'ai manqué d'en être honteux : je les sentais couler entre mes doigts, regarde ; (*Il montre ses doigts écartés*) et je les retenais bêtement ! vas te promener, la honte ! je veux rire et pleurer en même-temps ; on ne sent pas deux fois ce que j'éprouve. (*Il embrasse sa mere d'un côté, Suzanne de l'autre.*)

MARCELINE.

O mon ami !

ACTE III.

SUZANNE.

Mon cher ami !

BRID'OISON *s'essuyant les yeux d'un mouchoir.*

Eh bien ! moi ! je suis donc bê-ête aussi !

FIGARO *exalté*.

Chagrin, c'est maintenant que je puis te défier ! atteins-moi, si tu l'oses, entre ces deux femmes chéries.

ANTONIO, *à Figaro.*

Pas tant de cajoleries, s'il vous plaît. En fait de mariage dans les familles, celui des parents va devant, savez. Les vôtres se baillent-ils la main ?

BARTHOLO.

Ma main ! puisse-t-elle se dessécher et tomber, si jamais je la donne à la mère d'un tel drôle !

ANTONIO, *à Bartholo.*

Vous n'êtes donc qu'un père marâtre ? (*à Figaro*) En ce cas, not'galant, plus de parole.

SUZANNE.

Ah, mon oncle.....

ANTONIO.

Irai-je donner l'enfant de not'sœur à sti qui n'est l'enfant de personne ?

BRID'OISON.

Est-ce que cela-a se peut, imbécille ? on-on est toujours l'enfant de quelqu'un.

ANTONIO.

Tarare !... il ne l'aura jamais. (*Il sort.*)

SCÈNE XIX.

BARTHOLO, SUZANNE, FIGARO, MARCELINE, BRID'OISON.

BARTHOLO, *à Figaro.*

Et cherche à présent qui t'adopte. (*Il veut sortir.*)

MARCELINE *courant prendre Bartholo à bras le corps, le ramène.*

Arrêtez, Docteur, ne sortez pas.

FIGARO *à part.*

Non, tous les sots d'Andalousie, sont, je crois, déchaînés contre mon pauvre mariage !

SUZANNE, *à Bartholo.*

Bon petit papa, c'est votre fils.

ACTE III.

MARCELINE, *à Bartholo.*

De l'esprit, des talents, de la figure.

FIGARO, *à Bartholo.*

Et qui ne vous a pas coûté une obole.

BARTHOLO.

Et les cent écus qu'il m'a pris ?

MARCELINE, *le caressant.*

Nous aurons tant de soin de vous, Papa !

SUZANNE, *le caressant.*

Nous vous aimerons tant, petit Papa !

BARTHOLO, *attendri.*

Papa ! bon papa ! petit papa ! voilà que je suis plus bête encore que Monsieur, moi. (*Montrant Brid'oison*). Je me laisse aller comme un enfant. (*Marceline et Suzanne l'embrassent.*) Oh ! non, je n'ai pas dit oui. (*Il se retourne*). Qu'est donc devenu Monseigneur ?

FIGARO.

Courons le joindre ; arrachons lui son dernier mot. S'il machinait quelqu'autre intrigue, il faudrait tout recommencer.

TOUS ENSEMBLE.

Courons, courons.

(*Ils entraînent Bartholo dehors.*)

SCÈNE XX.

Brid'oison *seul.*

Plus bê-ête encore que Monsieur ! on peut se dire à soi-même ces-es sortes de choses-là, mais..... I-ils ne sont pas polis du tout dan-ans cet endroit-ci. (*Il sort.*)

FIN DU TROISIÈME ACTE.

ACTE IV.

Le Théâtre représente une galerie ornée de candélabres, de lustres allumés, de fleurs, de guirlandes, en un mot, préparée pour donner une fête. Sur le devant, à droite, est une table avec une écritoire, un fauteuil derrière.

SCÈNE PREMIÈRE.

FIGARO, SUZANNE.

FIGARO, *la tenant à bras le corps.*

Hé bien ! amour, es-tu contente ? elle a converti son Docteur, cette fine langue dorée de ma mère ! malgré sa répugnance, il l'épouse, et ton bouru d'oncle est bridé ; il n'y a que Monseigneur qui rage, car enfin notre hymen va devenir le prix du leur. Ris donc un peu de ce bon résultat.

SUZANNE.

As-tu rien vu de plus étrange ?

FIGARO.

Ou plutôt d'aussi gai! Nous ne voulions qu'une dot arrachée à l'Excellence ; en voilà deux dans nos mains, qui ne sortent pas des siennes. Une rivale acharnée te poursuivait; j'étais tourmenté par une furie! tout cela s'est changé, pour nous, dans *la plus bonne* des mères. Hier j'étais comme seul au monde ; et voilà que j'ai tous mes parents; pas si magnifiques, il est vrai, que je me les étais galonnés ; mais assez bien pour nous, qui n'avons pas la vanité des riches.

SUZANNE.

Aucune des choses que tu avais disposées, que nous attendions, mon ami, n'est pourtant arrivée !

FIGARO.

Le hasard a mieux fait que nous tous, ma petite : ainsi va le monde ; on travaille, on projète, on arrange d'un côté ; la fortune accomplit de l'autre : et depuis l'affamé conquérant qui voudrait avaler la terre, jusqu'au paisible aveugle qui se laisse mener par son chien, tous sont le jouet de ses caprices ; encore l'aveugle au chien, est-il souvent mieux conduit, moins trompé dans ses vues, que l'autre aveugle avec son entourage. — Pour cet aimable aveugle, qu'on nomme amour..... (*Il la reprend tendrement à bras le corps.*)

SUZANNE.

Ah! c'est le seul qui m'intéresse!

FIGARO.

Permets donc que, prenant l'emploi de la folie, je sois le bon chien qui le mène à ta jolie mignonne porte; et nous voilà logés pour la vie.

SUZANNE, *riant.*

L'amour et toi?

FIGARO.

Moi et l'amour.

SUZANNE.

Et vous ne chercherez pas d'autre gîte?

FIGARO.

Si tu m'y prends, je veux bien que mille millions de galants.....

SUZANNE.

Tu vas exagérer : dis ta bonne vérité.

FIGARO.

Ma vérité la plus vraie!

SUZANNE.

Fi donc, vilain! en a-t-on plusieurs?

FIGARO.

Oh! que oui. Depuis qu'on a remarqué qu'avec le temps vieilles folies deviennent sagesse, et qu'anciens petits mensonges assez mal plantés ont produit de grosses, grosses vérités; on en a de mille espèces. Et celles qu'on sait, sans oser les divulguer; car toute vérité n'est pas bonne à dire : et celles qu'on vante, sans y ajouter foi; car toute vérité n'est pas bonne à croire : et les serments passionnés, les menaces des mères, les protestations des buveurs, les promesses des gens en place, le dernier mot de nos marchands; cela ne finit pas. Il n'y a que mon amour pour Suzon qui soit une vérité de bon aloi.

SUZANNE.

J'aime ta joie, parce qu'elle est folle; elle annonce que tu es heureux. Parlons du rendez-vous du Comte.

FIGARO.

Ou plutôt n'en parlons jamais; il a failli me coûter Suzanne.

SUZANNE.

Tu ne veux donc plus qu'il ait lieu?

ACTE IV.

FIGARO.

Si vous m'aimez, Suzon ; votre parole d'honneur sur ce point : qu'il s'y morfonde ; et c'est sa punition.

SUZANNE.

Il m'en a plus coûté de l'accorder, que je n'ai de peine à le rompre : il n'en sera plus question.

FIGARO.

Ta bonne vérité !

SUZANNE.

Je ne suis pas comme vous autres savants ; moi, je n'en ai qu'une.

FIGARO.

Et tu m'aimeras un peu ?

SUZANNE.

Beaucoup.

FIGARO.

Ce n'est guère.

SUZANNE.

Et comment ?

FIGARO.

En fait d'amour, vois-tu, trop n'est pas même assez.

SUZANNE.

Je n'entends pas toutes ces finesses ; mais je n'aimerai que mon mari.

FIGARO.

Tiens parole, et tu feras une belle exception à l'usage. (*Il veut l'embrasser.*)

SCÈNE II.

FIGARO, SUZANNE, LA COMTESSE.

LA COMTESSE.

Ah ! j'avais raison de le dire ; en quelque endroit qu'ils soient, croyez qu'ils sont ensemble. Allons donc, Figaro, c'est voler l'avenir, le mariage et vous-même, que d'usurper un tête à tête. On vous attend, on s'impatiente.

FIGARO.

Il est vrai, Madame, je m'oublie. Je vais leur montrer mon excuse.

(*Il veut emmener Suzanne.*)

LA COMTESSE *la retient.*

Elle vous suit.

SCÈNE III.

SUZANNE, LA COMTESSE.

LA COMTESSE.

As-tu ce qu'il nous faut pour troquer de vêtement ?

SUZANNE.

Il ne faut rien, Madame; le rendez-vous ne tiendra pas.

LA COMTESSE.

Ah ! vous changez d'avis ?

SUZANNE.

C'est Figaro.

LA COMTESSE.

Vous me trompez.

SUZANNE.

Bonté divine !

LA COMTESSE.

Figaro n'est pas homme à laisser échapper une dot.

SUZANNE.

Madame! eh que croyez-vous donc?

LA COMTESSE.

Qu'enfin, d'accord avec le comte, il vous fâche à présent de m'avoir confié ses projets. Je vous sais par cœur. Laissez-moi.

(*Elle veut sortir.*)

SUZANNE *se jette à genoux.*

Au nom du ciel espoir de tous! vous ne savez pas, Madame, le mal que vous faites à Suzanne! après vos bontés continuelles et la dot que vous me donnez!.....

LA COMTESSE *la relève.*

Hé mais..... je ne sais ce que je dis! en me cédant ta place au jardin, tu n'y vas pas, mon cœur, tu tiens parole à ton mari; tu m'aides à ramener le mien.

SUZANNE.

Comme vous m'avez affligée!

LA COMTESSE.

C'est que je ne suis qu'une étourdie; (*elle la baise au front*) où est ton rendez-vous?

SUZANNE *lui baise la main.*

Le mot de jardin m'a seul frappée.

ACTE IV.

La Comtesse, *montrant la table.*

Prends cette plume, et fixons un endroit.

Suzanne.

Lui écrire!

La Comtesse.

Il le faut.

Suzanne.

Madame! au moins c'est vous.....

La Comtesse.

Je mets tout sur mon compte. (*Suzanne s'assied, la Comtesse dicte.*)

Chanson nouvelle, sur l'air :..... Qu'il fera beau, ce soir, sous les grands maronniers :.... Qu'il fera beau ce soir.....

Suzanne *écrit*.

Sous les grands maronniers..... après?

La Comtesse.

Crains-tu qu'il ne t'entende pas?

Suzanne *relit*.

C'est juste. (*Elle plie le billet.*) Avec quoi cacheter?

La Comtesse.

Une épingle, dépêche : elle servira de réponse. Écris sur le revers : *renvoyez-moi le cachet.*

SUZANNE *écrit en riant.*

Ah! *le cachet!*..... celui-ci, Madame, est plus gai que celui du brevet.

LA COMTESSE, *avec un souvenir douloureux.*

Ah!

SUZANNE *cherche sur elle.*

Je n'ai pas d'épingle à présent!

LA COMTESSE *détache sa lévite.*

Prends celle-ci. (*Le ruban du page tombe de son sein à terre.*) Ah mon ruban!

SUZANNE *le ramasse.*

C'est celui du petit voleur! vous avez eu la cruauté ?.....

LA COMTESSE.

Fallait-il le laisser à son bras? c'eût été joli, donnez donc?

SUZANNE.

Madame ne le portera plus, taché du sang de ce jeune homme.

LA COMTESSE *le reprend.*

Excellent pour Fanchette..... le premier bouquet qu'elle m'apportera.

SCÈNE IV.

UNE JEUNE BERGÈRE, CHÉRUBIN *en fille.* FANCHETTE *et beaucoup de jeunes filles habillées comme elles, et tenant des bouquets.*

LA COMTESSE, SUZANNE.

Fanchette.

Madame, ce sont les filles du bourg qui viennent vous présenter des fleurs.

La Comtesse, *serrant vite son ruban.*

Elles sont charmantes : je me reproche, mes belles petites, de ne pas vous connaître toutes. (*Montrant Chérubin.*) Quelle est cet aimable enfant qui a l'air si modeste ?

Une Bergère.

C'est une cousine à moi, Madame, qui n'est ici que pour la noce.

La Comtesse.

Elle est jolie. Ne pouvant porter vingt bouquets, fesons honneur à l'étrangère. (*Elle prend le bouquet de Chérubin et le baise au front.*) Elle en rougit! (*à Suzanne,*) ne trouves-tu pas, Suzon..... qu'elle ressemble à quelqu'un?

SUZANNE.

A s'y méprendre, en vérité.

CHÉRUBIN *à part, les mains sur son cœur.*

Ah! Ce baiser-là m'a été bien loin!

SCÈNE V.

LES JEUNES FILLES, CHÉRUBIN *au milieu d'elles*, FANCHETTE, ANTONIO, LE COMTE, LA COMTESSE, SUZANNE.

ANTONIO.

Moi je vous dis, Monseigneur, qu'il y est; elles l'ont habillé chez ma fille; toutes ses hardes y sont encore, et voilà son chapeau d'ordonnance que j'ai retiré du paquet. (*Il s'avance, et regardant toutes les filles, il reconnaît Chérubin, lui enlève son bonnet de femme, ce qui fait retomber ses longs cheveux en cadenette. Il lui met sur la tête le chapeau d'ordonnance, et dit:*) Eh parguenne, v'là notre officier.

ACTE IV.

LA COMTESSE *recule*.

Ah ciel !

SUZANNE.

Ce friponneau !

ANTONIO.

Quand je disais là haut que c'était lui !.....

LE COMTE *en colère*.

Hé bien, Madame ?

LA COMTESSE.

Hé bien, Monsieur ! vous me voyez plus surprise que vous, et, pour le moins, aussi fâchée.

LE COMTE.

Oui ; mais tantôt, ce matin ?

LA COMTESSE.

Je serais coupable en effet, si je dissimulais encore. Il était descendu chez moi. Nous entamions le badinage que ces enfants viennent d'achever ; vous nous avez surprises l'habillant : votre premier mouvement est si vif ! il s'est sauvé, je me suis troublée, l'effroi général à fait le reste.

LE COMTE *avec dépit à Chérubin*.

Chérubin *ôtant son chapeau brusquement.*

Monseigneur.....

Le Comte.

Je punirai ta désobéissance.

Fanchette, *étourdiment.*

Ah, Monseigneur, entendez-moi. Toutes les fois que vous venez m'embrasser, vous savez bien que vous dites toujours; *si tu veux m'aimer, petite Fanchette, je te donnerai ce que tu voudras.*

Le Comte, *rougissant.*

Moi! j'ai dit cela?

Fanchette.

Oui, Monseigneur. Au lieu de punir Chérubin, donnez-le moi en mariage, et je vous aimerai à la folie.

Le Comte *à part.*

Être ensorcelé par un page!

La Comtesse.

Hé bien, Monsieur, à votre tour; l'aveu de cette enfant, aussi naïf que le mien, atteste enfin deux vérités; que c'est toujours sans le vouloir, vous épuisez tout, pour augmenter et justifier les miennes.

ANTONIO.

Vous aussi, Monseigneur ? Dame ! je vous la redresserai comme feue sa mère, qui est morte... Ce n'est pas pour la conséquence ; mais c'est que Madame sait bien que les petites filles, quand elles sont grandes.....

LE COMTE *déconcerté*, *à part*.

Il y a un mauvais génie, qui tourne tout ici contre moi !

SCÈNE VI.

LES JEUNES FILLES, CHÉRUBIN, ANTONIO, FIGARO, LE COMTE, LA COMTESSE, SUZANNE.

FIGARO.

MONSEIGNEUR, si vous retenez nos filles, on ne pourra commencer ni la fête, ni la danse.

LE COMTE.

Vous, danser ! vous n'y pensez pas. Après

votre chute de ce matin, qui vous a foulé le pied droit !

FIGARO *remuant la jambe.*

Je souffre encore un peu ; ce n'est rien. (*Aux jeunes filles.*) Allons mes belles, allons.

LE COMTE *le retourne.*

Vous avez été fort heureux que ces couches ne fussent que du terreau bien doux !

FIGARO.

Très-heureux, sans doute, autrement....

ANTONIO *le retourne.*

Puis il s'est pelotonné en tombant jusqu'en bas.

FIGARO.

Un plus adroit, n'est-ce pas, serait resté en l'air ! (*aux jeunes filles.*) Venez-vous, Mesdemoiselles ?

ANTONIO *le retourne.*

Et pendant ce temps, le petit page galopait sur son cheval à Séville ?

FIGARO.

Galopait ; ou marchait au pas !.....

LE COMTE *le retourne.*

Et vous aviez son brevet dans la poche ?

ACTE IV.

FIGARO *un peu étonné.*

Assurément, mais quelle enquête? (*aux jeunes filles.*) Allons donc, jeunes filles!

ANTONIO, *attirant Chérubin par le bras.*

En voici une qui prétend que mon neveu futur n'est qu'un menteur.

FIGARO *surpris.*

Chérubin!..... (*à part*) peste du petit fat!

ANTONIO.

Y es-tu maintenant?

FIGARO, *cherchant.*

J'y suis..... j'y suis..... Hé qu'est-ce qu'il chante?

LE COMTE *sèchement.*

Il ne chante pas; il dit que c'est lui qui a sauté sur les giroflées.

FIGARO, *rêvant.*

Ah s'il le dit..... cela se peut! je ne dispute pas de ce que j'ignore.

LE COMTE.

Ainsi vous et lui?.....

FIGARO.

Pourquoi non? la rage de sauter peut gagner: voyez les moutons de Panurge; et quand vous êtes en colère, il n'y a personne qui n'aime mieux risquer.....

LE COMTE.

Comment, deux à la fois!.....

FIGARO.

On aurait sauté deux douzaines; et qu'est-ce que cela fait, Monseigneur; dès qu'il n'y a personne de blessé? (*aux jeunes filles.*) Ah ça, voulez-vous venir, ou non?

LE COMTE *outré*.

Jouons-nous une comédie? (*on entend un prélude de fanfare.*)

FIGARO.

Voilà le signal de la marche. A vos postes, les belles, à vos postes. Allons, Suzanne, donne-moi le bras. (*Tous s'enfuient, Chérubin reste seul la tête baissée.*)

SCÈNE VII.

CHÉRUBIN, LE COMTE, LA COMTESSE.

LE COMTE, *regardant aller Figaro.*

En voit-on de plus audacieux? (*au page.*) Pour vous, Monsieur le sournois, qui faites le

ACTE IV.

honteux ; allez vous r'habiller bien vite, et que je ne vous rencontre nulle part de la soirée.

LA COMTESSE.

Il va bien s'ennuyer.

CHÉRUBIN *étourdiment.*

M'ennuyer! j'emporte à mon front du bonheur pour plus de cent années de prison. (*Il met son chapeau et s'enfuit.*)

SCÈNE VIII.

LE COMTE, LA COMTESSE.

LA COMTESSE *s'évente fortement sans parler.*

LE COMTE.

Qu'a-t-il au front de si heureux ?

LA COMTESSE, *avec embarras.*

Son..... premier chapeau d'officier, sans doute; aux enfants tout sert de hochet.

(*Elle veut sortir.*)

LE COMTE.

Vous ne nous restez pas, Comtesse?

La Comtesse.

Vous savez que je ne me porte pas bien.

Le Comte.

Un instant pour votre protégée, où je vous croirais en colère.

La Comtesse.

Voici les deux noces, asseyons-nous donc pour les recevoir.

Le Comte *à part.*

La noce! il faut souffrir ce qu'on ne peut empêcher.

Le comte et la comtesse s'assoient vers un des côtés de la galerie.

SCÈNE IX.

LE COMTE, LA COMTESSE, *assis; l'on joue les folies d'Espagne d'un mouvement de marche.* (Simphonie notée.)

Marche.

Les Gardes-Chasse, *fusil sur l'épaule.*
L'Alguazil. Les Prud'hommes, Brid'oison.

Les Paysans et les Paysannes *en habits de fête.*

Deux jeunes Filles *portant la toque virginale à plumes blanches.*

Deux autres, *le voile blanc.*

Deux autres, *les gants et le bouquet de côté.*

Antonio *donne la main à* Suzanne, *comme étant celui qui la marie à* Figaro.

D'autres jeunes Filles *portent une autre toque, un autre voile, un autre bouquet blanc, semblables aux premiers, pour* Marceline.

Figaro *donne la main à* Marceline, *comme celui qui doit la remettre au* Docteur, *lequel ferme la marche, un gros bouquet au côté. Les jeunes filles, en passant devant le Comte, remettent à ses valets tous les ajustements destinés à* Suzanne *et à* Marceline.

Les Paysans et Paysannes *s'étant rangés sur deux colonnes à chaque côté du salon, on danse une reprise du fendango* (air noté) *avec des castagnettes : puis on joue la ritournelle du duo, pendant laquelle* Antonio *conduit* Suzanne *au* Comte; *elle se met à genoux devant lui.*

Pendant que le Comte lui pose la toque, le

voile, et lui donne le bouquet, deux jeunes filles chantent le duo suivant. (Air noté.)

Jeune Épouse, chantez les bienfaits et la gloire
D'un Maître qui renonce aux droits qu'il eut sur vous :
Préférant au plaisir la plus noble victoire,
Il vous rend chaste et pure aux mains de votre époux.

SUZANNE *est à genoux, et, pendant les derniers vers du duo, elle tire le Comte par son manteau et lui montre le billet qu'elle tient : puis elle porte la main qu'elle a du côté des spectateurs, à sa tête, ou le Comte a l'air d'ajuster sa toque; elle lui donne le billet.*

LE COMTE *le met furtivement dans son sein, on achève de chanter le duo; la fiancée se relève, et lui fait une grande révérence.*

FIGARO *vient la recevoir des mains du Comte et se retire avec elle, à l'autre côté du salon, près de Marceline.*

(*On danse une autre reprise du fendango, pendant ce temps.*)

LE COMTE *pressé de lire ce qu'il a reçu, s'avance au bord du théâtre et tire le papier de son sein; mais en le sortant il fait le geste d'un homme qui s'est cruellement piqué le doigt; il le secoue, le presse, le suce, et,*

Il vous rend chaste et pure aux mains de votre époux.

regardant le papier cacheté d'une épingle, il dit :

Le Comte.

(*Pendant qu'il parle, ainsi que* Figaro, *l'orchestre joue pianissimo.*)

Diantre soit des femmes, qui fourent des épingles partout! (*il la jette à terre, puis il lit le billet et le baise.*)

Figaro *qui a tout vu, dit à sa mère et à Suzanne :*

C'est un billet doux, qu'une fillette aura glissé dans sa main en passant. Il était cacheté d'une épingle, qui l'a outrageusement piqué.

La danse reprend : le Comte qui a lu le billet le retourne, il y voit l'invitation de renvoyer le cachet pour réponse. Il cherche à terre, et retrouve enfin l'épingle, qu'il attache à sa manche.

Figaro, *à Suzanne et Marceline.*

D'un objet aimé tout est cher. Le voilà qui ramasse l'épingle. Ah, c'est une drôle de tête!

Pendant ce temps, Suzanne a des signes d'intelligence avec la Comtesse. La danse finit, la ritournelle du duo recommence.

Figaro *conduit* Marceline *au Comte, ainsi qu'on a conduit* Suzanne; *à l'instant où le Comte prend la toque, et où l'on va chanter le duo, on est interrompu par les cris suivants :*

L'Huissier, *criant à la porte.*

Arrêtez donc, Messieurs, vous ne pouvez entrer tous..... Ici les gardes, les gardes! (*Les gardes vont vite à cette porte.*)

Le Comte, *se levant.*

Qu'est-ce qu'il y a ?

L'Huissier.

Monseigneur, c'est monsieur Bazile entouré d'un village entier, parce qu'il chante en marchant.

Le Comte.

Qu'il entre seul.

La Comtesse.

Ordonnez-moi de me retirer.

Le Comte.

Je n'oublie pas votre complaisance.

La Comtesse.

Suzanne ?..... elle reviendra. (*A part à Su-*

zanne.) Allons changer d'habits. (*Elle sort avec Suzanne.*)

MARCELINE.

Il n'arrive jamais que pour nuire.

FIGARO.

Ah! je m'en vais vous le faire déchanter.

SCÈNE X.

TOUS LES ACTEURS PRÉCÉDENTS, *excepté la Comtesse et Suzanne;* BAZILE *tenant sa guitare;* GRIPE-SOLEIL.

BAZILE *entre en chantant sur l'air du Vaudeville de la fin.* (Air noté.)

« Cœurs sensibles, cœurs fidèles,
» Qui blâmez l'amour léger;
» Cessez vos plaintes cruelles,
» Est-ce un crime de changer?
» Si l'amour porte des ailes,
» N'est-ce pas pour voltiger?
» N'est-ce pas pour voltiger?
» N'est-ce pas pour voltiger?»

FIGARO *s'avance à lui.*

Oui, c'est pour cela justement qu'il a des

ailes au dos ; notre ami, qu'entendez-vous par cette musique ?

BAZILE, *montrant Gripe-Soleil.*

Qu'après avoir prouvé mon obéissance à Monseigneur, en amusant Monsieur, qui est de sa compagnie, je pourrai à mon tour, réclamer sa justice.

GRIPE-SOLEIL.

Bah ! Monseigneu ! il ne m'a pas amusé du tout, avec leux guenilles d'ariettes.....

LE COMTE.

Enfin que demandez-vous, Bazile ?

BAZILE.

Ce qui m'appartient, Monseigneur, la main de Marceline ; et je viens m'opposer.....

FIGARO *s'approche.*

Y a-t-il long-temps que Monsieur n'a vu la figure d'un fou ?

BAZILE.

Monsieur, en ce moment même.

FIGARO.

Puisque mes yeux vous servent si bien de miroir, étudiez-y l'effet de ma prédiction. Si vous faites mine seulement d'approximer Madame.....

BARTHOLO *en riant.*

Eh pourquoi ? laisse le parler.

BRID'OISON *s'avance entre deux.*

Fau-aut-il que deux amis ?...

FIGARO.

Nous amis !

BAZILE.

Quelle erreur !

FIGARO, *vite.*

Parce qu'il fait de plats airs de chapelle ?

BAZILE, *vite.*

Et lui, des vers comme un journal ?

FIGARO, *vite.*

Un musicien de guinguette !

BAZILE, *vite.*

Un postillon de gazette !

FIGARO, *vite.*

Cuistre d'oratorio !

BAZILE, *vite.*

Jockey diplomatique !

Le Comte, *assis.*

Insolents tous les deux!

BAZILE.

Il me manque en toute occasion.

FIGARO.

C'est bien dit; si cela se pouvait!

BAZILE.

Disant partout que je ne suis qu'un sot.

FIGARO.

Vous me prenez donc pour un écho?

BAZILE.

Tandis qu'il n'est pas un chanteur que mon talent n'ait fait briller.

FIGARO.

Brailler.

BAZILE.

Il le répète!

FIGARO.

Et pourquoi non; si cela est vrai? es-tu un prince, pour qu'on te flagorne? souffre la vérité, coquin! puisque tu n'as pas de quoi gratifier un menteur : ou si tu la crains de notre part, pourquoi viens-tu troubler nos noces?

ACTE IV.

BAZILE, *à Marceline.*

M'avez-vous promis, oui ou non; si dans quatre ans, vous n'étiez pas pourvue, de me donner la préférence ?

MARCELINE.

A quelle condition l'ai-je promis ?

BAZILE.

Que si vous retrouviez un certain fils perdu, je l'adopterais par complaisance.

TOUS ENSEMBLE.

Il est trouvé.

BAZILE.

Qu'à cela ne tienne ?

Tous ensemble, montrant Figaro.

Et le voici.

BAZILE, *reculant de frayeur.*

J'ai vu le diable !

BRID'OISON, *à Bazile.*

Et vou-ous renoncez à sa chère mère !

BAZILE.

Qu'y aurait-il de plus fâcheux que d'être cru le père d'un garnement?

FIGARO.

D'en être cru le fils; tu te moques de moi!

BAZILE, *montrant Figaro.*

Dès que Monsieur est de quelque chose ici ; je déclare moi, que je n'y suis plus de rien.

(*Il sort.*)

SCÈNE XI.

LES ACTEURS PRÉCÉDENTS, *excepté Bazile.*

BARTHOLO *riant.*

Ah! ah! ah! ah!

FIGARO *sautant de joie.*

Donc à la fin j'aurai ma femme!

LE COMTE (*à part.*)

Moi, ma maîtresse. (*Il se lève.*)

BRID'OISON *à Marceline.*

Et tou-out le monde est satisfait.

LE COMTE.

Qu'on dresse les deux contrats; j'y signerai.

ACTE IV.

Tous ensemble.

Vivat. (Ils sortent.)

LE COMTE.

J'ai besoin d'une heure de retraite.

(*Il veut sortir avec les autres.*)

SCÈNE XII.

GRIPE-SOLEIL, FIGARO, MARCELINE, LE COMTE.

GRIPE-SOLEIL *à Figaro.*

Et moi je vais aider à ranger le feu d'artifice sous les grands maronniers, comme on l'a dit.

LE COMTE *revient en courant.*

Quel sot a donné un tel ordre ?

FIGARO.

Où est le mal ?

LE COMTE *vivement.*

Et la comtesse qui est incommodée, d'où le verra-t-elle l'artifice ? C'est sur la terrasse qu'il le faut, vis-à-vis son appartement.

FIGARO.

Tu l'entends, Gripe-soleil ? la terrasse.

LE COMTE.

Sous les grands maronniers ! belle idée ! (*En s'en allant, à part.*) Ils allaient incendier mon rendez-vous !

SCÈNE XIII.

FIGARO, MARCELINE.

FIGARO.

Quel excès d'attention pour sa femme !
(*Il veut sortir.*)

MARCELINE *l'arrête.*

Deux mots, mon fils. Je veux m'acquitter avec toi : un sentiment mal dirigé m'avait rendue injuste envers ta charmante femme : je la supposais d'accord avec le comte, quoique j'eusse appris de Bazile qu'elle l'avait toujours rebuté.

FIGARO.

Vous connaissez mal votre fils, de le croire ébranlé par ces impulsions féminines. Je puis défier la plus rusée de m'en faire accroire.

ACTE IV.

MARCELINE.

Il est toujours heureux de le penser, mon fils ; la jalousie.......

FIGARO.

.... N'est qu'un sot enfant de l'orgueil, ou c'est la maladie d'un fou. Oh ! j'ai là-dessus, ma mère, une philosophie..... imperturbable ; et si Suzanne doit me tromper un jour, je le lui pardonne d'avance ; elle aura long-temps travaillé.... (*Il se retourne et aperçoit Fanchette qui cherche de côté et d'autre.*)

SCÈNE XIV.

FIGARO, FANCHETTE, MARCELINE.

FIGARO.

Eeeh..... ma petite cousine qui nous écoute !

FANCHETTE.

Oh ! pour ça, non : on dit que c'est malhonnête.

FIGARO.

Il est vrai ; mais comme cela est utile, on fait aller souvent l'un pour l'autre.

FANCHETTE.

Je regardais si quelqu'un était là.

FIGARO.

Déjà dissimulée, friponne! Vous savez bien qu'il n'y peut être.

FANCHETTE.

Et qui donc?

FIGARO.

Chérubin.

FANCHETTE.

Ce n'est pas lui que je cherche, car je sais fort bien où il est; c'est ma cousine Suzanne.

FIGARO.

Et que lui veut ma petite cousine?

FANCHETTE.

A vous, petit cousin, je le dirai. — C'est..... ce n'est qu'une épingle que je veux lui remettre.

FIGARO *vivement.*

Une épingle! une épingle!....... et de quelle part, coquine? A votre âge vous faites déjà un mét..... (*Il se reprend, et dit d'un ton doux.*) Vous faites déjà très-bien tout ce que vous entreprenez, Fanchette; et ma jolie cousine est si obligeante.....

ACTE IV.

FANCHETTE.

A qui donc en a-t-il de se fâcher ? Je m'en vais.

FIGARO *l'arrêtant.*

Non, non, je badine ; tiens ta petite épingle est celle que Monseigneur t'a dit de remettre à Suzanne, et qui servait à cacheter un petit papier qu'il tenait ; tu vois que je suis au fait.

FANCHETTE.

Pourquoi donc le demander quand vous le savez si bien ?

FIGARO, *cherchant.*

C'est qu'il est assez gai de savoir comment Monseigneur s'y est pris pour t'en donner la commission.

FANCHETTE *naïvement.*

Pas autrement que vous le dites : *Tiens, petite Fanchette, rends cette épingle à ta belle cousine, et dis-lui seulement que c'est le cachet des grands maronniers.*

FIGARO.

Des grands ?.....

FANCHETTE.

Maronniers. Il est vrai qu'il a ajouté : *Prends garde que personne ne te voye.*

FIGARO.

Il faut obéir, ma cousine : heureusement personne ne vous a vue. Faites donc joliment votre commission, et n'en dites pas plus à Suzanne que Monseigneur n'a ordonné.

FANCHETTE.

Et pourquoi lui en dirais-je? Il me prend pour un enfant, mon cousin. (*Elle sort en sautant.*)

SCÈNE XV.

FIGARO, MARCELINE.

FIGARO.

Hé bien, ma mère?

MARCELINE.

Hé bien, mon fils?

FIGARO, *comme étouffé.*

Pour celui-ci !... Il y a réellement des choses !..

MARCELINE.

Il y a des choses ! Hé qu'est-ce qu'il y a?

FIGARO, *les mains sur sa poitrine.*

Ce que je viens d'entendre, ma mère, je l'ai là comme un plomb.

MARCELINE *riant.*

Ce cœur plein d'assurance n'était donc qu'un ballon gonflé ? Une épingle a tout fait partir !

FIGARO *furieux.*

Mais cette épingle, ma mère, est celle qu'il a ramassée !.....

MARCELINE *rappelant ce qu'il a dit.*

La jalousie ! oh ! j'ai là-dessus, ma mère, une philosophie....... imperturbable ; et si Suzanne m'attrape un jour, je le lui pardonne.....

FIGARO *vivement.*

Oh, ma mère ! on parle comme on sent : mettez le plus glacé des juges à plaider dans sa propre cause, et voyez-le expliquer la loi ! — Je ne m'étonne plus s'il avait tant d'humeur sur ce feu ! — Pour la mignonne aux fines épingles, elle n'en est pas où elle le croit, ma mère, avec ses maronniers ! Si mon mariage est assez fait pour légitimer ma colère, en revanche il ne l'est pas assez pour que je n'en puisse épouser une autre, et l'abandonner.....

MARCELINE.

Bien conclu ! Abîmons tout sur un soupçon.

Qui t'a prouvé, dis-moi, que c'est toi qu'elle joue et non le comte ? L'as-tu étudiée de nouveau, pour la condamner sans appel ? Sais-tu si elle se rendra sous les arbres ? à quelle intention elle y va ? ce qu'elle y dira ? ce qu'elle y fera ? Je te croyais plus fort en jugement !

Figaro *lui baisant la main avec transport.*

Elle a raison, ma mère, elle a raison, raison, toujours raison ! mais accordons, maman, quelque chose à la nature ; on en vaut mieux après. Examinons en effet avant d'accuser et d'agir. Je sais où est le rendez-vous. Adieu, ma mère.

(*Il sort.*)

SCÈNE XVI.

MARCELINE *seule.*

Adieu : et moi aussi, je le sais. Après l'avoir arrêté, veillons sur les voies de Suzanne ; ou plutôt avertissons-la ; elle est si jolie créature ! Ah quand l'intérêt personnel ne nous arme pas les unes contre les autres, nous sommes toutes portées à soutenir notre pauvre sexe opprimé, contre ce fier, ce terrible..... (*en riant*) et pourtant un peu nigaud de sexe masculin. (*Elle sort.*)

FIN DU QUATRIÈME ACTE.

ACTE V.

Le Théâtre représente une salle de maronniers, dans un parc; deux pavillons, kiosques, ou temples de jardins, sont à droite et à gauche; le fond est une clarière ornée, un siége de gazon sur le devant. Le Théâtre est obscur.

SCÈNE PREMIÈRE.

FANCHETTE *seule, tenant d'une main deux biscuits et une orange, et de l'autre une lanterne de papier, allumée.*

Dans le pavillon à gauche, a-t-il dit. C'est celui-ci. — S'il allait ne pas venir à présent! mon petit rôle.... Ces vilaines gens de l'office qui ne voulaient pas seulement me donner une orange et deux biscuits! — Pour qui, Mademoiselle? — Eh bien, Monsieur, c'est pour quelqu'un. — Oh nous savons. — Et quand ça serait: parce que Monseigneur ne veut pas le voir, faut-il qu'il meure de faim ? — Tout ça pourtant m'a coûté un fier baiser sur la joue !...... Que sait-on ? il me le rendra peut-être. (*Elle voit Figaro qui vient l'examiner; elle fait un cri.*) Ah !..... (*Elle s'enfuit, et elle entre dans le pavillon à sa gauche.*)

SCÈNE II.

FIGARO, *un grand manteau sur les épaules, un large chapeau rabattu.* BAZILE, ANTONIO, BARTHOLO, BRID'OISON, GRIPE-SOLEIL, *troupe de Valets et de Travailleurs.*

FIGARO, *d'abord seul.*

C'est Fanchette ! (*Il parcourt des yeux les autres à mesure qu'ils arrivent, et dit d'un ton farouche*) : bon jour, Messieurs : bon soir : êtes-vous tous ici ?

BAZILE.

Ceux que tu as pressés d'y venir.

FIGARO.

Quelle heure est-il bien à peu-près ?

ANTONIO *regarde en l'air.*

La lune devrait être levée.

ACTE V.

BARTHOLO.

Eh quels noirs apprêts fais-tu donc ? Il a l'air d'un conspirateur !

FIGARO, *s'agitant*.

N'est-ce pas pour une noce, je vous prie, que vous êtes rassemblés au château ?

BRID'OISON.

Cè-ertainement.

ANTONIO.

Nous allions là bas, dans le parc, attendre un signal pour ta fête.

FIGARO.

Vous n'irez pas plus loin, Messieurs ; c'est ici, sous ces maronniers, que nous devons tous célébrer l'honnête fiancée que j'épouse, et le loyal seigneur qui se l'est destinée.

BAZILE *se rappelant la journée*.

Ah ! vraiment, je sais ce que c'est. Retirons-nous, si vous m'en croyez : il est question d'un rendez-vous : je vous conterai cela près d'ici.

BRID'OISON *à Figaro*.

Nou-ous reviendrons.

FIGARO.

Quand vous m'entendrez appeler, ne manquez pas d'accourir tous, et dites du mal de Figaro, s'il ne vous fait voir une belle chose.

BARTHOLO.

Souviens-toi qu'un homme sage ne se fait point d'affaire avec les grands.

FIGARO.

Je m'en souviens.

BARTHOLO.

Qu'ils ont quinze et bisque sur nous par leur état.

FIGARO.

Sans leur industrie, que vous oubliez. Mais souvenez-vous aussi que l'homme qu'on sait timide, est dans la dépendance de tous les fripons.

BARTHOLO.

Fort bien.

FIGARO.

Et que j'ai nom *de Verte-allure*, du chef honoré de ma mère.

BARTHOLO.

Il a le diable au corps.

BRID'OISON.

I-il l'a.

BAZILE (*à part.*)

Le comte et sa Suzanne se sont arrangés sans moi ? Je ne suis pas fâché de l'algarade.

FIGARO *aux valets.*

Pour vous autres, coquins, à qui j'ai donné l'ordre, illuminez-moi ces entours ; ou , par la mort que je voudrais tenir aux dents, si j'en saisis un par le bras..... (*Il secoue le bras de Gripe-soleil.*)

GRIPE-SOLEIL *s'en va en criant et pleurant.*

A, a, o, oh! Damné brutal!

BAZILE, *en s'en allant.*

Le ciel vous tienne en joie, monsieur du marié ! (*Ils sortent*)

SCÈNE III.

FIGARO *seul, se promenant dans l'obscurité, dit du ton le plus sombre.*

O FEMME! femme ! femme! créature faible et décevante !.... nul animal créé ne peut manquer

à son instinct ; le tien est-il donc de tromper ?...
Après m'avoir obstinément refusé quand je l'en
pressais devant sa maîtresse ; à l'instant qu'elle
me donne sa parole ; au milieu même de la cérémonie..... Il riait en lisant, le perfide ! et moi
comme un benêt !.... non, Monsieur le Comte,
vous ne l'aurez pas.... vous ne l'aurez pas. Parce
que vous êtes un grand seigneur, vous vous
croyez un grand génie !.... noblesse, fortune, un
rang, des places ; tout cela rend si fier ! qu'avez-
vous fait pour tant de biens ? vous vous êtes donné
la peine de naître, et rien de plus : du reste
homme assez ordinaire ! tandis que moi, morbieu !
perdu dans la foule obscure, il m'a fallu déployer
plus de science et de calculs pour subsister seulement, qu'on n'en a mis depuis cent ans à gouverner toutes les Espagnes ; et vous voulez
jouter..... On vient..... c'est elle..... ce n'est
personne. — La nuit est noire en diable, et me
voilà fesant le sot métier de mari, quoique je ne
le sois qu'à moitié ! (*Il s'assied sur un banc.*)
Est-il rien de plus bizarre que ma destinée ! fils
de je ne sais pas qui ; volé par des bandits ! élevé
dans leurs mœurs, je m'en dégoûte et veux courir
une carrière honnête ; et partout je suis repoussé !
J'apprends la chimie, la pharmacie, la chirurgie ;
et tout le crédit d'un grand seigneur peut à peine
me mettre à la main une lancette vétérinaire ! —

Las d'attrister des bêtes malades, et pour faire un métier contraire, je me jette à corps perdu dans le théâtre; me fussè-je mis une pierre au cou! Je broche une comédie dans les mœurs du sérail; auteur espagnol, je crois pouvoir y fronder Mahomet, sans scrupule: à l'instant un Envoyé..... de je ne sais où, se plaint que j'offense dans mes vers, la sublime Porte, la Perse, une partie de la presqu'île de l'Inde, toute l'Égypte, les royaumes de Barca, de Tripoli, de Tunis, d'Alger et de Maroc: et voilà ma comédie flambée, pour plaire aux princes mahométans, dont pas un, je crois, ne sait lire, et qui nous meurtrissent l'omoplate, en nous disant: *chiens de Chrétiens!* — Ne pouvant avilir l'esprit, on se venge en le maltraitant. — Mes joues creusaient; mon terme était échu: je voyais de loin arriver l'affreux recors, la plume fichée dans sa perruque; en frémissant je m'évertue. Il s'élève une question sur la nature des richesses; et comme il n'est pas nécessaire de tenir les choses, pour en raisonner; n'ayant pas un sol, j'écris sur la valeur de l'argent, et sur son produit net; si tôt je vois du fond d'un fiacre, baisser pour moi le pont d'un château fort, à l'entrée duquel je laissai l'espérance et la liberté. (*Il se lève.*) Que je voudrais bien tenir un de ces puissants de quatre jours, si légers sur le mal qu'ils ordonnent ! quand une bonne disgrâce a cuvé son orgueil, je lui dirais..... que les sottises imprimées n'ont d'importance, qu'aux lieux où l'on en gêne le cours; que sans la liberté de blâmer, il n'est point d'éloge flatteur; et qu'il n'y a que les petits hommes, qui redoutent les petits écrits. (*Il se rassied*). Las de nourrir un obscur pensionnaire, on me met un jour dans la rue; et comme il faut dîner, quoiqu'on ne soit plus en prison; je taille encore ma plume, et demande à chacun de quoi il est question : on me dit que pendant ma retraite économique, il s'est établi dans Madrid un système de liberté sur la vente des productions, qui s'étend même à celles de la presse; et que, pourvu que je ne parle en mes écrits, ni de l'autorité, ni du culte, ni de la politique, ni de la morale, ni des gens en place, ni des corps en crédit, ni de l'Opéra, ni des autres spectacles, ni de personne qui tienne à quelque chose; je puis tout imprimer librement, sous l'inspection de deux ou trois censeurs. Pour profiter de cette douce liberté, j'annonce un écrit périodique, et croyant n'aller sur les brisées d'aucun autre, je le nomme *Journal inutile*. Pou-ou ! je vois s'élever contre moi, mille pauvres diables à la feuille; on me supprime; et me voilà derechef sans emploi ! — Le désespoir m'allait saisir; on pense à moi pour une place, mais par malheur j'y étais propre : il fallait un calculateur, ce fut un danseur qui l'obtint. Il ne me restait plus qu'à voler ; je me fais banquier de Pharaon : alors, bonnes gens! je soupe en ville, et les personnes dites *comme il faut*, m'ouvrent poliment leur maison, en retenant pour elles les trois quarts du profit. J'aurais bien pu me remonter ; je commençais même à comprendre que pour gagner du bien, le savoir faire vaut mieux que le savoir. Mais comme chacun pillait autour de moi, en exigeant que je fusse honnête ; il fallut bien périr encore. Pour le coup je quittais le monde ; et vingt brasses d'eau m'en allaient séparer : lorsqu'un Dieu bienfesant m'appèle à mon premier état. Je reprends ma trousse et mon cuir anglais ; puis laissant la fumée aux sots qui s'en nourrissent, et la honte au milieu du chemin, comme trop lourde à un piéton, je vais rasant de ville en ville, et je vis enfin sans souci. Un grand seigneur passe à Séville ; il me reconnaît, je le marie ; et pour prix d'avoir eu par mes soins son épouse, il veut intercepter la mienne ! intrigue, orage à ce sujet. Prêt à tomber dans un abîme, au moment d'épouser ma mère, mes parents m'arrivent à la file. (*Il se lève en s'échauffant*). On se débat ; c'est vous, c'est lui, c'est moi, c'est toi ; non ce n'est pas nous ; eh mais qui donc ? (*Il re-*

tombe assis.) O bizarre suite d'événements! Comment cela m'est-il arrivé! Pourquoi ces choses et non pas d'autres? Qui les a fixées sur ma tête? Forcé de parcourir la route où je suis entré sans le savoir, comme j'en sortirai sans le vouloir, je l'ai jonchée d'autant de fleurs que ma gaîté me l'a permis : encore je dis ma gaîté, sans savoir si elle est à moi plus que le reste, ni même quel est ce *Moi* dont je m'occupe : un assemblage informe de parties inconnues; puis un chétif être imbécille ; un petit animal folâtre ; un jeune homme ardent au plaisir; ayant tous les goûts pour jouir; fesant tous les métiers pour vivre ; maître ici, valet là, selon qu'il plaît à la fortune! ambitieux par vanité ; laborieux par nécessité ; mais paresseux... avec délices! orateur selon le danger; poète par délassement; musicien par occasion ; amoureux par folles bouffées ; j'ai tout vu, tout fait, tout usé. Puis l'illusion s'est détruite, et trop désabusé..... Désabusé !...... Suzon, Suzon, Suzon ! que tu me donnes de tourments!... J'entends marcher..... on vient. Voici l'instant de la crise.

(*Il se retire près de la première coulisse à sa droite.*)

SCÈNE IV.

FIGARO, LA COMTESSE *avec les habits de Suzon*, SUZANNE *avec ceux de la Comtesse*, MARCELINE.

SUZANNE, *bas, à la Comtesse.*

Oui, Marceline m'a dit que Figaro y serait.

MARCELINE.

Il y est aussi; baisse la voix.

SUZANNE.

Ainsi l'un nous écoute, et l'autre va venir me chercher; commençons.

MARCELINE.

Pour n'en pas perdre un mot, je vais me cacher dans le pavillon. (*Elle entre dans le pavillon où est entrée Fanchette.*

SCÈNE V.

FIGARO, LA COMTESSE, SUZANNE.

SUZANNE, *haut.*

Madame tremble ! est-ce qu'elle aurait froid ?

LA COMTESSE, *haut.*

La soirée est humide, je vais me retirer.

SUZANNE, *haut.*

Si Madame n'avait pas besoin de moi, je prendrais l'air un moment, sous ces arbres.

LA COMTESSE, *haut.*

C'est le serein que tu prendras.

SUZANNE, *haut.*

J'y suis toute faite.

FIGARO, *à part.*

Ah oui, le serein !

(*Suzanne se retire près de la coulisse, du côté opposé à Figaro.*)

SCÈNE VI.

FIGARO, CHÉRUBIN, LE COMTE, LA COMTESSE, SUZANNE.

Figaro et Suzanne retirés de chaque côté sur le devant.

CHÉRUBIN, *en habit d'officier, arrive en chantant gaîment la reprise de l'air de la Romance.*

La, la, la, etc.
>J'avais une marraine,
>Que toujours adorai.

LA COMTESSE, *à part.*

Le petit page !

CHÉRUBIN *s'arrête.*

On se promène ici ; gagnons vite mon asyle, où la petite Fanchette..... C'est une femme !

LA COMTESSE *écoute.*

Ah grands Dieux !

CHÉRUBIN *se baisse en regardant de loin.*

Me trompè-je? à cette coiffure en plumes qui se dessine au loin dans le crépuscule, il me semble que c'est Suzon.

LA COMTESSE *à part.*

Si le comte arrivait!.....

LE COMTE *paraît dans le fond.*

CHÉRUBIN *s'approche et prend la main de la Comtesse, qui se défend.*

Oui, c'est la charmante fille qu'on nomme Suzanne : eh pourrais-je m'y méprendre à la douceur de cette main; à ce petit tremblement qui l'a saisie ; surtout au battement de mon cœur! (*Il veut y appuyer le dos de la main de la Comtesse ; elle la retire.*).

LA COMTESSE *bas.*

Allez-vous-en.

CHÉRUBIN.

Si la compassion t'avait conduite exprès dans cet endroit du parc, où je suis caché depuis tantôt.

LA COMTESSE.

Figaro va venir.

ACTE V.

Le Comte *s'avançant, dit à part.*

N'est-ce pas Suzanne que j'aperçois ?

Chérubin *à la Comtesse.*

Je ne crains point du tout Figaro, car ce n'est pas lui que tu attends.

La Comtesse.

Qui donc !

Le Comte *à part.*

Elle est avec quelqu'un.

Chérubin.

C'est Monseigneur, friponne, qui t'a demandé ce rendez-vous, ce matin, quand j'étais derrière le fauteuil.

Le Comte, *à part, avec fureur.*

C'est encore le page infernal !

Figaro, *à part.*

On dit qu'il ne faut pas écouter !

Suzanne, *à part.*

Petit bavard !

La Comtesse, *au Page.*

Obligez-moi de vous retirer.

Chérubin.

Ce ne sera pas au moins sans avoir reçu le prix de mon obéissance.

La Comtesse *effrayée*.

Vous prétendez?....

Chérubin, *avec feu*.

D'abord vingt baisers, pour ton compte, et puis cent pour ta belle maîtresse.

La Comtesse.

Vous oseriez?

Chérubin.

Oh que oui, j'oserai; tu prends sa place auprès de Monseigneur; moi celle du Comte auprès de toi : le plus attrapé, c'est Figaro.

Figaro, *à part*.

Ce brigandeau !

Suzanne, *à part*.

Hardi comme un page.

Chérubin *veut embrasser la Comtesse*.

Le Comte *se met entre deux et reçoit le baiser*.

ACTE V.

La Comtesse *se retirant.*

Ah ciel !

Figaro *à part, entendant le baiser.*

J'épousais une jolie mignonne !

(*Il écoute.*)

Chérubin *tâtant les habits du Comte.*

(*A part.*) C'est Monseigneur. (*Il s'enfuit dans le pavillon ou sont entrées Fanchette et Marceline.*)

SCÈNE VII.

FIGARO, LE COMTE, LA COMTESSE, SUZANNE.

Figaro *s'approche.*

Je vais.....

Le Comte *croyant parler au Page.*

Puisque vous ne redoublez pas le baiser.....

(*Il croit lui donner un soufflet.*)

Figaro *qui est à portée, le reçoit.*

Ah !

Le Comte.

...... Voilà toujours le premier payé.

Figaro *à part, s'éloigne en se frottant la joue.*

Tout n'est pas gain non plus en écoutant.

Suzanne *riant tout haut, de l'autre côté.*

Ah, ah, ah, ah !

Le Comte *à la comtesse qu'il prend pour Suzanne.*

Entend-on quelque chose à ce Page ! il reçoit le plus rude soufflet, et s'enfuit en éclatant de rire.

Figaro *à part.*

S'il s'affligeait de celui-ci !.....

Le Comte.

Comment ! je ne pourrai faire un pas............ (*à la Comtesse*) mais laissons cette bizarrerie ; elle empoisonnerait le plaisir que j'ai de te trouver dans cette salle.

La Comtesse, *imitant le parler de Suzanne.*

L'espériez-vous ?

Le Comte.

Après ton ingénieux billet ! (*Il lui prend la main.*) Tu trembles ?

ACTE V.

LA COMTESSE.

J'ai eu peur.

LE COMTE.

Ce n'est pas pour te priver du baiser, que je l'ai pris. (*Il la baise au front.*)

LA COMTESSE.

Des libertés !

FIGARO *à part.*

Coquine !

SUZANNE *à part.*

Charmante !

LE COMTE *prend la main de sa femme.*

Mais quelle peau fine et douce, et qu'il s'en faut que la comtesse ait la main aussi belle !

LA COMTESSE *à part.*

Oh ! la prévention !

LE COMTE.

A-t-elle ce bras ferme et rondelet ? ces jolis doigts pleins de grâce et d'espiéglerie ?

LA COMTESSE, *de la voix de Suzanne.*

Ainsi l'amour ?.....

LE COMTE.

L'amour....... n'est que le roman du cœur : c'est le plaisir qui en est l'histoire ; il m'amène à tes genoux.

LA COMTESSE.

Vous ne l'aimez plus ?

LE COMTE.

Je l'aime beaucoup ; mais trois ans d'union rendent l'hymen si respectable !

LA COMTESSE.

Que vouliez-vous en elle ?

LE COMTE *la caressant.*

Ce que je trouve en toi, ma beauté......

LA COMTESSE.

Mais, dites donc.

LE COMTE.

..... Je ne sais : moins d'uniformité, peut-être, plus de piquant dans les manières, un je ne sais quoi qui fait le charme ; quelquefois un refus, que sais-je ? Nos femmes croyent tout accomplir en nous aimant : cela dit une fois, elles nous aiment, nous aiment ! (quand elles nous aiment.) Et sont si complaisantes, et si constamment obligeantes, et toujours, et sans relâche, qu'on est tout surpris un beau soir de trouver la satiété où l'on recherchait le bonheur.

LA COMTESSE *à part.*

Ah ! quelle leçon !

LE COMTE.

En vérité, Suzon, j'ai pensé mille fois que si nous poursuivons ailleurs ce plaisir qui nous fuit chez elles, c'est qu'elles n'étudient pas assez l'art de soutenir notre goût, de se renouveller à l'amour, de ranimer, pour ainsi dire, le charme de leur possession, par celui de la variété.

LA COMTESSE *piquée.*

Donc elles doivent tout ?....

LE COMTE *riant.*

Et l'homme rien ? Changerons-nous la marche de la nature ? Notre tâche à nous fut de les obtenir ; la leur.....

LA COMTESSE.

La leur ?

LE COMTE.

Est de nous retenir ; on l'oublie trop.

LA COMTESE.

Ce ne sera pas moi.

LE COMTE.

Ni moi.

FIGARO *à part.*

Ni moi.

SUZANNE *à part.*

Ni moi.

LE COMTE *prend la main de sa femme.*

Il y a de l'écho ici; parlons plus bas. Tu n'as nul besoin d'y songer, toi que l'amour a faite et si vive et si jolie ! Avec un grain de caprice, tu seras la plus agaçante maîtresse ! (*Il la baise au front.*) Ma Suzanne, un Castillan n'a que sa parole. Voici tout l'or promis pour le rachat du droit que je n'ai plus sur le délicieux moment que tu m'accordes. Mais comme la grâce que tu daignes y mettre est sans prix, j'y joindrai ce brillant que tu porteras pour l'amour de moi.

LA COMTESSE, *une révérence.*

Suzanne accepte tout.

FIGARO *à part.*

On n'est pas plus coquine que cela.

SUZANNE *à part.*

Voilà du bon bien qui nous arrive.

LE COMTE *à part.*

Elle est intéressée; tant mieux.

LA COMTESSE *regarde au fond.*

Je vois des flambeaux.

LE COMTE.

Ce sont les apprêts de ta noce. Entrons-nous un moment dans l'un de ces pavillons, pour les laisser passer?

LA COMTESSE.

Sans lumière?

LE COMTE *l'entraîne doucement.*

A quoi bon? Nous n'avons rien à lire.

FIGARO *à part.*

Elle y va, ma foi! Je m'en doutais.
(*Il s'avance.*)

LE COMTE *grossit sa voix en se retournant.*

Qui passe ici?

FIGARO *en colère.*

Passer! on vient exprès.

SUZANNE.

Mais parlez bas !

FIGARO *très-vite*.

Cette Suzon qu'on croyait si vertueuse, qui fesait de la réservée ! Ils sont enfermés là-dedans. Je vais appeler.

SUZANNE *lui fermant la bouche avec sa main, oublie de déguiser sa voix.*

N'appelez pas.

FIGARO *à part*.

Eh c'est Suzon ! God-dam !

SUZANNE *du ton de la Comtesse*.

Vous paraissez inquiet.

FIGARO *à part*.

Traîtresse ! qui veut me surprendre !

SUZANNE.

Il faut nous venger, Figaro.

FIGARO.

En sentez-vous le vif désir ?

SUZANNE.

Je ne serais donc pas de mon sexe ! Mais les hommes en ont cent moyens.

ACTE V.

FIGARO *confidemment.*

Madame il n'y a personne ici de trop. Celui des femmes.... les vaut tous.

SUZANNE *à part.*

Comme je le souffletterais!

FIGARO *à part.*

Il serait bien gai qu'avant la noce!

SUZANNE.

Mais qu'est-ce qu'une telle vengeance qu'un peu d'amour n'assaisonne pas?

FIGARO.

Partout où vous n'en voyez point, croyez que le respect dissimule.

SUZANNE *piquée.*

Je ne sais si vous le pensez de bonne foi, mais vous ne le dites pas de bonne grâce.

FIGARO, *avec une chaleur comique, à genoux.*

Ah! Madame, je vous adore. Examinez le temps, le lieu, les circonstances, et que le dépit supplée en vous aux grâces qui manquent à ma prière.

SUZANNE *à part.*

La main me brûle!

FIGARO *à part.*

Le cœur me bat.

SUZANNE.

Mais, Monsieur, avez-vous songé ?....

FIGARO.

Oui, Madame, oui, j'ai songé.

SUZANNE.

..... Que pour la colère et l'amour.....

FIGARO.

.... Tout ce qui se diffère est perdu. Votre main, Madame ?

SUZANNE *de sa voix naturelle, et lui donnant un soufflet.*

La voilà.

FIGARO.

Ah *demonio* ! quel soufflet !

SUZANNE *lui en donne un second.*

Quel soufflet ! Et celui-ci ?

FIGARO.

Et *ques-à-quo* ! de par le diable ! est-ce ici la journée des tapes ?

ACTE V.

SUZANNE *le bat à chaque phrase.*

Ah! *ques-à-quo?* Suzanne : et voilà pour tes soupçons ; voilà pour tes vengeances et pour tes trahisons, tes expédients, tes injures et tes projets. C'est-il ça de l'amour? Dis donc comme ce matin?

FIGARO *rit en se relevant.*

Santa barbara! oui c'est de l'amour. Oh bonheur! oh délices! ô cent fois heureux Figaro! Frappe, ma bien aimée, sans te lasser. Mais quand tu m'auras diapré tout le corps de meurtrissures, regarde avec bonté, Suzon, l'homme le plus fortuné qui fut jamais battu par une femme.

SUZANNE.

Le plus fortuné! bon fripon, vous n'en séduisiez pas moins la comtesse, avec un si trompeur babil, que m'oubliant moi-même, en vérité, c'était pour elle que je cédais.

FIGARO.

Ai-je pu me méprendre, au son de ta jolie voix?

SUZANNE *en riant.*

Tu m'as reconnue? Ah! comme je m'en vengerai!

FIGARO.

Bien rosser et garder rancune, est aussi par trop féminin ! Mais, dis-moi donc par quel bonheur je te vois là, quand je te croyais avec lui; et comment cet habit qui m'abusait, te montre enfin innocente......

SUZANNE.

Eh c'est toi qui es un innocent, de venir te prendre au piége apprêté pour un autre ! Est-ce notre faute, à nous, si voulant museler un renard, nous en attrapons deux ?

FIGARO.

Qui donc prend l'autre ?

SUZANNE.

Sa femme.

FIGARO.

Sa femme ?

SUZANNE.

Sa femme.

FIGARO *follement*.

Ah Figaro ! pends-toi ; tu n'as pas deviné celui-là ! — Sa femme ? O douze ou quinze mille fois spirituelles femelles ! — Ainsi les baisers de cette salle ?

ACTE V.

SUZANNE.

Ont été donnés à Madame.

FIGARO.

Et celui du Page ?

SUZANNE *riant*.

A Monsieur.

FIGARO.

Et tantôt, derrière le fauteuil ?

SUZANNE.

A personne.

FIGARO.

En êtes-vous sûre ?

SUZANNE *riant*.

Il pleut des soufflets, Figaro.

FIGARO *lui baise la main*.

Ce sont des bijoux que les tiens. Mais celui du comte était de bonne guerre.

SUZANNE.

Allons, superbe ! humilie-toi.

FIGARO *fait tout ce qu'il annonce*.

Cela est juste ; à genoux, bien courbé, prosterné, ventre à terre.

SUZANNE *en riant.*

Ah ce pauvre comte ! quelle peine il s'est donnée....

FIGARO *se relève sur ses genoux.*

...... Pour faire la conquête de sa femme !

SCÈNE IX.

LE COMTE *entre par le fond du théâtre, et va droit au pavillon à sa droite;* FIGARO, SUZANNE.

LE COMTE *à lui-même.*

Je la cherche en vain dans le bois, elle est peut-être entrée ici.

SUZANNE, *à Figaro, parlant bas.*

C'est lui.

LE COMTE *ouvrant le pavillon.*

Suzon, es-tu là-dedans ?

FIGARO *bas.*

Il la cherche, et moi je croyais......

SUZANNE *bas.*

Il ne l'a pas reconnue.

ACTE V.

Figaro.

Achevons-le, veux-tu ? (*Il lui baise la main.*)

Le Comte *se retourne.*

Un homme aux pieds de la comtesse !.... Ah ! je suis sans armes. (*Il s'avance.*)

Figaro *se relève tout à fait en déguisant sa voix.*

Pardon, Madame, si je n'ai pas réfléchi que ce rendez-vous ordinaire était destiné pour la noce.

Le Comte *à part.*

C'est l'homme du cabinet de ce matin. (*Il se frappe le front.*)

Figaro *continue.*

Mais il ne sera pas dit qu'un obstacle aussi sot, aura retardé nos plaisirs.

Le Comte *à part.*

Massacre, mort, enfer !

Figaro *la conduisant au cabinet.*

(*Bas.*) Il jure. (*Haut.*) Pressons-nous donc, Madame, et réparons le tort qu'on nous a fait tantôt, quand j'ai sauté par la fenêtre.

Le Comte *à part.*

Ah ! tout se découvre enfin.

Suzanne *près du pavillon à sa gauche.*

Avant d'entrer, voyez si personne n'a suivi. (*Il la baise au front.*)

Le Comte *s'écrie.*

Vengeance !

(*Suzanne s'enfuit dans le pavillon où sont entrés Fanchette, Marceline et Chérubin.*)

SCÈNE X.

LE COMTE, FIGARO.

Le Comte *saisit le bras de Figaro.*

Figaro *jouant la frayeur excessive.*

C'est mon maître !

Le Comte *le reconnaît.*

Ah scélérat ! c'est toi ! Holà quelqu'un ! quelqu'un !

SCÈNE XI.

PÉDRILLE, LE COMTE, FIGARO.

PÉDRILLE *botté*.

Monseigneur, je vous trouve enfin.

LE COMTE.

Bon, c'est Pédrille. Es-tu tout seul?

PÉDRILLE.

Arrivant de Séville, à étripe cheval.

LE COMTE.

Approche-toi de moi, et crie bien fort!

PÉDRILLE *criant à tue tête*.

Pas plus de page que sur ma main. Voilà le paquet.

LE COMTE *le repousse*.

Eh l'animal!

PÉDRILLE.

Monseigneur me dit de crier.

LE COMTE, *tenant toujours Figaro*.

Pour appeler. — Holà quelqu'un; si l'on m'entend, accourez tous?

PEDRILLE.

Figaro et moi, nous voilà deux ; que peut-il donc vous arriver ?

SCÈNE XII.

Les acteurs précédents, BRID'OISON, BARTHOLO, BAZILE, ANTONIO, GRIPE-SOLEIL, *toute la noce accourt avec des flambeaux.*

BARTHOLO à *Figaro.*

Tu vois qu'à ton premier signal.....

Le Comte, *montrant le pavillon à sa gauche.*

Pédrille, empare-toi de cette porte.

(*Pédrille y va.*)

BAZILE, *bas à Figaro.*

Tu l'as surpris avec Suzanne ?

Le Comte, *montrant Figaro.*

Et vous tous, mes vassaux, entourez-moi cet homme, et m'en répondez sur la vie.

BAZILE.

Ha ! ha !

ACTE V.

LE COMTE *furieux.*

Taisez-vous donc. (*A Figaro d'un ton glacé.*) Mon cavalier, répondez-vous à mes questions ?

FIGARO *froidement.*

Eh ! qui pourrait m'en exempter, Monseigneur ? Vous commandez à tout ici, hors à vous-même.

LE COMTE, *se contenant.*

Hors à moi-même !

ANTONIO.

C'est ça parler.

LE COMTE *reprend sa colère.*

Non, si quelque chose pouvait augmenter ma fureur ! ce serait l'air calme qu'il affecte.

FIGARO.

Sommes-nous des soldats qui tuent et se font tuer, pour des intérêts qu'ils ignorent ! je veux savoir, moi, pourquoi je me fâche.

LE COMTE *hors de lui.*

O rage ! (*se contenant.*) Homme de bien qui feignez d'ignorer ! Nous ferez-vous au moins la faveur de nous dire, quelle est la dame actuellement par vous amenée dans ce pavillon ?

FIGARO, *montrant l'autre avec malice.*

Dans celui-là ?

LE COMTE, *vite.*

Dans celui-ci.

FIGARO, *froidement.*

C'est différent. Une jeune personne qui m'honore de ses bontés particulières.

BAZILE *étonné.*

Ha, ha !

LE COMTE, *vite.*

Vous l'entendez, Messieurs.

BARTHOLO *étonné.*

Nous l'entendons ?

LE COMTE *à Figaro.*

Et cette jeune personne a-t-elle un autre engagement que vous sachiez ?

FIGARO, *froidement.*

Je sais qu'un grand seigneur s'en est occupé quelque temps : mais, soit qu'il l'ait négligée, ou que je lui plaise mieux qu'un plus aimable, elle me donne aujourd'hui la préférence.

LE COMTE, *vivement.*

La préf..... (*se contenant.*) Au moins il est

naïf! car ce qu'il avoue, Messieurs, je l'ai oui, je vous jure, de la bouche même de sa complice.

Brid'oison *stupéfait*.

Sa-a complice!

Le Comte *avec fureur*.

Or, quand le déshonneur est public, il faut que la vengeance le soit aussi.

(*Il entre dans le pavillon.*)

SCÈNE XIII.

Tous les acteurs précédents, *hors* LE COMTE.

Antonio.

C'est juste.

Brid'oison *à Figaro*.

Qui-i donc a pris la femme de l'autre?

Figaro, *en riant*.

Aucun n'a eu cette joie-là.

SCÈNE XIV.

Les acteurs précédents, LE COMTE, CHÉRUBIN.

Le Comte *parlant dans le pavillon, et attirant quelqu'un qu'on ne voit pas encore.*

Tous vos efforts sont inutiles ; vous êtes perdue, Madame ; et votre heure est bien arrivée ! (*Il sort sans regarder.*) Quel bonheur qu'aucun gage d'une union aussi détestée......

Figaro *s'écrie.*

Chérubin !

Le Comte.

Mon page ?

Bazile.

Ha, ha !

Le Comte, *hors de lui.* (*A part.*)

Et toujours le page endiablé ! (*A Chérubin.*) Que fesiez-vous dans ce salon ?

Chérubin, *timidement.*

Je me cachais, comme vous l'avez ordonné.

ACTE V.

PÉDRILLE.

Bien la peine de crever un cheval !

LE COMTE.

Entres-y, toi, Antonio ; conduis devant son juge l'infâme qui m'a déshonoré.

BRID'OISON.

C'est Madame que vous y-y cherchez ?

ANTONIO.

L'y a parguenne une bonne providence ; vous en avez tant fait dans le pays.....

LE COMTE, *furieux*.

Entre donc. (*Antonio entre.*)

SCÈNE XV.

LES ACTEURS PRÉCÉDENTS, *excepté* ANTONIO.

LE COMTE.

Vous allez voir, Messieurs, que le page n'y était pas seul.

CHÉRUBIN, *timidement*.

Mon sort eût été trop cruel, si quelqu'âme sensible n'en eût adouci l'amertume.

SCÈNE XVI.

Les acteurs précédents, ANTONIO, FANCHETTE.

ANTONIO *attirant par le bras quelqu'un qu'on ne voit pas encore.*

Allons, Madame, il ne faut pas vous faire prier pour en sortir, puisqu'on sait que vous y êtes entrée.

FIGARO *s'écrie.*

La petite cousine !

BAZILE.

Ha, ha !

LE COMTE.

Fanchette !

ANTONIO *se retourne et s'écrie.*

Ah palsembleu ! Monseigneur, il est gaillard de me choisir, pour montrer à la compagnie que c'est ma fille qui cause tout ce train-là !

LE COMTE, *outré.*

Qui la savait là-dedans ?

(*Il veut rentrer.*)

ACTE V.

BARTHOLO, *au-devant.*

Permettez, monsieur le comte, ceci n'est pas plus clair. Je suis de sang froid, moi.

(*Il entre.*)

BRID'OISON.

Voilà une affaire au-aussi trop embrouillée.

SCÈNE XVII.

LES ACTEURS PRÉCÉDENTS, MARCELINE.

BARTHOLO, *parlant en dedans, et sortant.*

Ne craignez rien, Madame, il ne vous sera fait aucun mal. J'en réponds. (*Il se retourne et s'écrie.*) Marceline !.....

BAZILE.

Ha, ha !

FIGARO, *riant.*

Hé quelle folie ! ma mère en est ?

ANTONIO.

A qui pis fera.

LE COMTE, *outré.*

Que m'importe à moi ? La comtesse...

SCÈNE XVIII.

Les acteurs précédents, SUZANNE.

Suzanne, *son éventail sur le visage.*

LE COMTE.

.... Ah! la voici qui sort. (*Il la prend violemment par le bras.*) Que croyez-vous, Messieurs, que mérite une odieuse....

Suzanne *se jette à genoux la tête baissée.*

LE COMTE.

Non, non.

Figaro *se jette à genoux de l'autre côté.*

LE COMTE, *plus fort.*

Non, non.

Marceline *se jette à genoux devant lui.*

LE COMTE, *plus fort.*

Non, non.

Tous *se mettent à genoux, excepté Brid'oison.*

LE COMTE, *hors de lui.*

Y fussiez-vous un cent!

Ah, qu'est-ce que j'apperçois ?

SCÈNE XIX et dernière.

Tous les ACTEURS PRÉCÉDENTS.
LA COMTESSE *sort de l'autre pavillon.*

La Comtesse *se jette à genoux.*

Au moins je ferai nombre.

Le Comte, *regardant la comtesse et Suzanne.*

Ah, qu'est-ce que je vois !

Brid'oison, *riant.*

Et pardi, c'è-est Madame.

Le Comte *veut relever la Comtesse.*

Quoi, c'était vous, comtesse ? (*d'un ton suppliant :*) Il n'y a qu'un pardon généreux.....

La Comtesse, *en riant.*

Vous diriez, *non, non,* à ma place; et moi, pour la troisième fois d'aujourd'hui, je l'accorde sans condition. (*Elle se relève.*)

Suzanne *se relève.*

Moi aussi.

Marceline *se relève.*

Moi aussi.

FIGARO *se relève.*

Moi aussi ; il y a de l'écho ici !

Tous se relèvent.

LE COMTE.

De l'écho ! — J'ai voulu ruser avec eux ; ils m'ont traité comme un enfant !

LA COMTESSE, *en riant.*

Ne le regrettez pas, monsieur le Comte.

FIGARO, *s'essuyant les genoux avec son chapeau.*

Une petite journée comme celle-ci forme bien un ambassadeur !

LE COMTE, *à Suzanne.*

Ce billet fermé d'une épingle ?....

SUZANNE.

C'est Madame qui l'avait dicté.

LE COMTE.

La réponse lui en est bien due.

(*Il baise la main de la comtesse.*)

LA COMTESSE.

Chacun aura ce qui lui appartient.

(*Elle donne la bourse à Figaro et le diamant à Suzanne.*

ACTE V.

SUZANNE, *à Figaro.*

Encore une dot.

FIGARO, *frappant la bourse dans sa main.*

Et de trois. Celle-ci fut rude à arracher !

SUZANNE.

Comme notre mariage.

GRIPE-SOLEIL.

Et la jarretière de la mariée, l'aurons-je ?

LA COMTESSE *arrache le ruban qu'elle a tant gardé dans son sein, et le jette à terre.*

La jarretière ? Elle était avec ses habits ; la voilà.

LES GARÇONS *de la noce veulent la ramasser.*

CHÉRUBIN, *plus alerte, court la prendre et dit :*

Que celui qui la veut, vienne me la disputer.

LE COMTE *en riant, au page.*

Pour un Monsieur si chatouilleux, qu'avez-vous trouvé de gai à certain soufflet de tantôt ?

CHÉRUBIN *recule en tirant à moitié son épée.*

A moi, mon colonel ?

FIGARO, *avec une colère comique.*

C'est sur ma joue qu'il l'a reçu : voilà comme les grands font justice !

LE COMTE, *riant.*

C'est sur sa joue? Ah, ah, ah, qu'en dites-vous donc, ma chère comtesse?

LA COMTESSE *absorbée revient à elle, et dit avec sensibilité.*

Ah! oui, cher comte, et pour la vie, sans distraction, je vous le jure.

LE COMTE, *frappant sur l'épaule du juge.*

Et vous, don Brid'oison, votre avis maintenant?

BRID'OISON.

Sur-ur tout ce que je vois, monsieur le Comte?.. Ma-a foi, pour moi je-e ne sais que vous dire : voilà ma façon de penser.

TOUS ENSEMBLE.

Bien jugé.

FIGARO.

J'étais pauvre, on me méprisait. J'ai montré quelque esprit, la haine est accourue. Une jolie femme et de la fortune.....

BARTHOLO, *en riant.*

Les cœurs vont te revenir en foule.

FIGARO.

Est-il possible?

ACTE V.

BARTHOLO.

Je les connais.

FIGARO, *saluant les spectateurs.*

Ma femme et mon bien mis à part ; tous me feront honneur et plaisir.

On joue la ritournelle du Vaudeville. (Air noté.)

VAUDEVILLE.

BAZILE.

PREMIER COUPLET.

Triple dot, femme superbe ;
Que de biens pour un époux !
D'un Seigneur, d'un Page imberbe,
Quelque sot serait jaloux.
Du latin d'un vieux proverbe,
L'homme adroit fait son parti.

FIGARO.

Je le sais.....

(Il chante : *Gaudeant bene nati.*)

BAZILE.

Non.....

(Il chante : *Gaudeat bene* nanti.)

SUZANNE.

DEUXIÈME COUPLET.

Qu'un mari sa foi trahisse,
Il s'en vante, et chacun rit;
Que sa femme ait un caprice,
S'il l'accuse, on la punit.
De cette absurde injustice,
Faut-il dire le pourquoi?
Les plus forts ont fait la loi. (*Bis.*)

FIGARO.

TROISIÈME COUPLET.

Jean Jeannot, jaloux risible,
Veut unir femme et repos;
Il achette un chien terrible,
Et le lâche en son enclos.
La nuit, quel vacarme horrible!
Le chien court, tout est mordu,
Hors l'amant qui l'a vendu. (*Bis.*)

LA COMTESSE.

QUATRIÈME COUPLET.

Telle est fière et répond d'elle,
Qui n'aime plus son mari;
Telle autre presque infidèle,
Jure de n'aimer que lui.
La moins folle, hélas! est celle
Qui se veille en son lien,
Sans oser jurer de rien. (*Bis.*)

ACTE V.

LE COMTE.

CINQUIÈME COUPLET.

D'une femme de province,
A qui ses devoirs sont chers,
Le succès est assez mince;
Vive la femme aux bons airs!
Semblable à l'écu du Prince,
Sous le coin d'un seul époux,
Elle sert au bien de tous. (*Bis.*)

MARCELINE.

SIXIÈME COUPLET.

Chacun sait la tendre mère
Dont il a reçu le jour;
Tout le reste est un mystère,
C'est le secret de l'amour.

FIGARO *continue l'air.*

Ce secret met en lumière
Comment le fils d'un butor
Vaut souvent son pesant d'or. (*Bis.*)

SEPTIÈME COUPLET.

Par le sort de la naissance,
L'un est Roi, l'autre est Berger;
Le hasard fit leur distance;
L'esprit seul peut tout changer.
De vingt Rois que l'on encense,
Le trépas brise l'autel;
Et Voltaire est immortel. (*Bis.*)

CHÉRUBIN.

HUITIÈME COUPLET.

Sexe aimé, sexe volage,
Qui tourmentez nos beaux jours ;
Si de vous chacun dit rage,
Chacun vous revient toujours.
Le parterre est votre image ;
Tel paraît le dédaigner,
Qui fait tout pour le gagner. (*Bis.*)

SUZANNE.

NEUVIÈME COUPLET.

Si ce gai, ce fol ouvrage,
Renfermait quelque leçon ;
En faveur du badinage,
Faites grâce à la raison.
Ainsi la nature sage
Nous conduit, dans nos désirs,
A son but par les plaisirs. (*Bis.*)

BRID'OISON.

DIXIÈME COUPLET.

Or Messieurs la Co-omédie
Que l'on juge en cè-et instant,
Sauf erreur, nous pein-eint la vie
Du bon peuple qui l'entend.
Qu'on l'opprime, il peste, il crie ;
Il s'agite en cent fa-açons ;
Tout fini-it par des chansons. (*Bis.*)

Ballet général.

FIN DU CINQUIÈME ET DERNIER ACTE.

L'AUTRE TARTUFFE,

OU

LA MÈRE COUPABLE,

DRAME

EN CINQ ACTES ET EN PROSE.

Représenté pour la première fois, sur le Théâtre du Marais, le 6 Juin 1792. — Remis au Théâtre de la rue Feydeau, avec des changements, et joué le 16 Floréal an 5 (5 Mai 1797) par les anciens Acteurs du Théâtre Français.

On gagne assez dans les familles, quand on en expulse un méchant.
Dernière phrase de la Pièce.

UN MOT

SUR LA MERE COUPABLE.

Pendant ma longue proscription, quelques amis zélés avaient imprimé cette pièce, uniquement pour prévenir l'abus d'une contrefaçon infidèle, furtive, et prise à la volée pendant les représentations (1). Mais ces amis eux-mêmes, pour éviter d'être froissés par les agents de la terreur, s'ils eussent laissé leurs vrais titres aux personnages espagnols, (car alors tout était péril) se crurent obligés de les défigurer, d'altérer même leur langage, et de mutiler plusieurs scènes.

Honorablement rappelé dans ma patrie, après quatre années d'infortunes, et la pièce étant désirée par les anciens acteurs du Théâtre Français, dont on connaît les grands talents ; je la restitue

---

(1) Elle fut représentée, pour la première fois, au Théâtre du Marais, le 26 Juin 1792.

en entier dans son premier état. Cette édition est celle que j'avoue.

Parmi les vues de ces artistes, j'approuve celle de présenter, en trois séances consécutives, tout le roman de la famille *Almaviva*, dont les deux premières époques ne semblent pas, dans leur gaîté légère, offrir des rapports bien sensibles avec la profonde et touchante moralité de la dernière; mais elles ont, dans le plan de l'auteur, une connexion intime, propre à verser le plus vif intérêt sur les représentations de *la Mère coupable*.

J'ai donc pensé avec les comédiens, que nous pouvions dire au public : Après avoir bien ri, le premier jour, *au Barbier de Séville*, de la turbulente jeunesse du Comte Almaviva, laquelle est à-peu-près celle de tous les hommes :

Après avoir, le second jour, gaîment considéré, dans *la Folle journée*, les fautes de son âge viril, et qui sont trop souvent les nôtres :

Venez vous convaincre avec nous, par le tableau de sa vieillesse, en voyant la *Mère coupable*, que tout homme qui n'est pas né un épouvantable méchant, finit toujours par être bon, quand l'âge des passions s'éloigne, et surtout quand il a goûté le bonheur si doux d'être père! c'est le but moral de la pièce. Elle en renferme plusieurs autres que ses détails feront ressortir.

Et moi, l'Auteur, j'ajoute ici : Venez juger la *Mère coupable*, avec le bon esprit qui l'a fait composer pour vous. Si vous trouvez quelque plaisir à mêler vos larmes aux douleurs, au pieux repentir de cette femme infortunée : si ses pleurs commandent les vôtres, laissez-les couler librement. Les larmes qu'on verse au théâtre, sur des maux simulés qui ne font pas le mal de la réalité cruelle, sont bien douces. On est meilleur quand on se sent pleurer. On se trouve si bon après la compassion !

Auprès de ce tableau touchant, si j'ai mis sous vos yeux le machinateur, l'homme affreux qui tourmente aujourd'hui cette malheureuse famille. Ah ! je vous jure que je l'ai vu agir ; je n'aurais pas pu l'inventer. Le *Tartuffe de Molière* était celui de la religion : aussi de toute la famille d'Orgon, ne trompa-t-il que le chef imbécille ! Celui-ci, bien plus dangereux, *Tartuffe de la probité*, possède l'art profond de s'attirer la respectueuse confiance de la famille entière qu'il dépouille. C'est celui-là qu'il fallait démasquer. C'est pour vous garantir des piéges de ces monstres (et il en existe partout) que j'ai traduit sévèrement celui-ci sur la scène française. Pardonnez-le moi, en faveur de sa punition, qui fait la clôture de la pièce. Ce cinquième acte m'a coûté ; mais je me serais cru plus méchant que Bégearss, si je l'avais laissé jouir du moindre fruit de ses atrocités ; si je ne vous eusse calmés après des alarmes si vives.

Peut être ai-je attendu trop tard pour achever cet ouvrage terrible qui me consumait la poitrine, et devait être écrit dans la force de l'âge. Il m'a tourmenté bien long-temps ! Mes deux comédies espagnoles ne furent faites que pour le préparer. Depuis, en vieillissant, j'hésitais de m'en occuper : je craignais de manquer de force ; et peut-être n'en avais-je plus à l'époque où je l'ai tenté ! mais enfin, je l'ai composé dans une intention droite et pure: avec la tête froide d'un homme, et le cœur brûlant d'une femme, comme on a dit que J.-J. Rousseau écrivait. J'ai remarqué que cet ensemble, cet hermaphrodisme moral, est moins rare qu'on ne le croit.

Au reste, sans tenir à nul parti, à nulle secte, la *Mère coupable* est un tableau des peines intérieures qui divisent bien des familles ; peines auxquelles malheureusement le divorce, très-bon d'ailleurs, ne remédie point. Quoi qu'on fasse, il déchire ces plaies secrètes, au lieu de les cicatriser. Le sentiment de la paternité, la bonté du cœur, l'indulgence, en sont les uniques remèdes. Voilà ce que j'ai voulu peindre et graver dans tous les esprits.

Les hommes de lettres qui se sont voués au théâtre, en examinant cette pièce, pourront y démêler une intrigue de comédie, fondue dans le pathétique d'un drame. Ce dernier genre, trop dédaigné de quelques juges prévenus, ne leur paraissait pas de force à comporter ces deux éléments réunis. L'intrigue, disaient-ils, est le propre des sujets gais, c'est le nerf de la comédie : on adapte le pathétique à la marche simple du drame, pour en soutenir la faiblesse. Mais ces principes hasardés s'évanouissent à l'application, comme on peut s'en convaincre en s'exerçant dans les deux genres. L'exécution plus ou moins bonne assigne à chacun son mérite ; et le mélange heureux de ces deux moyens dramatiques employés avec art, peut produire un très-grand effet; voici comment je l'ai tenté.

Sur des événements antécédents connus (et c'est un fort grand avantage) j'ai fait ensorte qu'un drame intéressant existât aujourd'hui entre le Comte Almaviva, la Comtesse et les deux enfants. Si j'avais reporté la pièce à l'âge inconsistant où les fautes se sont commises, voici ce qui fût arrivé.

D'abord le drame eût dû s'appeler, non la *Mère coupable*, mais *l'Epouse infidèle*, ou les *Epoux coupables* : ce n'était déjà plus le même genre d'intérêt; il eût fallu y faire entrer des intrigues d'amour, des jalousies, du désordre, que sais-je? de tout autres événements : et la moralité que je voulais faire sortir d'un manquement si grave aux devoirs de l'épouse honnête; cette moralité, perdue, enveloppée dans les fougues de l'âge, n'aurait pas été aperçue.

Mais, ici, c'est vingt ans après que les fautes sont consommées; c'est quand les passions sont usées; c'est quand leurs objets n'existent plus, que les conséquences d'un désordre presque oublié viennent peser sur l'établissement, et sur le sort de deux enfants malheureux qui les ont toutes ignorées, et qui n'en sont pas moins les victimes. C'est de ces circonstances graves que la moralité tire toute sa force, et devient le préservatif des jeunes personnes bien nées qui, lisant peu dans l'avenir, sont beaucoup plus près du danger de se voir égarées, que de celui d'être vicieuses. Voilà sur quoi porte mon drame.

Puis, opposant au scélérat, notre pénétrant Figaro, vieux serviteur très-attaché, le seul être que le fripon n'a pu tromper dans la maison: l'intrigue qui se noue entr'eux, s'établit sous cet autre aspect.

Le scélérat inquiet, se dit: En vain j'ai le secret de tout le monde ici; en vain je me vois près de le tourner à mon profit; si je ne parviens pas à faire chasser ce valet, il pourra m'arriver malheur!

D'autre côté, j'entends le Figaro se dire: Si je

ne réussis à dépister ce monstre, à lui faire tomber le masque; la fortune, l'honneur, le bonheur de cette maison; tout est perdu. La Suzanne, jetée entre ces deux lutteurs, n'est ici qu'un souple instrument dont chacun entend se servir pour hâter la chute de l'autre.

Ainsi, *la Comédie d'intrigue*, soutenant la curiosité, marche tout au travers du Drame, dont elle renforce l'action, sans en diviser l'intérêt qui se porte tout entier sur la *Mère*. Les deux enfants, aux yeux du spectateur, ne courent aucun danger réel. On voit bien qu'ils s'épouseront, si le scélérat est chassé; car, ce qu'il y a de mieux établi dans l'ouvrage, c'est qu'ils ne sont parents à nul degré; qu'ils sont étrangers l'un à l'autre : ce que savent fort bien, dans le secret du cœur, le Comte, la Comtesse, le scélérat, Suzanne et Figaro, tous instruits des événements; sans compter le public qui assiste à la pièce, et à qui nous n'avons rien caché.

Tout l'art de l'hypocrite, en déchirant le cœur du père et de la mère, consiste à effrayer les jeunes gens, à les arracher l'un à l'autre, en leur fesant croire à chacun qu'ils sont enfants du même père! c'est-là le fond de son intrigue. Ainsi marche le double plan que l'on peut appeler complexe.

Une telle action dramatique peut s'appliquer

à tous les temps, à tous les lieux où les grands traits de la nature, et tous ceux qui caractérisent le cœur de l'homme et ses secrets, ne seront pas trop méconnus.

Diderot comparant les ouvrages de Richardson avec tous ces romans que nous nommons l'Histoire, s'écrie, dans son enthousiasme pour cet auteur juste et profond : *Peintre du cœur humain ! c'est toi seul qui ne mens jamais !* Quel mot sublime ! Et moi aussi j'essaye encore d'être peintre du cœur humain : mais ma palette est desséchée par l'âge et les contradictions. *La Mère coupable* a dû s'en ressentir !

Que si ma faible exécution nuit à l'intérêt de mon plan ; le principe que j'ai posé n'en a pas moins toute sa justesse ! Un tel essai peut inspirer le dessein d'en offrir de plus fortement concertés. Qu'un homme de feu l'entreprenne, en y mêlant, d'un crayon hardi, *l'intrigue* avec le *pathétique!* Qu'il broye et fonde savamment les vives couleurs de chacun ! Qu'il nous peigne à grands traits l'homme vivant en société, son état, ses passions, ses vices, ses vertus, ses fautes et ses malheurs, avec la vérité frappante que l'exagération même, qui fait briller les autres genres, ne permet pas toujours de rendre aussi fidèlement ! Touchés, intéressés, instruits, nous ne dirons plus que le *Drame* est un genre décoloré, né de l'impuissance de produire une tragédie ou une comédie. L'art aura pris un noble essor ; il aura fait encore un pas.

O mes concitoyens, vous à qui j'offre cet essai! s'il vous paraît faible ou manqué ; critiquez-le, mais sans m'injurier. Lorsque je fis mes autres pièces, on m'outragea long-temps pour avoir osé mettre au théâtre ce jeune Figaro, que vous avez aimé depuis. J'étais jeune aussi, j'en riais. En vieillissant l'esprit s'attriste ; le caractère se rembrunit. J'ai beau faire, je ne ris plus quand un méchant ou un fripon insulte à ma personne, à l'occasion de mes ouvrages : on n'est pas maître de cela.

Critiquez la pièce : fort bien. Si l'Auteur est trop vieux pour en tirer du fruit, votre leçon peut profiter à d'autres. L'injure ne profite à personne, et même elle n'est pas de bon goût. On peut offrir cette remarque à une nation renommée par son ancienne politesse, qui la fesait servir de modèle en ce point, comme elle est encore aujourd'hui celui de la haute vaillance.

PERSONNAGES.

Le comte ALMAVIVA, grand seigneur espagnol, d'une fierté noble, et sans orgueil.

La comtesse ALMAVIVA, très-malheureuse, et d'une angélique piété.

Le chevalier LÉON, leur fils ; jeune homme épris de la liberté, comme toutes les âmes ardentes et neuves.

FLORESTINE, pupille et filleule du comte Almaviva : jeune personne d'une grande sensibilité.

M. BÉGEARSS, Irlandais, major d'infanterie espagnole, ancien secrétaire des ambassades du comte ; homme très-profond, et grand machinateur d'intrigues, fomentant le trouble avec art.

FIGARO, valet-de-chambre, chirurgien et homme de confiance du comte ; homme formé par l'expérience du monde et des événements.

SUZANNE, première camariste de la comtesse; épouse de Figaro ; excellente femme, attachée à sa maîtresse, et revenue des illusions du jeune âge.

M. FAL, notaire du comte, homme exact et très-honnête.

GUILLAUME, valet allemand de M. Bégearss, homme trop simple pour un tel maître.

La Scène est à Paris, dans l'hôtel occupé par la famille du comte, et se passe à la fin de 1790.

L'AUTRE TARTUFFE,

OU

LA MÈRE COUPABLE.

ACTE PREMIER.

Le Théâtre représente un salon fort orné.

SCÈNE PREMIÈRE.

SUZANNE, *seule, tenant des fleurs obscures, dont elle fait un bouquet.*

Que Madame s'éveille et sonne; mon triste ouvrage est achevé. (*Elle s'assied avec abandon.*) A peine il est neuf heures, et je me sens déjà d'une fatigue.... Son dernier ordre, en la couchant, m'a gâté ma nuit toute entière.... Demain, Suzanne, au point du jour, fais apporter beaucoup de fleurs, et garnis-en mes *cabinets.* — Au portier : *Que, de la journée, il n'entre personne pour moi.* — *Tu me formeras un bouquet de fleurs noires et rouge foncé, un seul œillet blanc au milieu....* Le voilà. — Pauvre maîtresse ! elle pleurait !.... Pour qui ce mélange d'apprêts ?.... Eeeh ! si nous étions en Espagne, ce serait aujourd'hui la fête de son fils Léon.... (*avec mystère*) et d'un autre homme qui n'est plus ! (*Elle regarde les fleurs.*) Les couleurs du sang et du deuil ! (*Elle soupire.*) Ce cœur blessé ne guérira jamais ! — Attachons-le d'un crêpe noir, puisque c'est-là sa triste fantaisie.

(*Elle attache le bouquet.*)

SCÈNE II.

SUZANNE, FIGARO *regardant avec mystère.*

(*Cette scène doit marcher chaudement.*)

SUZANNE.

Entre donc Figaro ! Tu prends l'air d'un amant en bonne fortune chez ta femme !

FIGARO.

Peut-on vous parler librement ?

ACTE PREMIER.

SUZANNE.

Oui, si la porte reste ouverte.

FIGARO.

Et pourquoi cette précaution ?

SUZANNE.

C'est que l'homme dont il s'agit peut entrer d'un moment à l'autre.

FIGARO *l'appuyant*.

Honoré-Tartuffe. — Bégearss ?

SUZANNE.

Et c'est un rendez-vous donné. — Ne t'accoutume donc pas à charger son nom d'épithètes ; cela peut se redire et nuire à tes projets.

FIGARO.

Il s'appelle Honoré !

SUZANNE.

Mais non pas Tartuffe.

FIGARO.

Morbleu !

SUZANNE.

Tu as le ton bien soucieux !

FIGARO.

Furieux. (*Elle se lève.*) Est-ce là notre convention ? M'aidez-vous franchement, Suzanne, à prévenir un grand désordre ? Serais-tu dupe encore de ce très-méchant homme ?

SUZANNE.

Non, mais je crois qu'il se méfie de moi; il ne me dit plus rien. J'ai peur, en vérité, qu'il ne nous croye raccommodés.

FIGARO.

Feignons toujours d'être brouillés.

SUZANNE.

Mais qu'as-tu donc appris qui te donne une telle humeur ?

FIGARO.

Recordons-nous d'abord sur les principes. Depuis que nous sommes à Paris, et que M. Almaviva..... (Il faut bien lui donner son nom, puisqu'il ne souffre plus qu'on l'appelle Monseigneur.....)

SUZANNE, *avec humeur*.

C'est beau ! et Madame sort sans livrée ! nous avons l'air de tout le monde !

FIGARO.

Depuis, dis-je, qu'il a perdu, pour une querelle du jeu, son libertin de fils aîné, tu sais comment tout a changé pour nous ! Comme l'hu-

ACTE PREMIER.

meur du comte est devenue sombre et terrible!

SUZANNE.

Tu n'es pas mal bourru non plus !

FIGARO.

Comme son autre fils paraît lui devenir odieux!

SUZANNE.

Que trop !

FIGARO.

Comme Madame est malheureuse!

SUZANNE.

C'est un grand crime qu'il commet !

FIGARO.

Comme il redouble de tendresse pour sa pupille Florestine ! Comme il fait, surtout, des efforts pour dénaturer sa fortune !

SUZANNE.

Sais tu, mon pauvre Figaro! que tu commences à radoter ? Si je sais tout cela, qu'est-il besoin de me le dire ?

FIGARO.

Encore faut-il bien s'expliquer pour s'assurer que l'on s'entend ! n'est-il pas avéré pour nous que cet astucieux Irlandais, le fléau de cette

Théâtre. II.

famille, après avoir chiffré, comme secrétaire, quelques ambassades auprès du Comte, s'est emparé de leurs secrets à tous ? que ce profond machinateur a su les entraîner, de l'indolente Espagne, en ce pays, remué de fond en comble, espérant y mieux profiter de la désunion où ils vivent, pour séparer le mari de la femme, épouser la pupille, et envahir les biens d'une maison qui se délabre ?

SUZANNE.

Enfin, moi ! que puis-je à cela ?

FIGARO.

Ne jamais le perdre de vue ; me mettre au cours de ses démarches..

SUZANNE.

Mais je te rends tout ce qu'il dit.

FIGARO.

Oh ! ce qu'il dit..... n'est que ce qu'il veut dire ! Mais saisir, en parlant, les mots qui lui échappent, le moindre geste, un mouvement ; c'est-là qu'est le secret de l'âme ! il se trame ici quelque horreur ! Il faut qu'il s'en croye assuré ; car je lui trouve un air..... plus faux, plus perfide et plus fat ; cet air des sots de ce pays, triomphant avant le succès ! Ne peux-tu être aussi perfide que

ACTE PREMIER.

lui ? l'amadouer, le bercer d'espoir ? quoi qu'il demande, ne pas le refuser ?....

SUZANNE.

C'est beaucoup !

FIGARO.

Tout est bien, et tout marche au but; si j'en suis promptement instruit.

SUZANNE.

..... Et si j'en instruis ma maîtresse ?

FIGARO.

Il n'est pas temps encore ; ils sont tous subjugués par lui. On ne te croirait pas : tu nous perdrais, sans les sauver. Suis-le partout, comme son ombre..... et moi, je l'épie au-dehors.....

SUZANNE.

Mon ami, je t'ai dit qu'il se défie de moi, et s'il nous surprenait ensemble.... Le voilà qui descend.... Ferme !..... ayons l'air de quereller bien fort. (*Elle pose le bouquet sur la table.*)

FIGARO, *élevant la voix.*

Moi, je ne le veux pas. Que je t'y prenne une autre fois !....

SUZANNNE, *élevant la voix.*

Certes !..... oui, je te crains beaucoup !

22.

FIGARO, *feignant de lui donner un soufflet.*

Ah! tu me crains!..... Tiens, insolente!

SUZANNE, *feignant de l'avoir reçu.*

Des coups à moi.... chez ma maîtresse?

SCÈNE III.

Le major BÉGEARSS, FIGARO, SUZANNE.

BÉGEARSS, *en uniforme, un crêpe noir au bras.*

Eh mais, quel bruit! Depuis une heure j'entends disputer de chez moi....

FIGARO, *à part.*

Depuis une heure!

BÉGEARSS.

Je sors, je trouve une femme éplorée....

SUZANNE, *feignant de pleurer.*

Le malheureux lève la main sur moi!

BÉGEARSS.

Ah l'horreur! monsieur Figaro! Un galant homme a-t-il jamais frappé une personne de l'autre sexe?

ACTE PREMIER. 341

FIGARO, *brusquement.*

Eh morbleu! Monsieur, laissez-nous! Je ne suis point *un galant homme;* et cette femme n'est point une *personne de l'autre sexe* : elle est ma femme; une insolente, qui se mêle dans des intrigues, et qui croit pouvoir me braver, parce qu'elle a ici des gens qui la soutiennent. Ah! j'entends la morigéner.....

BÉGEARSS.

Est-on brutal à cet excès!

FIGARO.

Monsieur, si je prends un arbitre de mes procédés envers elle, ce sera moins vous que tout autre; et vous savez trop bien pourquoi!

BÉGEARSS.

Vous me manquez, Monsieur, je vais m'en plaindre à votre maître.

FIGARO, *raillant.*

Vous manquer! moi? c'est impossible.

(*Il sort.*)

SCÈNE IV.

BÉGEARSS, SUZANNE.

BÉGEARSS.

Mon enfant, je n'en reviens point. Quel est donc le sujet de son emportement ?

SUZANNE.

Il m'est venu chercher querelle ; il m'a dit cent horreurs de vous. Il me défendait de vous voir, de jamais oser vous parler. J'ai pris votre parti ; la dispute s'est échauffée ; elle a fini par un soufflet..... Voilà le premier de sa vie ; mais moi, je veux me séparer ; vous l'avez vu.....

BÉGEARSS.

Laissons cela. — Quelque léger nuage altérait ma confiance en toi ; mais ce débat l'a dissipé.

SUZANNE.

Sont-ce là vos consolations ?

BÉGEARSS.

Vas ! c'est moi qui t'en vengerai ! il est bien temps que je m'acquitte envers toi, ma pauvre

Suzanne! Pour commencer, apprends un grand secret.... Mais sommes nous bien sûrs que la porte est fermée? (*Suzanne y va voir.*) (*Il dit à part.*) Ah! si je puis avoir seulement trois minutes l'écrin au double fond que j'ai fait faire à la comtesse, où sont ces importantes lettres.....

SUZANNE *revient.*

Eh bien! ce grand secret?

BÉGEARSS.

Sers ton ami; ton sort devient superbe. — J'épouse Florestine; c'est un point arrêté; son père le veut absolument.

SUZANNE.

Qui, son père?

BÉGEARSS, *en riant.*

Et d'où sors-tu donc? Règle certaine, mon enfant; lorsque telle orpheline arrive chez quelqu'un, comme pupille, ou bien comme filleule, elle est toujours la fille du mari. (*D'un ton sérieux.*) Bref, je puis l'épouser..... si tu me la rends favorable.

SUZANNE.

Oh! mais Léon en est très-amoureux.

BÉGEARSS.

Leur fils? (*froidement*) je l'en détacherai.

SUZANNE, *étonnée.*

Ha!.... Elle aussi, elle est fort éprise!

BÉGEARSS.

De lui?....

SUZANNE.

Oui.

BÉGEARSS, *froidement.*

Je l'en guérirai.

SUZANNE, *plus surprise.*

Ha ha!.... Madame qui le sait, donne les mains à leur union!

BÉGEARSS, *froidement.*

Nous la ferons changer d'avis.

SUZANNE, *stupéfaite.*

Aussi?.... Mais Figaro, si je vois bien, est le confident du jeune homme!

BÉGEARSS.

C'est le moindre de mes soucis. Ne serais-tu pas aise d'en être délivrée?

SUZANNE.

S'il ne lui arrive aucun mal?.....

BÉGEARSS.

Fi donc! la seule idée flétrit l'austère probité.

Mieux instruits sur leurs intérêts, ce sont eux-mêmes qui changeront d'avis.

SUZANNE, *incrédule.*

Si vous faites cela, Monsieur.....

BÉGEARSS, *appuyant.*

Je le ferai. — Tu sens que l'amour n'est pour rien dans un pareil arrangement. (*L'air caressant.*) Je n'ai jamais vraiment aimé que toi.

SUZANNE, *incrédule.*

Ah! si Madame avait voulu....

BÉGEARSS.

Je l'aurais consolée sans doute; mais elle a dédaigné mes vœux!... Suivant le plan que le comte a formé, la comtesse va au couvent.

SUZANNE, *vivement.*

Je ne me prête à rien contre elle.

BÉGEARSS.

Que diable! il la sert dans ses goûts! Je t'entends toujours dire: *ah! c'est un ange sur la terre!*

SUZANNE, *en colère.*

Eh bien! faut-il la tourmenter?

BÉGEARSS, *riant.*

Non; mais du moins la rapprocher de ce ciel, la patrie des anges, dont elle est un moment tombée!... Et puisque dans ces nouvelles et merveilleuses lois, le divorce s'est établi.....

SUZANNE, *vivement.*

Le comte veut s'en séparer?

BÉGEARSS.

S'il peut.

SUZANNE, *en colère.*

Ah! les scélérats d'hommes! quand on les étranglerait tous!....

BÉGEARS.

J'aime à croire que tu m'en exceptes.

SUZANNE.

Ma foi!.... pas trop.

BÉGEARSS, *riant.*

J'adore ta franche colère : elle met à jour ton bon cœur! Quant à l'amoureux chevalier, il le destine à voyager...... long-temps. — Le Figaro, homme expérimenté, sera son discret conducteur. (*Il lui prend la main.*) Et voici ce qui nous concerne : Le comte, Florestine et moi, habiterons le même hôtel : et la chère Suzanne à nous, chargée de toute la confiance, sera notre surintendant, commandera la domesticité, aura la grande main sur tout. Plus de mari, plus de soufflets, plus de brutal contradicteur; des jours filés d'or et de soie, et la vie la plus fortunée!....

SUZANNE.

A vos cajoleries, je vois que vous voulez que je vous serve auprès de Florestine?

BÉGEARSS, *caressant.*

A dire vrai, j'ai compté sur tes soins. Tu fus toujours une excellente femme ! J'ai tout le reste dans ma main ; ce point seul est entre les tiennes. (*Vivement.*) Par exemple, aujourd'hui tu peux nous rendre un signalé....

SUZANNE *l'examine.*

BÉGEARSS, *se reprend.*

Je dis un *signalé*, par l'importance qu'il y met. (*Froidement.*) Car, ma foi ! c'est bien peu de chose ! Le comte aurait la fantaisie.... de donner à sa fille, en signant le contrat, une parure absolument semblable aux diamants de la comtesse. Il ne voudrait pas qu'on le sût.

SUZANNE, *surprise.*

Ha ha !....

BÉGEARSS.

Ce n'est pas trop mal vu ! De beaux diamants terminent bien des choses ! Peut-être il va te demander d'apporter l'écrin de sa femme, pour en confronter les dessins avec ceux de son joaillier.....

SUZANNE.

Pourquoi comme ceux de Madame ? C'est une idée assez bizarre !

BÉGEARSS.

Il prétend qu'ils soient aussi beaux.... Tu sens, pour moi, combien c'était égal! Tiens, vois-tu? le voici qui vient.

SCÈNE V.

LE COMTE, SUZANNE, BÉGEARSS.

LE COMTE.

Monsieur Bégearss, je vous cherchais.

BÉGEARSS.

Avant d'entrer chez vous, Monsieur, je venais prévenir Suzanne que vous avez dessein de lui demander cet écrin....

SUZANNE.

Au moins, Monseigneur, vous sentez......

LE COMTE.

Eh! laisse-là ton *Monseigneur!* N'ai-je pas ordonné, en passant dans ce pays-ci?.....

SUZANNE.

Je trouve, Monseigneur, que cela nous amoindrit.

ACTE PREMIER. 349

LE COMTE.

C'est que tu t'entends mieux en vanité qu'en vraie fierté. Quand on veut vivre dans un pays, il n'en faut point heurter les préjugés.

SUZANNE.

Eh bien! Monsieur, du moins vous me donnez votre parole.....

LE COMTE, *fièrement.*

Depuis quand suis-je méconnu?

SUZANNE.

Je vais donc vous l'aller chercher. (*A part.*) Dame! Figaro m'a dit de ne rien refuser!....

SCÈNE VI.

LE COMTE, BÉGEARSS.

LE COMTE.

J'AI tranché sur le point qui paraissait l'inquiéter.

BÉGEARSS.

Il en est un, Monsieur, qui m'inquiète beaucoup plus; je vous trouve un air accablé.

LE COMTE.

Te le dirai-je, ami ! la perte de mon fils me semblait le plus grand malheur. Un chagrin plus poignant fait saigner ma blessure, et rend ma vie insupportable.

BÉGEARSS.

Si vous ne m'aviez pas interdit de vous contrarier là-dessus, je vous dirais que votre second fils...

LE COMTE *vivement.*

Mon second fils ! je n'en ai point !

BÉGEARSS.

Calmez-vous, Monsieur; raisonnons. La perte d'un enfant chéri peut vous rendre injuste envers l'autre, envers votre épouse, envers vous. Est-ce donc sur des conjectures qu'il faut juger de pareils faits ?

LE COMTE.

Des conjectures ? Ah ! j'en suis trop certain ! Mon grand chagrin est de manquer de preuves. Tant que mon pauvre fils vécut, j'y mettais fort peu d'importance. Héritier de mon nom, de mes places, de ma fortune...... que me fesait cet autre individu ? Mon froid dédain, un nom de terre, une croix de Malte, une pension, m'auraient vengé de sa mère et de lui ! Mais conçois-tu mon désespoir, en perdant un fils adoré, de voir un étranger succéder à ce rang, à ces titres ; et, pour irriter ma douleur, venir tous les jours me donner le nom odieux de *son père ?*

BÉGEARSS.

Monsieur, je crains de vous aigrir, en cherchant à vous appaiser ; mais la vertu de votre épouse...

LE COMTE *avec colère.*

Ah ! ce n'est qu'un crime de plus. Couvrir d'une vie exemplaire un affront tel que celui-là ! Commander vingt ans par ses mœurs et la piété la plus sévère, l'estime et le respect du monde ; et verser sur moi seul, par cette conduite affectée, tous les torts qu'entraîne après soi ma prétendue bizarrerie !... Ma haine pour eux s'en augmente.

BÉGEARSS.

Que vouliez-vous donc qu'elle fît ? Même en la supposant coupable, est-il au monde quelque faute qu'un repentir de vingt années ne doive effacer à la fin ? Fûtes vous sans reproche vous-même ? Et cette jeune Florestine, que vous nommez votre pupille, et qui vous touche de plus près...

LE COMTE.

Qu'elle assure donc ma vengeance ! Je dénaturerai mes biens, et les lui ferai tous passer. Déjà trois millions d'or, arrivés de la Vera-Crux, vont lui servir de dot ; et c'est à toi que je les donne. Aide-moi seulement à jeter sur ce don un voile impénétrable. En acceptant mon portefeuille, et te présentant comme époux, suppose un héritage, un legs de quelque parent éloigné.

BÉGEARSS, *montrant le crêpe de son bras.*

Voyez que, pour vous obéir, je me suis déjà mis en deuil.

LE COMTE.

Quand j'aurai l'agrément du roi pour l'échange entamé de toutes mes terres d'Espagne contre des biens dans ce pays, je trouverai moyen de vous en assurer la possession à tous deux.

BÉGEARSS *vivement.*

Et moi, je n'en veux point. Croyez-vous que, sur des soupçons... peut-être encore très-peu fondés, j'irai me rendre le complice de la spoliation entière de l'héritier de votre nom ? d'un jeune homme plein de mérite ; car il faut avouer qu'il en a...

LE COMTE *impatienté.*

Plus que mon fils, voulez-vous dire ? Chacun

le pense comme vous ; cela m'irrite contre lui !...

BÉGEARSS.

Si votre pupille m'accepte ; et si, sur vos grands biens, vous prélevez, pour la doter, ces trois millions d'or, du Mexique ; je ne supporte point l'idée d'en devenir propriétaire, et ne les recevrai qu'autant que le contrat en contiendra la donation que mon amour sera censé lui faire.

LE COMTE *le serre dans ses bras.*

Loyal et franc ami ! quel époux je donne à ma fille !...

SCÈNE VII.

SUZANNE, LE COMTE, BÉGEARSS.

SUZANNE.

MONSIEUR, voilà le coffre aux diamants ; ne le gardez pas trop long-temps ; que je puisse le remettre en place avant qu'il soit jour chez Madame !

LE COMTE.

Suzanne, en t'en allant, défends qu'on entre, à moins que je ne sonne.

Suzanne *à part.*

Avertissons Figaro de ceci. (*Elle sort.*)

SCÈNE VIII.

LE COMTE, BÉGEARSS.

BÉGEARSS.

Quel est votre projet sur l'examen de cet écrin ?

Le Comte *tire de sa poche un bracelet entouré de brillants.*

Je ne veux plus te déguiser tous les détails de mon affront ; écoute. Un certain Léon d'Astorga, qui fut jadis mon page, et que l'on nommait Chérubin...

BÉGEARSS.

Je l'ai connu ; nous servions dans le régiment dont je vous dois d'être major. Mais il y a vingt ans qu'il n'est plus.

LE COMTE.

C'est ce qui fonde mon soupçon. Il eut l'audace de l'aimer. Je la crus éprise de lui ; je l'éloignai d'Andalousie, par un emploi dans ma légion. — Un an après la naissance du fils... qu'un combat

détesté m'enlève (*Il met la main à ses yeux.*);
lorsque je m'embarquai vice-roi du Mexique ;
au lieu de rester à Madrid, ou dans mon palais
à Séville, ou d'habiter Aguas frescas, qui est un
superbe séjour ; quelle retraite, ami, crois-tu
que ma femme choisit ? Le vilain château d'Astorga, chef-lieu d'une méchante terre, que j'avais
achetée des parents de ce page. C'est-là qu'elle
a voulu passer les trois années de mon absence ;
qu'elle y a mis au monde.... (après neuf ou dix
mois, que sais-je ?) ce misérable enfant, qui
porte les traits d'un perfide ! Jadis, lorsqu'on
m'avait peint pour le bracelet de la comtesse, le
peintre ayant trouvé ce page fort joli, désira d'en
faire une étude ; c'est un des beaux tableaux de
mon cabinet.

BÉGEARSS.

Oui.... (*Il baisse les yeux.*) à telles enseignes
que votre épouse...

LE COMTE *vivement.*

Ne veut jamais le regarder ? Eh bien ! sur ce
portrait, j'ai fait faire celui-ci, dans ce bracelet,
pareil en tout au sien, fait par le même joaillier
qui monta tous ses diamants ; je vais le substituer
à la place du mien. Si elle en garde le silence,
vous sentez que ma preuve est faite. Sous quelque

23.

forme qu'elle en parle, une explication sévère éclaircit ma honte à l'instant.

BÉGEARSS.

Si vous demandez mon avis, Monsieur, je blâme un tel projet.

LE COMTE.

Pourquoi ?

BÉGEARSS.

L'honneur répugne à de pareils moyens. Si quelque hasard, heureux ou malheureux, vous eût présenté certains faits, je vous excuserais de les approfondir. Mais tendre un piége ! des surprises ! Eh ! quel homme, un peu délicat, voudrait prendre un tel avantage sur son plus mortel ennemi ?

LE COMTE.

Il est trop tard pour reculer ; le bracelet est fait, le portrait du page est dedans...

BÉGEARSS *prend l'écrin.*

Monsieur, au nom du véritable honneur...

LE COMTE *a enlevé le bracelet de l'écrin.*

Ah ! mon cher portrait, je te tiens ! J'aurai du moins la joie d'en orner le bras de ma fille, cent fois plus digne de le porter !... (*Il y substitue l'autre.*)

„ Si quelque heureux hasard vous eût présenté certains faits, médisais
„ tu dans le moment, je vous excuserais de les approfondir „... le hasard
me les offre, je vais suivre ton conseil.   Acte I. Scène VIII.

ACTE PREMIER.

BÉGEARSS *feint de s'y opposer. Ils tirent chacun l'écrin de leur côté ; Bégearss fait ouvrir adroitement le double fond, et dit avec colère :*

Ah ! voilà la boîte brisée !

LE COMTE *regarde.*

Non ; ce n'est qu'un secret que le débat a fait ouvrir. Ce double fond renferme des papiers !

BÉGEARSS *s'y opposant.*

Je me flatte, Monsieur, que vous n'abuserez point.

LE COMTE *impatient.*

« Si quelque heureux hasard vous eût pré» senté certains faits, me disais-tu dans le mo» ment, je vous excuserais de les approfon» dir.... » Le hasard me les offre, et je vais suivre ton conseil. (*Il arrache les papiers.*)

BÉGEARSS *avec chaleur.*

Pour l'espoir de ma vie entière, je ne voudrais pas devenir complice d'un tel attentat ! Remettez ces papiers, Monsieur, ou souffrez que je me retire. (*Il s'éloigne.*)

LE COMTE *tient des papiers et lit.*

BÉGEARSS *le regarde en dessous, et s'applaudit secrètement.*

Le Comte *avec fureur.*

Je n'en veux pas apprendre davantage ; renferme tous les autres, et moi je garde celui-ci.

Bégearss.

Non ; quel qu'il soit, vous avez trop d'honneur pour commettre une...

Le Comte *fièrement.*

Une ?... Achevez ; tranchez le mot ; je puis l'entendre.

Bégearss *se courbant.*

Pardon, Monsieur, mon bienfaiteur ! et n'imputez qu'à ma douleur l'indécence de mon reproche.

Le Comte.

Loin de t'en savoir mauvais gré, je t'en estime davantage. (*Il se jette sur un fauteuil.*) Ah perfide Rosine !... Car, malgré mes légèretés, elle est la seule pour qui j'aye éprouvé.... J'ai subjugué les autres femmes ! Ah ! je sens à ma rage combien cette indigne passion !...... Je me déteste de l'aimer !

Bégearss.

Au nom de Dieu, Monsieur, remettez ce fatal papier.

SCÈNE IX.

FIGARO, LE COMTE, BÉGEARSS.

LE COMTE *se lève.*

Homme importun ! que voulez-vous ?

FIGARO.

J'entre, parce qu'on a sonné.

LE COMTE, *en colère.*

J'ai sonné ? Valet curieux !....

FIGARO.

Interrogez le joaillier, qui l'a entendu comme moi ?

LE COMTE.

Mon joaillier ? que me veut-il ?

FIGARO.

Il dit qu'il a un rendez-vous pour un bracelet qu'il a fait.

BÉGEARSS, *s'apercevant qu'il cherche à voir l'écrin qui est sur la table, fait ce qu'il peut pour le masquer.*

LE COMTE.

Ah !.... qu'il revienne un autre jour.

FIGARO, *avec malice.*

Mais pendant que Monsieur a l'écrin de Madame ouvert, il serait peut-être à propos...

LE COMTE, *en colère.*

Monsieur l'inquisiteur ! partez ; et s'il vous échappe un seul mot....

FIGARO.

Un seul mot ? J'aurais trop à dire ; je ne veux rien faire à demi. (*Il examine l'écrin, le papier que tient le Comte, lance un fier coup-d'œil à Bégearss et sort.*)

SCÈNE X.

LE COMTE, BÉGEARSS.

LE COMTE.

REFERMONS ce perfide écrin. J'ai la preuve que je cherchais. Je la tiens, j'en suis désolé ; pourquoi l'ai-je trouvée ? Ah Dieu ! lisez, lisez, M. Bégearss.

BÉGEARSS, *repoussant le papier.*

Entrer dans de pareils secrets ! Dieu préserve qu'on m'en accuse !

LE COMTE.

Quelle est donc la sèche amitié qui repousse mes confidences ? Je vois qu'on n'est compatissant que pour les maux qu'on éprouva soi-même.

BÉGEARSS.

Quoi ? pour refuser ce papier !.... (*Vivement.*) Serrez-le donc ; voici Suzanne. (*Il referme vite le secret de l'écrin.*)

Le comte met la lettre dans sa veste, sur sa poitrine.

SCÈNE XI.

SUZANNE, LE COMTE, BÉGEARSS.

LE COMTE *est accablé.*

SUZANNE *accourt.*

L'écrin, l'écrin : Madame sonne.

BÉGEARSS *le lui donne.*

Suzanne, vous voyez que tout y est en bon état.

SUZANNE.

Qu'a donc Monsieur ? il est troublé !

BÉGEARSS.

Ce n'est rien qu'un peu de colère contre votre indiscret mari, qui est entré malgré ses ordres.

SUZANNE *finement*.

Je l'avais dit pourtant de manière à être entendue.

(*Elle sort.*)

SCÈNE XII.

LÉON, LE COMTE, BÉGEARSS.

LE COMTE *veut sortir, il voit entrer Léon.*

Voici l'autre !

LÉON *timidement, veut embrasser le Comte.*

Mon père, agréez mon respect; avez-vous bien passé la nuit ?

LE COMTE *sèchement, le repousse.*

Où fûtes-vous, Monsieur, hier au soir ?

LÉON.

Mon père, on me mena dans une assemblée estimable...

ACTE PREMIER.

Le Comte.

Où vous fîtes une lecture ?

Léon.

On m'invita d'y lire un essai que j'ai fait sur l'abus des vœux monastiques, et le droit de s'en relever.

Le Comte, *amèrement.*

Les vœux des chevaliers en sont ?

Bégearss.

Qui fut, dit-on, très-applaudi ?

Léon.

Monsieur, on a montré quelque indulgence pour mon âge.

Le Comte.

Donc, au lieu de vous préparer à partir pour vos caravannes ; à bien mériter de votre ordre, vous vous faites des ennemis ? Vous allez composant, écrivant sur le ton du jour ?..... Bientôt on ne distinguera plus un gentilhomme d'un savant !

Léon, *timidement.*

Mon père, on en distinguera mieux un ignorant d'un homme instruit, et l'homme libre de l'esclave.

Le Comte.

Discours d'enthousiaste ! On voit où vous en voulez venir. (*Il veut sortir.*)

Léon.

Mon père !.....

Le Comte, *dédaigneux.*

Laissez à l'artisan des villes ces locutions triviales. Les gens de notre état ont un langage plus élevé. Qui est-ce qui dit *mon père*, à la cour, Monsieur ? appelez-moi *monsieur !* vous sentez l'homme du commun ! Son père !.... (*Il sort ; Léon le suit en regardant Bégearss qui lui fait un geste de compassion.*) Allons, monsieur Bégearss, allons !

FIN DU PREMIER ACTE.

ACTE II.

Le Théâtre représente la bibliothèque du Comte.

SCÈNE PREMIÈRE.

Le Comte.

Puisqu'enfin je suis seul, lisons cet étonnant écrit, qu'un hasard presque inconcevable a fait tomber entre mes mains. (*Il tire de son sein la lettre de l'écrin, et la lit en pesant sur tous les mots.*) « Malheureux insensé ! notre sort est
» rempli. La surprise nocturne que vous avez
» osé me faire, dans un château où vous fûtes
» élevé, dont vous connaissiez les détours ; la
» violence qui s'en est suivie ; enfin votre crime,
» — le mien.... (*Il s'arrête*) le mien reçoit sa
» juste punition. Aujourd'hui, jour de Saint-
» Léon, patron de ce lieu et le vôtre, je viens
» de mettre au monde un fils, mon opprobre et
» mon désespoir. Grâce à de tristes précautions,

» l'honneur est sauf ; mais la vertu n'est plus.—
» Condamnée désormais à des larmes intarissa-
» bles, je sens qu'elles n'effaceront point un
» crime.... dont l'effet reste subsistant. Ne me
» voyez jamais : c'est l'ordre irrévocable de la
» misérable Rosine... qui n'ose plus signer un
» autre nom. » (*Il porte ses mains avec la lettre
à son front, et se promène*).... Qui n'ose plus
signer un autre nom !..... Ah ! Rosine ! où est le
temps ?.... Mais tu t'es avilie !.... (*Il s'agite.*) Ce
n'est point là l'écrit d'une méchante femme ! Un
misérable corrupteur..... Mais voyons la réponse
écrite sur la même lettre. (*Il lit.*) « Puisque je
» ne dois plus vous voir, la vie m'est odieuse,
» et je vais la perdre avec joie dans la vive attaque
» d'un fort où je ne suis point commandé.

» Je vous renvoie tous vos reproches ; le por-
» trait que j'ai fait de vous, et la boucle de che-
» veux que je vous dérobai. L'ami qui vous ren-
» dra ceci quand je ne serai plus, est sûr. Il a
» vu tout mon désespoir. Si la mort d'un infortuné
» vous inspirait un reste de pitié ; parmi les noms
» qu'on va donner à l'héritier.... d'un autre plus
» heureux !..... puis-je espérer que le nom de
» Léon vous rappellera quelquefois le souvenir
» du malheureux..... qui expire en vous adorant,
» et signe pour la dernière fois, CHÉRUBIN LÉON,
» d'Astorga. »

..... Puis, en caractères sanglants !.... « Blessé » à mort, je rouvre cette lettre, et vous écris » avec mon sang, ce douloureux, cet éternel » adieu. Souvenez-vous..... »

Le reste est effacé par des larmes..... (*Il s'agite.....*) Ce n'est point-là non plus l'écrit d'un méchant homme ! Un malheureux égarement..... (*Il s'assied et reste absorbé.*) Je me sens déchiré !

SCÈNE II.

BÉGEARSS, LE COMTE.

BÉGEARSS, *en entrant s'arréte, le regarde et se mord le doigt avec mystère.*

LE COMTE.

Ah ! mon cher ami, venez donc !..... vous me voyez dans un accablement.....

BÉGEARSS.

Très-effrayant, Monsieur, je n'osais avancer.

LE COMTE.

Je viens de lire cet écrit. Non ! ce n'étaient point là des ingrats ni des monstres, mais de malheureux insensés, comme ils se le disent eux-mêmes...

BÉGEARSS.

Je l'ai présumé comme vous.

LE COMTE *se lève et se promène.*

Les misérables femmes ! en se laissant séduire ne savent guères les maux qu'elles apprêtent..... Elles vont, elles vont... les affronts s'accumulent... et le monde injuste et léger accuse un père qui se tait, qui dévore en secret ses peines !...... On le taxe de dureté, pour les sentiments qu'il refuse au fruit d'un coupable adultère !... Nos désordres à nous, ne leur enlèvent presque rien ; ne peuvent du moins leur ravir la certitude d'être mères, ce bien inestimable de la maternité ! tandis que leur moindre caprice, un goût, une étourderie légère, détruit dans l'homme le bonheur....., le bonheur de toute sa vie, la sécurité d'être père. — Ah ! ce n'est point légèrement qu'on a donné tant d'importance à la fidélité des femmes ! Le bien, le mal de la société, sont attachés à leur conduite ; le paradis ou l'enfer des familles dépend à tout jamais de l'opinion qu'elles ont donnée d'elles.

BÉGEARSS.

Calmez-vous ; voici votre fille.

SCÈNE III.

FLORESTINE, LE COMTE, BÉGEARSS.

FLORESTINE, *un bouquet au côté.*

On vous disait, Monsieur, si occupé, que je n'ai pas osé vous fatiguer de mon respect.

LE COMTE.

Occupé de toi, mon enfant! *ma fille!* Ah! je me plais à te donner ce nom; car j'ai pris soin de ton enfance. Le mari de ta mère était fort dérangé : en mourant il ne laissa rien. Elle-même, en quittant la vie, t'a recommandée à mes soins. Je lui engageai ma parole; je la tiendrai, ma fille, en te donnant un noble époux. Je te parle avec liberté devant cet ami qui nous aime. Regarde autour de toi; choisis! ne trouves-tu personne ici, digne de posséder ton cœur!

FLORESTINE, *lui baisant la main.*

Vous l'avez tout entier, Monsieur, et si je me vois consultée, je répondrai que mon bonheur est de ne point changer d'état. — Monsieur votre fils en se mariant..... (car, sans doute, il ne restera plus dans l'ordre de Malte aujourd'hui); Monsieur votre fils, en se mariant, peut se séparer de son père. Ah! permettez que ce soit moi qui prenne soin de vos vieux jours! c'est un devoir, Monsieur, que je remplirai avec joie.

Le Comte.

Laisse, laisse *Monsieur* réservé pour l'indifférence; on ne sera point étonné qu'une enfant si reconnaissante me donne un nom plus doux! appelle-moi ton père.

Bégearss.

Elle est digne, en honneur, de votre confidence entière....... Mademoiselle, embrassez ce bon, ce tendre protecteur. Vous lui devez plus que vous ne pensez. Sa tutelle n'est qu'un devoir. Il fut l'ami...... l'ami secret de votre mère..... et, pour tout dire en un seul mot.....

SCÈNE IV.

FIGARO, LA COMTESSE, LE COMTE, FLORESTINE, BÉGEARSS. (*La Comtesse en robe à peigner.*

Figaro, *annonçant.*

Madame la Comtesse.

BÉGEARSS, *jette un regard furieux sur Figaro.*

(*A part.*) Au diable le faquin !

LA COMTESSE, *au Comte.*

Figaro m'avait dit que vous vous trouviez mal; effrayée, j'accours, et je vois....

LE COMTE.

....Que cet homme officieux vous a fait encore un mensonge.

FIGARO.

Monsieur, quand vous êtes passé, vous aviez un air si défait...... heureusement il n'en est rien.

(*Bégearss l'examine.*)

LA COMTESSE.

Bonjour, M. Bégearss.... Te voilà, Florestine; je te trouve radieuse.... Mais voyez donc comme elle est fraîche et belle ! Si le ciel m'eût donné une fille, je l'aurais voulue comme toi, de figure et de caractère. Il faudra bien que tu m'en tiennes lieu. Le veux-tu, Florestine ?

FLORESTINE, *lui baisant la main.*

Ah! Madame !

LA COMTESSE.

Qui t'a donc fleurie si matin ?

FLORESTINE, *avec joie.*

Madame, on ne m'a point fleurie ; c'est moi qui ai fait des bouquets. N'est-ce pas aujourd'hui *Saint-Léon ?*

LA COMTESE.

Charmante enfant, qui n'oublie rien ! (*Elle la baise au front.*)

LE COMTE *fait un geste terrible. Bégearss le retient.*

LA COMTESSE, *à Figaro.*

Puisque nous voilà rassemblés, avertissez mon fils que nous prendrons ici le chocolat.

FLORESTINE.

Pendant qu'ils vont le préparer, mon parrain, faites-nous donc voir ce beau buste de *Washington*, que vous avez, dit-on, chez vous.

LE COMTE.

J'ignore qui me l'envoie ; je ne l'ai demandé à personne ; et, sans doute, il est pour Léon. Il est beau ; je l'ai là dans mon cabinet : venez tous.

(*Bégearss, en sortant le dernier, se retourne deux fois pour examiner Figaro qui le regarde de même. Ils ont l'air de se menacer sans parler.*)

SCÈNE V.

FIGARO *seul, rangeant la table et les tasses pour le déjeûné.*

Serpent, ou basilic! tu peux me mesurer, me lancer des regards affreux! Ce sont les miens qui te tueront!.... Mais, où reçoit-il ses paquets? Il ne vient rien pour lui, de la poste à l'hôtel! Est-il monté seul de l'enfer?..... Quelqu'autre diable correspond!..... et moi, je ne puis découvrir.....

SCÈNE VI.

FIGARO, SUZANNE.

Suzanne *accourt, regarde, et dit très-vivement à l'oreille de Figaro:*

C'est lui que la pupille épouse. — Il a la promesse du Comte. — Il guérira Léon de son amour. — Il détachera Florestine. — Il fera consentir madame. — Il te chasse de la maison. — Il cloître ma maîtresse en attendant que l'on divorce. — Fait déshériter le jeune homme, et me rend maîtresse de tout. Voilà les nouvelles du jour.

(*Elle s'enfuit.*)

SCÈNE VII.

FIGARO, *seul.*

Non, s'il vous plaît, Monsieur le major ! nous compterons ensemble auparavant. Vous apprendrez de moi, qu'il n'y a que les sots qui triomphent. Grâce à l'*Ariane Suzon*, je tiens le fil du labyrinthe, et le Minotaure est cerné..... Je t'envelopperai dans tes pièges et te démasquerai si bien !..... Mais quel intérêt assez pressant lui fait faire une telle école, desserre les dents d'un tel homme ? S'en croirait-il assez sûr pour......... La sottise et la vanité sont compagnes inséparables ! Mon politique babille et se confie ! Il a perdu le coup. *Y a faute.*

SCÈNE VIII.

GUILLAUME, FIGARO.

GUILLAUME, (*avec une lettre.*)

Meissieir Bégearss! Ché vois qu'il est pas pour ici?

FIGARO, *rangeant le déjeuné.*

Tu peux l'attendre, il va rentrer.

GUILLAUME, *reculant.*

Meingoth c'hattendrai pas Meissieïr en gombagnie té vout! Mon maître il voudrait point, jé chure.

FIGARO.

Il te le défend? eh bien! donne la lettre; je vais la lui remettre en rentrant.

GUILLAUME *reculant.*

Pas plis à vous té lettres! O tiable! il voudra pientôt me jasser.

FIGARO *à part.*

Il faut pomper le sot. — Tu... viens de la poste, je crois?

GUILLAUME.

Tiable ! non, ché viens pas.

FIGARO.

C'est sans doute quelque missive du Gentlemen..... du parent irlandais dont il vient d'hériter ? Tu sais cela, toi, bon Guillaume ?

GUILLAUME *riant niaisement.*

Lettre d'un qu'il est mort, Meissieïr ! non, ché vous prie ! celui-là, ché crois pas, partié ce sera pien plitôt d'un autre. Peut-être i viendrait d'un qu'ils sont là...... pas contents dehors.

FIGARO.

D'un de nos mécontents, dis-tu ?

GUILLAUME.

Oui, mais ch'assure pas...

FIGARO *à part.*

Cela se peut ; il est fourré dans tout. (*à Guillaume.*) On pourrait voir au timbre, et s'assurer...

GUILLAUME.

Ch'assure pas ; pourquoi ? les lettres il vien chez M. O-Connor ; et puis, je sais pas quo c'est timpré, moi.

ACTE II.

FIGARO *vivement.*

O-Connor, banquier irlandais?

GUILLAUME.

Mon foi!

FIGARO *revient à lui, froidement.*

Ici près, derrière l'hôtel?

GUILLAUME.

Ein fort choli maison, partié! tes chens très... beaucoup gracieux, si j'osse dire (*Il se retire à l'écart.*)

FIGARO *à lui-même.*

O fortune! O bonheur!

GUILLAUME *revenant.*

Parle pas, fous, de s'té banquier, pour personne; entende-fous? ch'aurais pas du... *Tertaïfle!* (*Il frappe du pied.*)

FIGARO.

Vas! je n'ai garde; ne crains rien.

GUILLAUME.

Mon maitre, il dit, Meissieïr, vous âfre tout l'esprit, et moi pas...... Alors c'est chuste....... Mais, peut-être ché suis mécontent d'avoir dit à fous...

FIGARO.

Et pourquoi?

GUILLAUME.

Ché sais pas. — La valet trahir, voye-fous... L'être un péché qu'il est parpare, vil, et même... puéril.

FIGARO.

Il est vrai; mais tu n'as rien dit.

GUILLAUME *désolé*.

Mon Thié! mon Thié! ché sais pas, là.... quoi tire..... ou non..... (*Il se retire en soupirant.*) Ah! (*Il regarde niaisement les livres de la bibliothèque.*)

FIGARO *à part*.

Quelle découverte! Hasard! je te salue (*Il cherche ses tablettes.*) Il faut pourtant que je démêle comment un homme si caverneux s'arrange d'un tel imbécille... De même que les brigands redoutent les réverbères.. Oui, mais un sot est un fallot; la lumière passe à travers. (*Il dit en écrivant sur ses tablettes.*) O-Connor, banquier irlandais. C'est là qu'il faut que j'établisse mon noir comité de recherches. Ce moyen là n'est pas trop constitutionnel; *ma! perdio!* l'utilité! Et puis, j'ai mes exemples! (*Il écrit.*)

Quatre ou cinq louis d'or au valet chargé du détail de la poste, pour ouvrir dans un cabaret chaque lettre de l'écriture d'Honoré-Tartuffe Bégearss.... Monsieur le tartuffe honoré! vous cesserez enfin de l'être! Un dieu m'a mis sur votre piste. (*Il serre ses tablettes.*) Hasard! Dieu méconnu! les anciens t'appelaient Destin! nos gens te donnent un autre nom...

SCÈNE IX.

LA COMTESSE, LE COMTE, FLO-RESTINE, BÉGEARSS, FIGARO, GUILLAUME.

Bégearss *aperçoit Guillaume, et lui dit avec humeur, en prenant la lettre :*

NE peux-tu pas me les garder chez moi?

Guillaume.

Ché crois, celui-ci, c'est tout comme.... (*Il sort.*)

La Comtesse *au Comte.*

Monsieur, ce buste est un très-beau morceau : votre fils l'a-t-il vu?

BÉGEARSS *la lettre ouverte.*

Ah ! Lettre de Madrid ! du secrétaire du Ministre ! Il y a un mot qui vous regarde. (*Il lit.*) « Dites au Comte Almaviva, que le courrier qui » part demain, lui porte l'agrément du Roi pour » l'échange de toutes ses terres. »

FIGARO *écoute, et se fait, sans parler, un signe d'intelligence.*

LA COMTESSE.

Figaro ? dis donc à mon fils que nous déjeûnons tous ici.

FIGARO.

Madame, je vais l'avertir. (*Il sort.*)

SCÈNE X.

LA COMTESSE, LE COMTE, FLORESTINE, BÉGEARSS.

LE COMTE *à Bégearss.*

J'EN veux donner avis sur-le-champ à mon acquéreur. Envoyez-moi du thé dans mon arrière-cabinet.

FLORESTINE.

Bon papa, c'est moi qui vous le porterai.

ACTE II.

LE COMTE *bas à Florestine.*

Pense beaucoup au peu que je t'ai dit. (*Il la baise au front et sort.*)

SCÈNE XI.

LÉON, LA COMTESSE, FLORESTINE, BÉGEARSS.

LÉON *avec chagrin.*

Mon père s'en va quand j'arrive ! il m'a traité avec une rigueur...

LA COMTESSE *sévèrement.*

Mon fils, quels discours tenez-vous ? dois-je me voir toujours froissée par l'injustice de chacun ? Votre père a besoin d'écrire à la personne qui échange ses terres.

FLORESTINE *gaîment.*

Vous regrettez votre papa ? nous aussi nous le regrettons. Cependant, comme il sait que c'est aujourd'hui votre fête, il m'a chargée, Monsieur, de vous présenter ce bouquet. (*Elle lui fait une grande révérence.*)

LÉON, *pendant qu'elle l'ajuste à sa boutonnière.*

Il n'en pouvait prier quelqu'un qui me rendît ses bontés aussi chères... (*Il l'embrasse.*)

FLORESTINE *se débattant.*

Voyez, Madame, si on peut jamais badiner avec lui, sans qu'il abuse au même instant...

LA COMTESSE *souriant.*

Mon enfant, le jour de sa fête, on peut lui passer quelque chose.

FLORESTINE *baissant les yeux.*

Pour l'en punir, Madame, faites-lui lire le discours qui fut, dit-on, tant applaudi hier à l'assemblée.

LÉON.

Si maman juge que j'ai tort, j'irai chercher ma pénitence.

FLORESTINE.

Ah! Madame, ordonnez-le lui.

LA COMTESSE.

Apportez-nous, mon fils, votre discours : moi, je vais prendre quelque ouvrage, pour l'écouter avec plus d'attention.

ACTE II.

FLORESTINE *gaîment.*

Obstiné! c'est bien fait; et je l'entendrai malgré vous.

LÉON *tendrement.*

Malgré moi, quand vous l'ordonnez? Ah! Florestine, j'en défie!

(*La Comtesse et Léon sortent chacun de leur côté.*)

SCÈNE XII.

FLORESTINE, BÉGEARSS.

BÉGEARSS, *bas.*

Eh bien! Mademoiselle, avez-vous deviné l'époux qu'on vous destine?

FLORESTINE *avec joie.*

Mon cher monsieur Bégearss! vous êtes à tel point notre ami, que je me permettrai de penser tout haut avec vous. Sur qui puis-je porter les yeux? Mon parrain m'a bien dit : Regarde autour de toi; choisis. Je vois l'excès de sa bonté : ce ne peut être que Léon. Mais moi, sans biens, dois-je abuser...

BÉGEARSS *d'un ton terrible.*

Qui ? Léon ! son fils ? votre frère ?

FLORESTINE *avec un cri douloureux.*

Ah ! Monsieur !...

BÉGEARSS.

Ne vous a-t-il pas dit : Appelle-moi ton père ? Réveillez-vous, ma chère enfant ! écartez un songe trompeur, qui pouvait devenir funeste.

FLORESTINE.

Ah ! oui ; funeste pour tous deux !

BÉGEARSS.

Vous sentez qu'un pareil secret doit rester caché dans votre âme. (*Il sort en la regardant.*)

SCÈNE XIII.

FLORESTINE *seule et pleurant.*

O Ciel ! il est mon frère, et j'ose avoir pour lui... Quel coup d'une lumière affreuse ! et dans un tel sommeil, qu'il est cruel de s'éveiller ! (*Elle tombe accablée sur un siége.*)

SCÈNE XIV.

LÉON *un papier à la main*, FLORESTINE.

LÉON *joyeux, à part.*

MAMAN n'est pas rentrée, et M. Bégearss est sorti : profitons d'un moment heureux. — Florestine ! vous êtes ce matin, et toujours, d'une beauté parfaite ; mais vous avez un air de joie, un ton aimable de gaîté, qui ranime mes espérances.

FLORESTINE *au désespoir.*

Ah Léon ! (*Elle retombe.*)

LÉON.

Ciel ! vos yeux noyés de larmes, et votre visage défait m'annoncent quelque grand malheur !

FLORESTINE.

Des malheurs ? Ah ! Léon, il n'y en a plus que pour moi.

LÉON.

Floresta, ne m'aimez-vous plus ? lorsque mes sentimens pour vous...

FLORESTINE, *d'un ton absolu.*

Vos sentiments? ne m'en parlez jamais.

LÉON.

Quoi ? l'amour le plus pur !..

FLORESTINE *au désespoir.*

Finissez ces cruels discours, ou je vais vous fuir à l'instant.

LÉON.

Grand Dieu ! qu'est-il donc arrivé ? M. Bégearss vous a parlé, Mademoiselle, je veux savoir ce que vous a dit ce Bégearss ?

SCÈNE XV.

LA COMTESSE, FLORESTINE, LÉON.

LÉON *continue.*

Maman, venez à mon secours. Vous me voyez au désespoir; Florestine ne m'aime plus.

FLORESTINE *pleurant.*

Moi, Madame, ne plus l'aimer ! Mon parrain, vous et lui, c'est le cri de ma vie entière.

LA COMTESSE.

Mon enfant, je n'en doute pas. Ton cœur

excellent m'en répond. Mais de quoi donc s'afflige-t-il ?

LÉON.

Maman, vous approuvez l'ardent amour que j'ai pour elle ?

FLORESTINE, *se jetant dans les bras de la Comtesse.*

Ordonnez-lui donc de se taire ! (*En pleurant.*) Il me fait mourir de douleur !

LA COMTESSE.

Mon enfant, je ne t'entends point. Ma surprise égale la sienne...... Elle frissonne entre mes bras ! Qu'a-t-il donc fait qui puisse te déplaire ?

FLORESTINE *se renversant sur elle.*

Madame, il ne me déplaît point. Je l'aime et le respecte à l'égal de mon frère ; mais qu'il n'exige rien de plus.

LÉON.

Vous l'entendez, maman ! Cruelle fille ! expliquez-vous.

FLORESTINE.

Laissez-moi, laissez-moi, ou vous me causerez la mort.

SCÈNE XVI.

LA COMTESSE, FLORESTINE, LÉON, FIGARO, *arrivant avec l'équipage du thé;* SUZANNE *de l'autre côté, avec un métier de tapisserie.*

La Comtesse.

Remporte tout, Suzanne : il n'est pas plus question de déjeuné que de lecture. Vous, Figaro, servez du thé à votre maître ; il écrit dans son cabinet. Et toi, ma Florestine, viens dans le mien rassurer ton amie. Mes chers enfants, je vous porte en mon cœur ! — Pourquoi l'affligez-vous l'un après l'autre sans pitié ? Il y a ici des choses qu'il m'est important d'éclaircir. (*Elles sortent.*)

SCÈNE XVII.

SUZANNE, FIGARO, LÉON.

Suzanne, *à Figaro.*

Je ne sais pas de quoi il est question ; mais je

parierais bien que c'est là du Bégearss tout pur. Je veux absolument prémunir ma maîtresse.

FIGARO.

Attends que je sois plus instruit : nous nous concerterons ce soir. Oh ! j'ai fait une découverte.....

SUZANNE.

Et tu me la diras ? (*Elle sort.*)

SCÈNE XVIII.

FIGARO, LÉON.

LÉON, *désolé*.

Ah ! Dieux !

FIGARO.

De quoi s'agit-il donc, Monsieur ?

LÉON.

Hélas ! je l'ignore moi-même. Jamais je n'avais vu Floresta de si belle humeur, et je savais qu'elle avait eu un entretien avec mon père. Je la laisse un instant avec M. Bégearss ; je la trouve seule, en rentrant, les yeux remplis de larmes, et m'ordonnant de la fuir pour toujours. Que peut-il donc lui avoir dit ?

FIGARO.

Si je ne craignais pas votre vivacité, je vous instruirais sur des points qu'il vous importe de savoir. Mais lorsque nous avons besoin d'une grande prudence, il ne faudrait qu'un mot de vous, trop vif, pour me faire perdre le fruit de dix années d'observations.

LÉON.

Ah! s'il ne faut qu'être prudent...... Que crois-tu donc qu'il lui ait dit ?

FIGARO.

Qu'elle doit accepter Honoré Bégearss pour époux ; que c'est une affaire arrangée entre M. votre père et lui.

LÉON.

Entre mon père et lui? le traître aura ma vie.

FIGARO.

Avec ces façons là, Monsieur, le traître n'aura pas votre vie ; mais il aura votre maîtresse, et votre fortune avec elle.

LÉON.

Eh bien ! ami, pardon : apprends-moi ce que je dois faire ?

FIGARO.

Deviner l'énigme du Sphinx, ou bien en être dévoré. En d'autres termes, il faut vous modérer, le laisser dire, et dissimuler avec lui.

LÉON, *avec fureur.*

Me modérer !..... Oui, je me modérerai. Mais j'ai la rage dans le cœur ! — M'enlever Florestine ! Ah ! le voici qui vient : je vais m'expliquer... froidement.

FIGARO.

Tout est perdu si vous vous échappez.

SCÈNE XIX.

BÉGEARSS, FIGARO, LÉON.

LÉON, *se contenant mal.*

Monsieur, monsieur, un mot. Il importe à votre repos que vous répondiez sans détour. — Florestine est au désespoir ; qu'avez-vous dit à Florestine ?

BÉGEARSS, *d'un ton glacé.*

Et qui vous dit que je lui ai parlé ? Ne peut-elle avoir des chagrins, sans que j'y sois pour quelque chose ?

LÉON, *vivement.*

Point d'évasions, Monsieur. Elle était d'une humeur charmante : en sortant d'avec vous, on la voit fondre en larmes. De quelque part qu'elle en reçoive, mon cœur partage ses chagrins. Vous m'en direz la cause, ou bien vous m'en ferez raison.

BÉGEARSS.

Avec un ton moins absolu, on peut tout obtenir de moi ; je ne sais point céder à des menaces.

LÉON, *furieux.*

Eh bien ! perfide, défends-toi. J'aurai ta vie, ou tu auras la mienne ! (*Il met la main à son épée.*).

FIGARO *les arrête.*

Monsieur Bégearss ! au fils de votre ami ? dans sa maison ? où vous logez ?

BÉGEARSS, *se contenant.*

Je sais trop ce que je me dois.....Je vais m'expliquer avec lui ; mais je n'y veux point de témoins. Sortez, et laissez-nous ensemble.

LÉON.

Vas, mon cher Figaro : tu vois qu'il ne peut m'échapper. Ne lui laissons aucune excuse.

FIGARO, *à part.*

Moi, je cours avertir son père. (*Il sort.*)

SCÈNE XX.

LÉON, BÉGEARSS.

Léon, *lui barrant la porte.*

Il vous convient peut-être mieux de vous battre que de parler. Vous êtes le maître du choix; mais je n'admettrai rien d'étranger à ces deux moyens.

Bégearss, *froidement.*

Léon! un homme d'honneur n'égorge pas le fils de son ami. Devais-je m'expliquer devant un malheureux valet, insolent d'être parvenu à presque gouverner son maître?

Léon, *s'asseyant.*

Au fait, Monsieur, je vous attends.....

Bégearss.

Oh! que vous allez regretter une fureur déraisonnable!

Léon.

C'est ce que nous verrons bientôt.

Bégearss, *affectant une dignité froide.*

Léon! vous aimez Florestine; il y a long-temps

que je le vois..... Tant que votre frère a vécu, je n'ai pas cru devoir servir un amour malheureux qui ne vous conduisait à rien. Mais depuis qu'un funeste duel, disposant de sa vie, vous a mis en sa place, j'ai eu l'orgueil de croire mon influence capable de disposer M. votre père à vous unir à celle que vous aimez. Je l'attaquais de toutes les manières ; une résistance invincible a repoussé tous mes efforts. Désolé de le voir rejeter un projet qui me paraissait fait pour le bonheur de tous...... Pardon, mon jeune ami, je vais vous affliger ; mais il le faut en ce moment, pour vous sauver d'un malheur éternel. Rappelez bien votre raison, vous allez en avoir besoin. — J'ai forcé votre père à rompre le silence ; à me confier son secret. O mon ami! m'a dit enfin le comte : je connais l'amour de mon fils ; mais puis-je lui donner Florestine pour femme ? Celle que l'on croit ma pupille...... elle est ma fille ; elle est sa sœur.

LÉON, *reculant vivement.*

Florestine ?..... ma sœur ?.....

BÉGEARSS.

Voilà le mot qu'un sévère devoir..... Ah! je vous le dois à tous deux : mon silence pouvait vous perdre. Eh bien! Léon, voulez-vous vous battre avec moi ?

Les voilà, Les voilà.

Acte II. Scène XXI.

LÉON.

Mon généreux ami! je ne suis qu'un ingrat, un monstre! oubliez ma rage insensée.......

BÉGEARSS, *bien tartuffe.*

Mais c'est à condition que ce fatal secret ne sortira jamais....... Dévoiler la honte d'un père, ce serait un crime.....

LÉON, *se jetant dans ses bras.*

Ah! jamais.

SCÈNE XXI.

LE COMTE, FIGARO, LÉON, BÉGEARSS.

FIGARO, *accourant.*

Les voilà, les voilà.

LE COMTE.

Dans les bras l'un de l'autre! Eh! vous perdez l'esprit!

FIGARO, *stupéfait.*

Ma foi! Monsieur..:... on le perdrait à moins.

LE COMTE, *à Figaro.*

M'expliquerez-vous cette énigme ?

LÉON, *tremblant.*

Ah ! c'est à moi, mon père, à l'expliquer. Pardon ! je dois mourir de honte ! Sur un sujet assez frivole, je m'étais...... beaucoup oublié. Son caractère généreux, non seulement me rend à la raison ; mais il a la bonté d'excuser ma folie en me la pardonnant. Je lui en rendais grâce lorsque vous nous avez surpris.

LE COMTE.

Ce n'est pas la centième fois que vous lui devez de la reconnaissance. Au fait, nous lui en devons tous.

FIGARO, *sans parler, se donne un coup de poing au front.*

BÉGEARSS *l'examine et sourit.*

LE COMTE, *à son fils.*

Retirez-vous, Monsieur. Votre aveu seul enchaîne ma colère.

BÉGEARSS.

Ah ! Monsieur, tout est oublié.

Le Comte, *à Léon.*

Allez vous repentir d'avoir manqué à mon ami, au vôtre, à l'homme le plus vertueux.......

Léon, *s'en allant.*

Je suis au désespoir !

Figaro, *à part, avec colère.*

C'est une légion de diables enfermés dans un seul pourpoint.

SCÈNE XXII.

LE COMTE, BÉGEARSS, FIGARO.

Le Comte, *à Bégearss, à part.*

Mon ami, finissons ce que nous avons commencé. (*A Figaro.*) Vous, monsieur l'étourdi, avec vos belles conjectures, donnez-moi les trois millions d'or que vous m'avez vous-même apportés de Cadix, en soixante effets au porteur. Je vous avais chargé de les numéroter.

Figaro.

Je l'ai fait.

Le Comte.

Remettez-m'en le portefeuille.

FIGARO.

De quoi ? de ces trois millions d'or ?

LE COMTE.

Sans doute. Eh bien ! qui vous arrête ?

FIGARO, *humblement*.

Moi, Monsieur ?..... Je ne les ai plus.

BÉGEARSS.

Comment, vous ne les avez plus ?

FIGARO, *fièrement*.

Non, Monsieur.

BÉGEARSS, *vivement*.

Qu'en avez-vous fait ?

FIGARO.

Lorsque mon maître m'interroge, je lui dois compte de mes actions; mais à vous ? je ne vous dois rien.

LE COMTE, *en colère*.

Insolent ! qu'en avez-vous fait ?

FIGARO, *froidement*.

Je les ai portés en dépôt chez M. Fal, votre notaire.

BÉGEARSS.

Mais de l'avis de qui?

FIGARO, *fièrement*.

Du mien; et j'avoue que j'en suis toujours.

BÉGEARSS.

Je vais gager qu'il n'en est rien.

FIGARO.

Comme j'ai sa reconnaissance, vous courez risque de perdre la gageure.

BÉGEARSS.

Ou s'il les a reçus, c'est pour agioter. Ces gens là partagent ensemble.

FIGARO.

Vous pourriez un peu mieux parler d'un homme qui vous a obligé.

BÉGEARSS.

Je ne lui dois rien.

FIGARO.

Je le crois; quand on a hérité de *quarante mille doublons de huit*.......

LE COMTE, *se fâchant*.

Avez-vous donc quelque remarque à nous faire aussi là-dessus?

FIGARO.

Qui, moi, Monsieur? J'en doute d'autant moins, que j'ai beaucoup connu le parent dont Monsieur hérite. Un jeune homme assez libertin; joueur, prodigue et querelleur; sans frein, sans mœurs, sans caractère, et n'ayant rien à lui, pas même les vices qui l'ont tué; qu'un combat des plus malheureux.....

LE COMTE *frappe du pied.*

BÉGEARSS *en colère.*

Enfin, nous direz-vous, pourquoi vous avez déposé cet or?

FIGARO.

Ma foi, Monsieur, c'est pour n'en être plus chargé. Ne pouvait-on pas le voler? que sait-on? il s'introduit souvent de grands fripons dans les maisons.....

BÉGEARSS, *en colère.*

Pourtant Monsieur veut qu'on le rende.

FIGARO.

Monsieur peut l'envoyer chercher.

BÉGEARSS.

Mais ce notaire s'en dessaisira-t-il, s'il ne voit son *récépissé*?

FIGARO.

Je vais le remettre à Monsieur; et quand j'aurai fait mon devoir, s'il en arrive quelque mal, il ne pourra s'en prendre à moi.

LE COMTE.

Je l'attends dans mon cabinet.

FIGARO, *au Comte.*

Je vous préviens que M. Fal, ne les rendra que sur votre reçu; je le lui ai recommandé.

(*Il sort.*)

SCÈNE XXIII.

LE COMTE, BÉGEARSS.

BÉGEARSS, *en colère.*

COMBLEZ cette canaille, et voyez ce qu'elle devient! En vérité, Monsieur, mon amitié me force à vous le dire : vous devenez trop confiant; il a deviné nos secrets. De valet, barbier, chirurgien, vous l'avez établi trésorier, secrétaire; une espèce de *factotum*. Il est notoire que ce monsieur fait bien ses affaires avec vous.

Le Comte.

Sur la fidélité, je n'ai rien à lui reprocher; mais il est vrai qu'il est d'une arrogance....

Bégearss.

Vous avez un moyen de vous en délivrer en le récompensant.

Le Comte.

Je le voudrais souvent.

Bégearss, *confidentiellement.*

En envoyant le chevalier à Malte, sans doute vous voulez qu'un homme affidé le surveille ? Celui-ci, trop flatté d'un aussi honorable emploi, ne peut manquer de l'accepter : vous en voilà défait pour bien du temps.

Le Comte.

Vous avez raison, mon ami. Aussi bien, m'a-t-on dit, qu'il vit très-mal avec sa femme.

(*Il sort.*)

SCÈNE XXIV.

BÉGEARSS, *seul.*

Encore un pas de fait !..... Ah ! noble espion, la fleur des drôles ! qui faites ici le bon valet, et voulez nous souffler la dot, en nous donnant des noms de comédie ! Grâce aux soins d'Honoré-Tartuffe, vous irez partager le malaise des caravannes, et finirez vos inspections sur nous.

FIN DU SECOND ACTE.

ACTE III.

Le théâtre représente le cabinet de la Comtesse, orné de fleurs de toutes parts.

SCÈNE PREMIÈRE.

LA COMTESSE, SUZANNE.

LA COMTESSE.

JE n'ai pu rien tirer de cette enfant.—Ce sont des pleurs, des étouffements !... Elle se croit des torts envers moi, m'a demandé cent fois pardon ; elle veut aller au couvent. Si je rapproche tout ceci de sa conduite envers mon fils, je présume qu'elle se reproche d'avoir écouté son amour, entretenu ses espérances, ne se croyant pas un parti assez considérable pour lui. — Charmante délicatesse ! excès d'une aimable vertu ! M. Bégearss apparemment lui en a touché quelques mots qui l'auront amenée à s'affliger sur elle ! car c'est un homme si scrupuleux, et si délicat sur l'honneur, qu'il s'exagère quelquefois, et se fait des fantômes où les autres ne voient rien.

SUZANNE.

J'ignore d'où provient le mal ; mais il se passe ici des choses bien étranges ! Quelque démon y souffle un feu secret. Notre maître est sombre à périr ; il nous éloigne tous de lui. Vous êtes sans cesse à pleurer. Mademoiselle est suffoquée. Monsieur votre fils désolé !..... M. Bégearss, lui seul, imperturbable comme un dieu ! semble n'être affecté de rien ; voit tous vos chagrins d'un œil sec.....

LA COMTESSE.

Mon enfant, son cœur les partage. Hélas ! sans ce consolateur, qui verse un baume sur nos plaies, dont la sagesse nous soutient, adoucit toutes les aigreurs, calme mon irascible époux, nous serions bien plus malheureux !

SUZANNE.

Je souhaite, Madame, que vous ne vous abusiez pas !

LA COMTESSE.

Je t'ai vue autrefois lui rendre plus de justice ! (*Suzanne baisse les yeux.*) Au reste, il peut seul me tirer du trouble où cette enfant m'a mise. Fais-le prier de descendre chez moi.

SUZANNE.

Le voici qui vient à propos ; vous vous ferez coiffer plus tard. (*Elle sort.*)

SCÈNE II.

LA COMTESSE, BÉGEARSS.

LA COMTESSE, *douloureusement.*

Ah ! mon pauvre major ; que se passe-t-il donc ici ? Touchons-nous enfin à la crise que j'ai si long-temps redoutée, que j'ai vue de loin se former ? L'éloignement du Comte pour mon malheureux fils semble augmenter de jour en jour. Quelque lumière fatale aura pénétré jusqu'à lui !

BÉGEARSS.

Madame, je ne le crois pas.

LA COMTESSE.

Depuis que le ciel m'a punie par la mort de mon fils aîné, je vois le Comte absolument changé : au lieu de travailler avec l'ambassadeur à Rome, pour rompre les vœux de Léon, je le vois s'obstiner à l'envoyer à Malte. — Je sais de plus, M. Bégearss, qu'il dénature sa fortune, et veut abandonner l'Espagne pour s'établir dans ce pays. — L'autre jour à dîner, devant trente personnes, il raisonna sur le divorce d'une façon à me faire frémir.

BÉGEARSS.

J'y étais ; je m'en souviens trop !

LA COMTESSE, *en larmes.*

Pardon, mon digne ami ; je ne puis pleurer qu'avec vous !

BÉGEARSS.

Déposez vos douleurs dans le sein d'un homme sensible.

LA COMTESSE.

Enfin, est-ce lui, est-ce vous, qui avez déchiré le cœur de Florestine ? Je la destinais à mon fils. — Née sans biens, il est vrai, mais noble, belle et vertueuse ; élevée au milieu de nous : mon fils devenu héritier, n'en a-t-il pas assez pour deux ?

BÉGEARSS.

Que trop, peut-être ; et c'est d'où vient le mal !

LA COMTESSE.

Mais, comme si le ciel n'eût attendu aussi long-temps que pour me mieux punir d'une imprudence tant pleurée, tout semble s'unir à-la-fois pour renverser mes espérances. Mon époux déteste mon fils... Florestine renonce à lui. Aigrie par ne sais quel motif, elle veut le fuir pour toujours. Il en mourra, le malheureux ! voilà ce qui est bien certain. (*Elle joint les mains.*) Ciel vengeur ! après vingt années de larmes et de repentir, me réservez-vous à l'horreur de voir ma faute découverte ? Ah ! que je sois seule misérable ! mon Dieu, je ne m'en plaindrai pas ! mais que mon fils ne porte point la peine d'un crime qu'il n'a pas commis ! Connaissez-vous, M. Bégearss, quelque remède à tant de maux ?

BÉGEARSS.

Oui, femme respectable ! et je venais exprès dissiper vos terreurs. Quand on craint une chose, tous nos regards se portent vers cet objet trop alarmant : quoi qu'on dise ou qu'on fasse, la frayeur empoisonne tout ! enfin, je tiens la clef de ces énigmes. Vous pouvez encore être heureuse.

LA COMTESSE.

L'est-on avec une âme déchirée de remords ?

BÉGEARSS.

Votre époux ne fuit point Léon ; il ne soupçonne rien sur le secret de sa naissance.

ACTE III.

La Comtesse, *vivement.*

Monsieur Bégearss !

Bégearss.

Et tous ces mouvements que vous prenez pour de la haine, ne sont que l'effet d'un scrupule. Oh! que je vais vous soulager !

La Comtesse, *ardemment.*

Mon cher M. Bégearss !

Bégearss.

Mais enterrez dans ce cœur allégé, le grand mot que je vais vous dire. Votre secret à vous, c'est la naissance de Léon ! le sien est celle de Florestine ; (*plus bas*) il est son tuteur... et son père.

La Comtesse *joignant les mains.*

Dieu tout-puissant qui me prends en pitié !

Bégearss.

Jugez de sa frayeur en voyant ces enfants amoureux l'un de l'autre ! ne pouvant dire son secret, ni supporter qu'un tel attachement devînt le fruit de son silence, il est resté sombre, bizarre ; et s'il veut éloigner son fils, c'est pour éteindre, s'il se peut, par cette absence et par ces vœux, un malheureux amour qu'il croit ne pouvoir tolérer.

La Comtesse, *priant avec ardeur.*

Source éternelle des bienfaits ! ô mon Dieu ! tu permets qu'en partie je répare la faute involontaire qu'un insensé me fit commettre ; que j'aye, de mon côté, quelque chose à remettre à cet époux que j'offensai ! O comte Almaviva ! mon cœur flétri, fermé par vingt années de peines, va se rouvrir enfin pour toi ! Florestine est ta fille ; elle me devient chère comme si mon sein l'eût portée. Faisons, sans nous parler, l'échange de notre indulgence ! O M. Bégearss ! achevez.

Bégearss.

Mon amie, je n'arrête point ces premiers élans d'un bon cœur : les émotions de la joie ne sont point dangereuses comme celles de la tristesse ; mais, au nom de votre repos, écoutez-moi jusqu'à la fin.

La Comtesse.

Parlez, mon généreux ami : vous à qui je dois tout, parlez.

Bégearss.

Votre époux cherchant un moyen de garantir sa Florestine de cet amour qu'il croit incestueux,

ACTE III.

m'a proposé de l'épouser ; mais, indépendamment du sentiment profond et malheureux que mon respect pour vos douleurs.....

La Comtesse, *douloureusement.*

Ah ! mon ami ! par compassion pour moi.....

Bégearss.

N'en parlons plus. Quelques mots d'établissement, tournés d'une forme équivoque, ont fait penser à Florestine qu'il était question de Léon. Son jeune cœur s'en épanouissait, quand un valet vous annonça. Sans m'expliquer depuis sur les vues de son père ; un mot de moi, la ramenant aux sévères idées de la fraternité, a produit cet orage, et la religieuse horreur dont votre fils ni vous ne pénétriez le motif.

La Comtesse.

Il en était bien loin, le pauvre enfant !

Bégearss.

Maintenant qu'il vous est connu, devons-nous suivre ce projet d'une union qui répare tout ?.....

La Comtesse, *vivement.*

Il faut s'y tenir, mon ami ; mon cœur et mon esprit sont d'accord sur ce point, et c'est à moi de la déterminer. Par là, nos secrets sont couverts ; nul étranger ne les pénétrera. Après vingt années de souffrances nous passerons des jours heureux, et c'est à vous, mon digne ami, que ma famille les devra.

BÉGEARSS, *élevant la voix.*

Pour que rien ne les trouble plus, il faut encore un sacrifice, et mon amie est digne de le faire.

LA COMTESSE.

Hélas ! je veux les faire tous.

BÉGEARSS, *l'air imposant.*

Ces lettres, ces papiers d'un infortuné qui n'est plus, il faudra les réduire en cendres.

LA COMTESSE, *avec douleur.*

Ah ! Dieu !

BÉGEARSS.

Quand cet ami mourant me chargea de vous les remettre, son dernier ordre fut qu'il fallait sauver votre honneur, en ne laissant aucune trace de ce qui pourrait l'altérer.

LA COMTESSE.

Dieu ! Dieu !

BÉGEARSS.

Vingt ans se sont passés sans que j'aye pu

ACTE III.

obtenir que ce triste aliment de votre éternelle douleur s'éloignât de vos yeux. Mais indépendamment du mal que tout cela vous fait ; voyez quel danger vous courez.

La Comtesse.

Eh! que peut-on avoir à craindre !

Begearss, *regardant si on peut l'entendre.*

(*Parlant bas.*) Je ne soupçonne point Suzanne ; mais une femme de chambre instruite que vous conservez ces papiers, ne pourrait-elle pas un jour s'en faire un moyen de fortune ? un seul remis à votre époux, que peut-être il payerait bien cher, vous plongerait dans des malheurs...

La Comtesse.

Non, Suzanne a le cœur trop bon.....

Bégearss, *d'un ton plus élevé, très-ferme.*

Ma respectable amie ! vous avez payé votre dette à la tendresse, à la douleur, à vos devoirs de tous les genres ; et si vous êtes satisfaite de la conduite d'un ami, j'en veux avoir la récompense. Il faut brûler tous ces papiers, éteindre tous ces souvenirs d'une faute autant expiée ! mais, pour ne jamais revenir sur un sujet si douloureux, j'exige que le sacrifice en soit fait dans ce même instant.

LA COMTESSE, *tremblante.*

Je crois entendre Dieu qui parle ! il m'ordonne de l'oublier ; de déchirer le crêpe obscur dont sa mort a couvert ma vie. Oui, mon Dieu ! je vais obéir à cet ami que vous m'avez donné. (*Elle sonne.*) Ce qu'il exige en votre nom, mon repentir le conseillait ; mais ma faiblesse a combattu.

SCÈNE III.

SUZANNE, LA COMTESSE, BÉGEARSS.

LA COMTESSE.

Suzanne ! apporte-moi le coffret de mes diamants.—Non, je vais le prendre moi-même, il te faudrait chercher la clef.....

SCÈNE IV.

SUZANNE, BÉGEARSS.

SUZANNE, *un peu troublée.*

Monsieur Bégearss, de quoi s'agit-il donc ?

Toutes les têtes sont renversées ! Cette maison ressemble à l'hôpital des fous ! Madame pleure ; Mademoiselle étouffe. Le chevalier Léon parle de se noyer ; Monsieur est enfermé et ne veut voir personne. Pourquoi ce coffre aux diamants inspire-t-il en ce moment tant d'intérêt à tout le monde ?

BÉGEARSS, *mettant son doigt sur sa bouche, en signe de mystère.*

Chut ! Ne montre ici nulle curiosité ! Tu le sauras dans peu.....Tout va bien ; tout est bien .. Cette journée vaut..... Chut.....

SCÈNE V.

LA COMTESSE, BÉGEARSS, SUZANNE.

LA COMTESSE, *tenant le coffre aux diamants.*

Suzanne, apporte nous du feu dans le brazéro du boudoir.

SUZANNE.

Si c'est pour brûler des papiers, la lampe de nuit allumée, est encore là dans l'athénienne.

(*Elle l'avance.*)

La Comtesse.

Veille à la porte, et que personne n'entre.

Suzanne, *en sortant, à part.*

Courons avant, avertir Figaro.

SCÈNE VI.

LA COMTESSE, BÉGEARSS.

Bégearss.

Combien j'ai souhaité pour vous le moment auquel nous touchons!

La Comtesse, *étouffée.*

O mon ami! quel jour nous choisissons pour consommer ce sacrifice! celui de la naissance de mon malheureux fils! A cette époque, tous les ans, leur consacrant cette journée, je demandais pardon au ciel, et je m'abreuvais de mes larmes en relisant ces tristes lettres. Je me rendais au moins le témoignage qu'il y eut entre nous plus d'erreur que de crime. Ah! faut-il donc brûler tout ce qui me reste de lui?

Bégearss.

Quoi, Madame? détruisez-vous ce fils qui vous

ACTE III.

le représente ? ne lui devez-vous pas un sacrifice qui le préserve de mille affreux dangers ? vous vous le devez à vous-même ! et la sécurité de votre vie entière est attachée peut-être à cet acte imposant ! (*Il ouvre le secret de l'écrin et en tire les lettres*).

La Comtesse, *surprise*.

Monsieurs Bégearss, vous l'ouvrez mieux que moi !..... que je les lise encore !

Bégearss, *sévèrement*.

Non, je ne le permettrai pas.

La Comtesse.

Seulement la dernière où, traçant ses tristes adieux, du sang qu'il répandit pour moi, il m'a donné la leçon du courage dont j'ai tant besoin aujourd'hui.

Bégearss, *s'y opposant*.

Si vous lisez un mot, nous ne brûlerons rien. Offrez au ciel un sacrifice entier, courageux, volontaire, exempt des faiblesses humaines ! ou si vous n'osez l'accomplir ; c'est à moi d'être fort pour vous. Les voilà toutes dans le feu.

(*Il y jette le paquet.*)

La Comtesse, *vivement*.

Monsieur Bégearss ! Cruel ami ! c'est ma vie

que vous consumez ! qu'il m'en reste au moins un lambeau. (*Elle veut se précipiter sur les lettres enflammées.*) (*Bégearss la retient à bras le corps*).

BÉGEARSS.

J'en jetterai la cendre au vent.

SCÈNE VII.

SUZANNE, LE COMTE, FIGARO, LA COMTESSE, BÉGEARSS.

SUZANNE *accourt.*

C'EST Monsieur, il me suit ; mais amené par Figaro.

LE COMTE, *les surprenant en cette posture.*

Qu'est-ce donc que je vois, Madame ! d'où vient ce désordre ? quel est ce feu, ce coffre, ces papiers ? pourquoi ce débat et ces pleurs ?
(*Bégearss et la Comtesse restent confondus.*

LE COMTE.

Vous ne répondez point?

C'est Monsieur il me Suit, mais amené par Figaro.

Acte III. Scene VII.

BÉGEARSS *se remet, et dit d'un ton pénible.*

J'espère, Monsieur, que vous n'exigez pas qu'on s'explique devant vos gens. J'ignore quel dessein vous fait surprendre ainsi Madame! quant à moi, je suis résolu de soutenir mon caractère en rendant un hommage pur à la vérité, quelle qu'elle soit.

LE COMTE, *à Figaro et à Suzanne.*

Sortez tous deux.

FIGARO.

Mais, Monsieur, rendez-moi du moins la justice de déclarer que je vous ai remis le récépissé du notaire, sur le grand objet de tantôt!

LE COMTE.

Je le fais volontiers, puisque c'est réparer un tort. (*A Bégearss.*) Soyez certain, Monsieur, que voilà le récépissé. (*Il le remet dans sa poche.*) (*Figaro et Suzanne sortent chacun de leur côté.*)

FIGARO, *bas à Suzanne, en s'en allant.*

S'il échappe à l'explication!.....

SUZANNE, *bas.*

Il est bien subtil!

FIGARO, *bas.*

Je l'ai tué!

SCÈNE VIII.

LA COMTESSE, LE COMTE, BÉGEARSS.

LE COMTE, *d'un ton sérieux.*

Madame, nous sommes seuls.

BÉGEARSS, *encore ému.*

C'est moi qui parlerai. Je subirai cet interrogatoire. M'avez-vous vu, Monsieur, trahir la vérité dans quelque occasion que ce fût?

LE COMTE, *sèchement.*

Monsieur...... Je ne dis pas cela.

BÉGEARSS, *tout-à-fait remis.*

Quoique je sois loin d'approuver cette inquisition peu décente; l'honneur m'oblige à répéter ce que je disais à Madame, en répondant à sa consultation :

« Tout dépositaire de secret ne doit jamais
» conserver de papiers s'ils peuvent compro-
» mettre un ami qui n'est plus, et qui les mit
» sous notre garde. Quelque chagrin qu'on ait à
» s'en défaire, et quelque intérêt même qu'on

» eût à les garder ; le saint respect des morts » doit avoir le pas devant tout. » (*Il montre le Comte*). Un accident inopiné, ne peut-il pas en rendre un adversaire possesseur ?

Le Comte le tire par la manche pour qu'il ne pousse pas l'explication plus loin.

BÉGEARSS.

Auriez-vous dit, Monsieur, autre chose en ma position ? Qui cherche des conseils timides, ou le soutien d'une faiblesse honteuse, ne doit point s'adresser à moi ! vous en avez des preuves l'un et l'autre, et vous surtout, monsieur le comte ! (*Le Comte lui fait un signe*). Voilà sur la demande que m'a faite Madame, et sans chercher à pénétrer ce que contenaient ces papiers, ce qui m'a fait lui donner un conseil pour la sévère exécution duquel je l'ai vue manquer de courage ; je n'ai pas hésité d'y substituer le mien, en combattant ses délais imprudents. Voilà quels étaient nos débats ; mais, quelque chose qu'on en pense, je ne regretterai point ce que j'ai dit, ce que j'ai fait. (*Il lève les bras.*) Sainte amitié ! tu n'es rien qu'un vain titre, si l'on ne remplit pas tes austères devoirs. — Permettez que je me retire.

LE COMTE, *exalté.*

O le meilleur des hommes ! Non, vous ne nous

quitterez pas. — Madame, il va nous appartenir de plus près ; je lui donne ma Florestine.

LA COMTESSE, *avec vivacité.*

Monsieur, vous ne pouviez pas faire un plus digne emploi du pouvoir que la loi vous donne sur elle. Ce choix a mon assentiment si vous le jugez nécessaire, et le plus tôt vaudra le mieux.

LE COMTE, *hésitant.*

Eh bien !...... ce soir...... sans bruit...... votre aumônier......

LA COMTESSE, *avec ardeur.*

Eh bien ! moi qui lui sers de mère, je vais la préparer à l'auguste cérémonie : mais laisserez-vous votre ami, seul généreux envers ce digne enfant ? J'ai du plaisir à penser le contraire.

LE COMTE, *embarrassé.*

Ah ! Madame..... croyez.....

LA COMTESSE, *avec joie.*

Oui, Monsieur, je le crois. C'est aujourd'hui la fête de mon fils ; ces deux événements réunis me rendent cette journée bien chère. (*Elle sort*).

SCÈNE IX.

LE COMTE, BÉGEARSS.

Le Comte, *la regardant aller.*

Je ne reviens pas de mon étonnement. Je m'attendais à des débats, à des objections sans nombre ; et je la trouve juste, bonne, généreuse envers mon enfant ! *moi qui lui sers de mère*, dit-elle..... Non, ce n'est point une méchante femme ! elle a dans ses actions une dignité qui m'impose ;..... un ton qui brise les reproches, quand on voudrait l'en accabler. Mais, mon ami, je m'en dois à moi-même, pour la surprise que j'ai montrée en voyant brûler ces papiers.

BÉGEARSS.

Quant à moi, je n'en ai point eu, voyant avec qui vous veniez. Ce reptile vous a sifflé que j'étais là pour trahir vos secrets ? de si basses imputations n'atteignent point un homme de ma hauteur ; je les vois ramper loin de moi. Mais après tout Monsieur, que vous importaient ces papiers ? n'aviez-vous pas pris malgré moi tous ceux que vous vouliez garder ? Ah ! plût au ciel qu'elle m'eût consulté plus tôt ! vous n'auriez pas contre elle des preuves sans réplique !

LE COMTE, *avec douleur.*

Oui, sans réplique ! (*avec ardeur.*) Otons-les de mon sein : elles me brûlent la poitrine. (*Il tire la lettre de son sein, et la met dans sa poche.*)

BÉGEARSS, *continue avec douceur.*

Je combattrais avec plus d'avantage en faveur du fils de la loi ! car enfin il n'est pas comptable du triste sort qui l'a mis dans vos bras !

LE COMTE *reprend sa fureur.*

Lui, dans mes bras ? jamais.

BÉGEARSS.

Il n'est point coupable non plus dans son amour pour Florestine ; et cependant, tant qu'il reste près d'elle, puis-je m'unir à cet enfant qui, peut-être éprise elle-même, ne cédera qu'à son respect pour vous ? La délicatesse blessée.....

LE COMTE.

Mon ami, je t'entends ! et ta réflexion me décide à le faire partir sur-le-champ. Oui, je serai moins malheureux, quand ce fatal objet ne blessera plus mes regards : mais comment entamer

ACTE III. 425

ce sujet avec-elle ? voudra-t-elle s'en séparer ? il faudra donc faire un éclat ?

BÉGEARSS.

Un éclat !..... non..... mais le divorce accrédité chez cette nation hasardeuse, vous permettra d'user de ce moyen.

LE COMTE.

Moi, publier ma honte ! quelques lâches l'ont fait ! c'est le dernier degré de l'avilissement du siècle. Que l'opprobre soit le partage de qui donne un pareil scandale, et des fripons qui le provoquent.

BÉGEARSS.

J'ai fait envers elle, envers vous, ce que l'honneur me prescrivait. Je ne suis point pour les moyens violents ; surtout quand il s'agit d'un fils.....

LE COMTE.

Dites *d'un étranger*, dont je vais hâter le départ.

BÉGEARSS.

N'oubliez pas cet insolent valet.

LE COMTE.

J'en suis trop las pour le garder. Toi, cours ami, chez mon notaire ; retire, avec mon reçu que voilà, mes trois millions d'or déposés. Alors tu peux à juste titre être généreux au contrat qu'il nous faut brusquer aujourd'hui..... car te voilà bien possesseur..... (*Il lui remet le reçu, le prend sous le bras, et ils sortent.*) Et ce soir à minuit, sans bruit, dans la chapelle de Madame...

(*On n'entend pas le reste.*)

FIN DU TROISIÈME ACTE.

ACTE IV.

Le théâtre représente le même cabinet de la Comtesse.

SCÈNE PREMIÈRE.

FIGARO, *seul, agité, regardant de côté et d'autre.*

Elle me dit : « viens à six heures au cabinet ; c'est le plus sûr pour nous parler..... » Je brusque tout dehors, et je rentre en sueur! Où est-elle? (*Il se promène en s'essuyant.*) Ah! parbleu, je ne suis pas fou! je les ai vus sortir d'ici, Monsieur le tenant sous le bras!..... Eh bien! pour un échec, abandonnons-nous la partie?..... Un orateur fuit-il lâchement la tribune, pour un argument tué sous lui? Mais, quel détestable endormeur! (*Vivement.*) Parvenir à brûler les lettres de Madame, pour qu'elle ne voye pas qu'il en manque; et se tirer d'un éclaircissement!..... C'est l'enfer concentré, tel que Milton nous l'a dépeint! (*D'un ton badin.*) J'avais raison tantôt, dans ma colère : Honoré Bégearss est le diable que les Hébreux nommaient Légion; et, si l'on y regardait bien, on verrait le lutin avoir le pied fourchu, seule partie, disait ma mère, que les démons ne peuvent déguiser. (*Il rit.*) Ah! ah! ah! ma gaîté me revient; d'abord, parce que j'ai mis l'or du Mexique en sureté chez Fal; ce qui nous donnera du temps; (*Il frappe d'un billet sur sa main*) et puis..... Docteur en toute hypocrisie! Vrai major d'infernal Tartuffe! grâce au hasard qui régit tout, à ma tactique, à quelques louis semés; voici qui me promet une lettre de toi, où, dit-on, tu poses le masque, à ne rien laisser désirer! (*Il ouvre le billet et dit :*) Le coquin qui l'a lue en veut cinquante louis?..... eh bien! il les aura, si la lettre les vaut; une année de mes gages sera bien employée, si je parviens à détromper un maître à qui nous devons tant..... Mais où es-tu, Suzanne, pour en rire? *O che piacere!*..... A demain donc! car je ne vois pas que rien périclite ce soir..... Et pourquoi perdre un temps? Je m'en suis toujours repenti..... (*Très-vivement.*) Point de délai; courons attacher le pétard; dormons dessus; la nuit porte conseil, et demain matin nous verrons qui des deux fera sauter l'autre.

SCÈNE II.

BÉGEARSS, FIGARO.

BÉGEARSS, *raillant.*

Eeeh ! c'est mons Figaro ! la place est agréable, puisqu'on y retrouve Monsieur.

FIGARO, *du même ton.*

Ne fût-ce que pour avoir la joie de l'en chasser une autre fois.

BÉGEARSS.

De la rancune pour si peu ? vous êtes bien bon d'y songer ! chacun n'a-t-il pas sa manie ?

FIGARO.

Et celle de Monsieur est de ne plaider qu'à huis-clos ?

BÉGEARSS, *lui frappant sur l'épaule.*

Il n'est pas essentiel qu'un sage entende tout, quand il sait si bien deviner.

FIGARO.

Chacun se sert des petits talents que le ciel lui a départis.

BÉGEARSS.

Et *l'Intrigant* compte-t-il gagner beaucoup avec ceux qu'il nous montre ici ?

FIGARO.

Ne mettant rien à la partie, j'ai tout gagné..... si je fais perdre l'*autre*.

BÉGEARSS, *piqué.*

On verra le jeu de Monsieur.

FIGARO.

Ce n'est pas de ces coups brillants qui éblouissent la galerie. (*Il prend un air niais.*) Mais *chacun pour soi; Dieu pour tous,* comme a dit le roi Salomon.

BÉGEARSS, *souriant.*

Belle sentence! N'a-t-il pas dit aussi : *Le soleil luit pour tout le monde?*

FIGARO, *fièrement.*

Oui, en dardant sur le serpent prêt à mordre la main de son imprudent bienfaiteur ! (*Il sort.*)

SCÈNE III.

BÉGEARSS, *seul, le regardant aller.*

Il ne farde plus ses desseins! Notre homme est fier? bon signe, il ne sait rien des miens; il aurait la mine bien longue s'il était instruit qu'à minuit..... (*Il cherche dans ses poches vivement.*) Eh bien! qu'ai-je fait du papier? Le voici. (*Il lit.*) *Reçu de M. Fal, notaire, les trois millions d'or spécifiés dans le boredereau ci-dessus. A Paris, le.....* ALMAVIVA. — C'est bon; je tiens la pupille et l'argent! Mais ce n'est point assez, cet homme est faible, il ne finira rien pour le reste de sa fortune. La Comtesse lui impose; il la craint, l'aime encore...... Elle n'ira point au couvent, si je ne les mets aux prises, et ne le force à s'expliquer.......... brutalement. (*Il se promène.*) — Diable! ne risquons pas ce soir un dénouement aussi scabreux! En précipitant trop les choses, on se précipite avec elles! Il sera temps demain, quand j'aurai bien serré le doux lien sacramentel qui va les enchaîner à moi? (*Il appuie ses deux mains sur sa poitrine.*) Eh bien! maudite joie, qui me goufles le cœur! ne peux-tu donc te contenir?....

Elle m'étouffera, la fougueuse, ou me livrera comme un sot, si je ne la laisse un peu s'évaporer, pendant que je suis seul ici. Sainte et douce crédulité! l'époux te doit la magnifique dot! Pâle déesse de la nuit, il te devra bientôt sa froide épouse. (*Il frotte ses mains de joie.*) Bégearss! heureux Bégearss!..... Pourquoi l'appelez-vous Bégearss? n'est-il donc pas plus d'à moitié le seigneur comte Almaviva? (*D'un ton terrible.*) Encore un pas, Bégearss! et tu l'es tout-à-fait. — Mais il te faut auparavant...... Ce Figaro pèse sur ma poitrine! car c'est lui qui l'a fait venir!..... Le moindre trouble me perdait..... Ce valet là me portera malheur..... c'est le plus clairvoyant coquin!...... Allons, allons, qu'il parte avec son chevalier errant!

SCÈNE IV.

BÉGEARSS, SUZANNE.

Suzanne, *accourant, fait un cri d'étonnement, de voir un autre que Figaro.*

Ah! (*A part.*) Ce n'est pas lui!

BÉGEARSS.

Quelle surprise! Et qu'attendais-tu donc?

ACTE IV.

SUZANNE *se remettant.*

Personne. On se croit seule ici.....

BÉGEARSS.

Puisque je t'y rencontre, un mot avant le comité.

SUZANNE.

Que parlez-vous de comité? réellement depuis deux ans on n'entend plus du tout la langue de ce pays!

BÉGEARSS, *riant sardoniquement.*

Hé! hé!..... (*Il pétrit dans sa boîte une prise de tabac, d'un air content de lui.*) Ce comité, ma chère, est une conférence entre la comtesse, son fils, notre jeune pupille et moi, sur le grand objet que tu sais.

SUZANNE.

Après la scène que j'ai vue, osez-vous encore l'espérer?

BÉGEARSS, *bien fat.*

Oser l'espérer!..... Non. Mais seulement..... Je l'épouse ce soir.

SUZANNE, *vivement.*

Malgré son amour pour Léon?

BÉGEARSS.

Bonne femme! qui me disais : *Si vous faites cela, Monsieur.....*

SUZANNE.

Eh! qui eût pu l'imaginer?

BÉGEARSS, *prenant son tabac en plusieurs fois.*

Enfin, que dit-on? parle-t-on? Toi qui vis dans l'intérieur, qui as l'honneur des confidences; y pense-t-on du bien de moi? car c'est-là le point important.

SUZANNE.

L'important serait de savoir quel talisman vous employez pour dominer tous les esprits? Monsieur ne parle de vous qu'avec enthousiasme! ma maîtresse vous porte aux nues! son fils n'a d'espoir qu'en vous seul! notre pupille vous révère!.....

BÉGEARSS, *d'un ton bien fat, secouant le tabac de son jabot.*

Et toi, Suzanne, qu'en dis-tu?

SUZANNE.

Ma foi, Monsieur, je vous admire! Au milieu du désordre affreux que vous entretenez ici, vous seul êtes calme et tranquille; il me semble

ACTE IV.

entendre un génie qui fait tout mouvoir à son gré.

BÉGEARSS, *bien fat.*

Mon enfant, rien n'est plus aisé. D'abord il n'est que deux pivots sur qui roule tout dans le monde, la morale et la politique. La morale, tant soit peu mesquine, consiste à être juste et vrai ; elle est, dit-on, la clef de quelques vertus routinières.

SUZANNE.

Quant à la politique ?.....

BÉGEARSS, *avec chaleur.*

Ah! c'est l'art de créer des faits, de dominer, en se jouant, les événements et les hommes ; l'intérêt est son but ; l'intrigue son moyen : toujours sobre de vérités, ses vastes et riches conceptions sont un prisme qui éblouit. Aussi profonde que l'Etna, elle brûle et gronde longtemps avant d'éclater au-dehors ; mais alors rien ne lui résiste : elle exige de hauts talents : le scrupule seul peut lui nuire ; (*en riant*) c'est le secret des négociateurs.

SUZANNE.

Si la morale ne vous échauffe pas, l'autre, en revanche, excite en vous un assez vif enthousiasme !

BÉGEARSS, *averti, revient à lui.*

Eh!..... ce n'est pas elle; c'est toi! — Ta comparaison d'un génie..... — Le chevalier vient; laisse-nous.

SCÈNE V.

LÉON, BÉGEARSS.

LÉON.

Monsieur Bégearss, je suis au désespoir!

BÉGEARSS, *d'un ton protecteur.*

Qu'est-il arrivé, jeune ami?

LÉON.

Mon père vient de me signifier, avec une dureté!..... que j'eûsse à faire, sous deux jours, tous les apprêts de mon départ pour Malte : point d'autre train, dit-il, que Figaro, qui m'accompagne, et un valet qui courra devant nous.

BÉGEARSS.

Cette conduite est en effet bizarre, pour qui ne sait pas son secret; mais nous qui l'avons pénétré, notre devoir est de le plaindre. Ce voyage est le fruit d'une frayeur bien excusable! Malte et vos vœux ne sont que le prétexte; un amour qu'il redoute, est son véritable motif.

LÉON, *avec douleur.*

Mais, mon ami, puisque vous l'épousez?

BÉGEARSS, *confidentiellement.*

Si son frère le croit utile à suspendre un fâcheux départ!..... Je ne verrais qu'un seul moyen.....

LÉON.

O mon ami! dites-le moi?

BÉGEARSS.

Ce serait que Madame votre mère vainquît cette timidité qui l'empêche, avec lui, d'avoir une opinion à elle; car sa douceur vous nuit bien plus que ne ferait un caractère trop ferme. — Supposons qu'on lui ait donné quelque prévention injuste; qui a le droit, comme une mère, de rappeler un père à la raison? Engagez-la à le tenter,..... non pas aujourd'hui, mais....... demain, et sans y mettre de faiblesse.

LÉON.

Mon ami, vous avez raison : cette crainte est son vrai motif. Sans doute il n'y a que ma mère qui puisse le faire changer. La voici qui vient avec celle...... que je n'ose plus adorer. (*Avec douleur.*) O mon ami ! rendez-la bien heureuse.

BÉGEARSS, *caressant.*

En lui parlant tous les jours de son frère.

SCÈNE VI.

La COMTESSE, FLORESTINE, BÉGEARSS, SUZANNE, LÉON.

LA COMTESSE *coiffée, parée, portant une robe rouge et noire, et son bouquet de même couleur.*

SUZANNE, donne mes diamants ?

(*Suzanne va les chercher.*)

BÉGEARSS, *affectant de la dignité.*

Madame, et vous Mademoiselle, je vous laisse avec cet ami; je confirme d'avance tout ce qu'il va vous dire. Hélas ! ne pensez point au bonheur que j'aurais de vous appartenir à tous; votre repos doit seul vous occuper. Je n'y veux concourir que sous la forme que vous adopterez: mais, soit que Mademoiselle accepte ou non mes offres, recevez ma déclaration, que toute la fortune dont je viens d'hériter lui est destinée de ma part, dans un contrat, ou par un testament ; je vais en faire dresser les actes : Mademoiselle choisira. Après ce que je viens de dire, il ne conviendrait pas que ma présence ici gênât un parti qu'elle doit prendre en toute liberté : mais, quel qu'il soit, ô mes amis, sachez qu'il est sacré pour moi : je l'adopte sans restriction.

(*Il salue profondément et sort.*)

SCÈNE VII.

LA COMTESSE, LÉON, FLORESTINE.

La Comtesse *le regarde aller.*

C'est un ange envoyé du ciel pour réparer tous nos malheurs.

Léon, *avec une douleur ardente.*

O Florestine ! il faut céder : ne pouvant être l'un à l'autre, nos premiers élans de douleur nous avaient fait jurer de n'être jamais à personne ; j'accomplirai ce serment pour nous deux. Ce n'est pas tout-à-fait vous perdre, puisque je retrouve une sœur où j'espérais posséder une épouse. Nous pourrons encore nous aimer.

SCÈNE VIII.

LA COMTESSE, LÉON, FLORESTINE, SUZANNE.

SUZANNE *apporte l'écrin.*

LA COMTESSE, *en parlant, met ses boucles d'oreilles, ses bagues, son bracelet, sans rien regarder.*

FLORESTINE! épouse Bégearss; ses procédés l'en rendent digne; et puisque cet hymen fait le bonheur de ton parrain, il faut l'achever aujourd'hui.

(*Suzanne sort et emporte l'écrin.*)

SCÈNE IX.

LA COMTESSE, LÉON, FLORESTINE.

LA COMTESSE *à Léon.*

Nous, mon fils, ne sachons jamais ce que nous devons ignorer. Tu pleures, Florestine!

ACTE IV.

FLORESTINE, *pleurant.*

Ayez pitié de moi, Madame! Eh! comment soutenir autant d'assauts dans un seul jour? A peine j'apprends qui je suis, qu'il faut renoncer à moi-même, et me livrer..... Je meurs de douleur et d'effroi. Dénuée d'objections contre M. Bégearss, je sens mon cœur à l'agonie, en pensant qu'il peut devenir..... Cependant il le faut; il faut me sacrifier au bien de ce frère chéri; à son bonheur, que je ne puis plus faire. Vous dites que je pleure! Ah! je fais plus pour lui que si je lui donnais ma vie! Maman, ayez pitié de nous! bénissez vos enfants! ils sont bien malheureux! (*Elle se jette à genoux; Léon en fait autant.*)

LA COMTESSE *leur imposant les mains.*

Je vous bénis, mes chers enfants. Ma Florestine, je t'adopte. Si tu savais à quel point tu m'es chère! Tu seras heureuse, ma fille, et du bonheur de la vertu; celui-là peut dédommager des autres. (*Ils se relèvent.*)

FLORESTINE.

Mais croyez-vous, Madame, que mon dévouement le ramène à Léon, à son fils? car il ne faut pas se flatter: son injuste prévention va quelquefois jusqu'à la haine.

La Comtesse.

Chère fille, j'en ai l'espoir.

Léon.

C'est l'avis de M. Bégearss : il me l'a dit ; mais il m'a dit aussi qu'il n'y a que maman qui puisse opérer ce miracle ; aurez-vous donc la force de lui parler en ma faveur ?

La Comtesse.

Je l'ai tenté souvent, mon fils, mais sans aucun fruit apparent.

Léon.

O ma digne mère ! c'est votre douceur qui m'a nui. La crainte de le contrarier vous a trop empêchée d'user de la juste influence que vous donnent votre vertu et le respect profond dont vous êtes entourée. Si vous lui parliez avec force, il ne vous résisterait pas.

La Comtesse.

Vous le croyez, mon fils ? je vais l'essayer devant vous. Vos reproches m'affligent presqu'autant que son injustice. Mais, pour que vous ne gêniez pas le bien que je dirai de vous, mettez-vous dans mon cabinet ; vous m'entendrez, de-là, plaider une cause si juste : vous n'accuserez plus une mère de manquer d'énergie, quand il faut défendre son fils! (*Elle sonne.*) Florestine, la décence ne te permet pas de rester : vas t'enfermer ; demande au ciel qu'il m'accorde quelque succès, et rende enfin la paix à ma famille désolée.

(*Florestine sort.*)

SCÈNE X.

SUZANNE, LA COMTESSE, LÉON.

SUZANNE.

Que veut Madame? elle a sonné.

LA COMTESSE.

Prie Monsieur, de ma part, de passer un moment ici.

SUZANNE, *effrayée.*

Madame! vous me faites trembler! Ciel! que va-t-il donc se passer? Quoi! Monsieur, qui ne vient jamais..... sans.....

LA COMTESSE.

Fais ce que je te dis, Suzanne, et ne prends nul souci du reste.

(*Suzanne sort, en levant les bras au ciel, de terreur.*)

SCÈNE XI.

LA COMTESSE, LÉON.

LA COMTESSE.

Vous allez voir, mon fils, si votre mère est faible en défendant vos intérêts ! Mais laissez-moi me recueillir, me préparer, par la prière, à cet important plaidoyer.

(*Léon entre au cabinet de sa mère.*)

SCÈNE XII.

LA COMTESSE, *seule, un genou sur son fauteuil.*

Ce moment me semble terrible, comme le jugement dernier ! Mon sang est prêt à s'arrêter..... O mon Dieu ! donnez-moi la force de frapper au cœur d'un époux ? (*Plus bas.*) Vous seul connaissez les motifs qui m'ont toujours fermé la bouche ! Ah ! s'il ne s'agissait du bonheur de mon fils ; vous savez, ô mon Dieu ! si j'oserais dire un seul mot pour moi ! Mais enfin, s'il

ACTE IV.

est vrai qu'une faute pleurée vingt ans, ait obtenu de vous un pardon généreux, comme un sage ami m'en assure : ô mon Dieu ! donnez-moi la force de frapper au cœur d'un époux !

SCÈNE XIII.

LA COMTESSE, LE COMTE, LÉON *caché*.

LE COMTE, *sèchement*.

Madame, on dit que vous me demandez ?

LA COMTESSE, *timidement*.

J'ai cru, Monsieur, que nous serions plus libres dans ce cabinet que chez vous.

LE COMTE.

M'y voilà, Madame, parlez.

LA COMTESSE, *tremblante*.

Asseyons-nous, Monsieur, je vous conjure, et prêtez-moi votre attention.

LE COMTE, *impatient*.

Non, j'entendrai debout; vous savez qu'en parlant je ne saurais tenir en place.

LA COMTESSE *s'asseyant, avec un soupir, et parlant bas.*

Il s'agit de mon fils..... Monsieur.

LE COMTE, *brusquement.*

De votre fils, Madame?

LA COMTESE.

Et quel autre intérêt pourrait vaincre ma répugnance à engager un entretien que vous ne recherchez jamais? Mais je viens de le voir dans un état à faire compassion : l'esprit troublé, le cœur serré de l'ordre que vous lui donnez de partir sur-le-champ; surtout du ton de dureté qui accompagne cet exil. Eh! comment a-t-il encouru la disgrâce d'un p...... d'un homme si juste? Depuis qu'un exécrable duel nous a ravi notre autre fils.....

LE COMTE, *les mains sur le visage, avec un air de douleur.*

Ah!.....

LA COMTESSE.

Celui-ci, qui jamais ne dut connaître le chagrin, a redoublé de soins et d'attentions pour adoucir l'amertume des nôtres!

LE COMTE, *se promenant doucement.*
Ah!.....

ACTE IV.

La Comtesse.

Le caractère emporté de son frère, son désordre, ses goûts et sa conduite déréglée nous en donnaient souvent de bien cruels. Le ciel sévère, mais sage en ses décrets, en nous privant de cet enfant, nous en a peut-être épargné de plus cuisants pour l'avenir.

Le Comte, *avec douleur.*

Ah !...... ah !......

La Comtesse.

Mais, enfin, celui qui nous reste a-t-il jamais manqué à ses devoirs ? Jamais le plus léger reproche fut-il mérité de sa part ? Exemple des hommes de son âge, il a l'estime universelle : il est aimé, recherché, consulté. Son p..... protecteur naturel, mon époux seul, paraît avoir les yeux fermés sur un mérite transcendant, dont l'éclat frappe tout le monde.

Le Comte *se promène plus vîte sans parler.*

La Comtesse, *prenant courage de son silence, continue d'un ton plus ferme, et l'élève par degrés.*

En tout autre sujet, Monsieur, je tiendrais à fort grand honneur de vous soumettre mon avis, de modeler mes sentiments, ma faible opinion sur la vôtre ; mais il s'agit..... d'un fils.....

Le Comte *s'agite en marchant.*

La Comtesse.

Quand il avait un frère aîné, l'orgueil d'un très-grand nom le condamnant au célibat, l'ordre de Malte était son sort. Le préjugé semblait alors couvrir l'injustice de ce partage entre deux fils (*timidement*) égaux en droits.

Le Comte *s'agite plus fort.* (*A part, d'un ton étouffé.*)

Egaux en droits !.....

La Comtesse, *un peu plus fort.*

Mais depuis deux années qu'un accident affreux..... les lui a tous transmis, n'est-il pas étonnant que vous n'ayiez rien entrepris pour le relever de ses vœux ? Il est de notoriété que vous n'avez quitté l'Espagne que pour dénaturer vos biens, par la vente, ou par des échanges. Si c'est pour l'en priver, Monsieur, la haine ne va pas plus loin ! Puis, vous le chassez de chez vous, et semblez lui fermer la maison p..... par vous habitée ! Permettez-moi de vous le dire ; un traitement aussi étrange est sans excuse aux yeux de la raison. Qu'a-t-il fait pour le mériter ?

Le Comte *s'arrête, d'un ton terrible.*

Ce qu'il a fait !

ACTE IV.

LA COMTESSE *effrayée.*

Je voudrais bien, Monsieur, ne pas vous offenser !

LE COMTE *plus fort.*

Ce qu'il a fait, Madame ! Et c'est vous qui le demandez ?

LA COMTESSE *en désordre.*

Monsieur, Monsieur ! vous m'effrayez beaucoup !

LE COMTE *avec fureur.*

Puisque vous avez provoqué l'explosion du ressentiment qu'un respect humain enchaînait, vous entendrez son arrêt et le vôtre.

LA COMTESSE *plus troublée.*

Ah, Monsieur ! Ah, Monsieur !.....

LE COMTE.

Vous demandez ce qu'il a fait ?

LA COMTESSE *levant les bras.*

Non, Monsieur, ne me dites rien !

LE COMTE *hors de lui.*

Rappelez-vous, femme perfide, ce que vous avez fait vous-même ! et comment, recevant un adultère dans vos bras, vous avez mis dans ma maison cet enfant étranger, que vous osez nommer mon fils.

La Comtesse *au désespoir veut se lever.*

Laissez-moi m'enfuir, je vous prie.

Le Comte *la clouant sur son fauteuil.*

Non, vous ne fuirez pas ; vous n'échapperez point à la conviction qui vous presse. (*Lui montrant sa lettre.*) Connaissez-vous cette écriture ? Elle est tracée de votre main coupable ! Et ces caractères sanglants qui lui servent de réponse......

La Comtesse *anéantie.*

Je vais mourir ! je vais mourir !

Le Comte *avec force.*

Non, non ; vous entendrez les traits que j'en ai soulignés ! (*Il lit avec égarement.*) « Mal- » heureux insensé ! notre sort est rempli, votre » crime, le mien reçoit sa punition. Aujour- » d'hui, jour de *Saint-Léon,* patron de ce » lieu, et le vôtre, je viens de mettre au monde » un fils, mon opprobre et mon désespoir.... » (*Il parle.*) Et cet enfant est né le jour de *Saint-Léon,* plus de dix mois après mon départ pour la *Vera Crux* !

(*Pendant qu'il lit très-fort, on entend la*

ACTE IV.

Comtesse, égarée, dire des mots coupés qui partent du délire.)

La Comtesse *priant les mains jointes.*

Grand Dieu! tu ne permets donc pas que le crime le plus caché demeure toujours impuni!

Le Comte.

..... Et de la main du corrupteur. (*Il lit.*) « L'ami qui vous rendra ceci quand je ne serai » plus, est sûr. »

La Comtesse *priant.*

Frappe, mon Dieu! car je l'ai mérité!

Le Comte *lit.*

« Si la mort d'un infortuné vous inspirait un » reste de pitié, parmi les noms qu'on va » donner à ce fils, héritier d'un autre......

La Comtesse *priant.*

Accepte l'horreur que j'éprouve, en expiation de ma faute!

Le Comte *lit.*

» Puis-je espérer que le nom de *Léon*....... (*Il parle.*) Et ce fils s'appèle *Léon*!

La Comtesse *égarée, les yeux fermés.*

O Dieu! mon crime fut bien grand, s'il égala ma punition! Que ta volonté s'accomplisse!

29.

LE COMTE *plus fort.*

Et, couverte de cet opprobre, vous osez me demander compte de mon éloignement pour lui !

LA COMTESSE *priant toujours.*

Qui suis-je, pour m'y opposer, lorsque ton bras s'appesantit ?

LE COMTE.

Et, lorsque vous plaidez pour l'enfant de ce malheureux, vous avez au bras mon portrait !

LA COMTESSE, *en le détachant, le regarde.*

Monsieur, Monsieur, je le rendrai ; je sais que je n'en suis pas digne. (*Dans le plus grand égarement.*) Ciel ! que m'arrive-t-il ? Ah ! je perds la raison ! Ma conscience troublée fait naître des fantômes ! — Réprobation anticipée ! — Je vois ce qui n'existe pas.... Ce n'est plus vous ; c'est lui qui me fait signe de le suivre, d'aller le rejoindre au tombeau !

LE COMTE *effrayé.*

Comment ? Eh bien ! Non, ce n'est pas....

LA COMTESSE *en délire.*

Ombre terrible ! éloigne toi !

ACTE IV.

LE COMTE *crie avec douleur.*

Ce n'est pas ce que vous croyez !

LA COMTESSE *jette le bracelet par terre.*

Attends..... Oui, je t'obéirai.....

LE COMTE *plus troublé.*

Madame, écoutez-moi.....

LA COMTESSE.

J'irai...... Je t'obéis...... Je meurs...... (*Elle reste évanouie.*)

LE COMTE *effrayé ramasse le bracelet.*

J'ai passé la mesure..... Elle se trouve mal..... Ah ! Dieu ! Courons lui chercher du secours :

(*Il sort, il s'enfuit.*)

(*Les convulsions de la douleur font glisser la Comtesse à terre.*)

SCÈNE XIV.

LÉON *accourant*, LA COMTESSE *évanouie.*

LÉON *avec force.*

O ma mère !... ma mère ! c'est moi qui te donne la mort ! (*Il l'enlève et la remet sur son fauteuil, évanouie.*) Que ne suis-je parti sans rien exiger de personne ! J'aurais prévenu ces horreurs !

SCÈNE XV.

LE COMTE, SUZANNE, LÉON, LA COMTESSE *évanouie*.

Le Comte *en rentrant s'écrie.*

Et son fils!

Léon *égaré.*

Elle est morte! Ah! je ne lui survivrai pas!
(*Il l'embrasse en criant.*)

Le Comte *effrayé.*

Des sels! des sels! Suzanne! Un million si vous la sauvez!

Léon.

O malheureuse mère!

Suzanne.

Madame, aspirez ce flacon. Soutenez-la, Monsieur; je vais tâcher de la desserrer.

Le Comte *égaré.*

Romps tout, arrache tout! Ah! j'aurais dû la ménager!

Léon *criant avec délire.*

Elle est morte! elle est morte!

Des Sels! des Sels! Suzanne! un milion si vous la Sauvés!

Acte IV. Scene XV.

SCÈNE XVI.

LE COMTE, SUZANNE, LÉON,
LA COMTESSE *évanouie*, FIGARO, *accourant.*

Et qui morte ? Madame ? Appaisez donc ces cris ! c'est vous qui la ferez mourir ! (*Il lui prend le bras.*) Non, elle ne l'est pas ; ce n'est qu'une suffocation ; le sang qui monte avec violence. Sans perdre de temps, il faut la soulager. Je vais chercher ce qu'il lui faut.

Le Comte *hors de lui.*

Des ailes, Figaro ! ma fortune est à toi.

Figaro *vivement.*

J'ai bien besoin de vos promesses lorsque Madame est en péril ! (*Il sort en courant.*)

SCÈNE XVII.

LE COMTE, LÉON, SUZANNE,
LA COMTESSE *évanouie.*

Léon *lui tenant le flacon sous le nez.*

Si l'on pouvait la faire respirer ! O Dieu !

rends-moi ma malheureuse mère !..... La voici qui revient......

Suzanne *pleurant.*

Madame ! allons, Madame !....

La Comtesse *revenant à elle.*

Ah ! qu'on a de peine à mourir !

Léon *égaré.*

Non maman, vous ne mourrez pas !

La Comtesse *égarée.*

O ciel ! entre mes juges ! entre mon époux et mon fils ! Tout est connu..... et criminelle envers tous deux.... (*Elle se jette à terre et se prosterne.*) Vengez-vous l'un et l'autre ! Il n'est plus de pardon pour moi ! (*Avec horreur.*) Mère coupable ! épouse indigne ! un instant nous a tous perdus. J'ai mis l'horreur dans ma famille ! J'allumai la guerre intestine entre le père et les enfants ! Ciel juste ! il fallait bien que ce crime fût découvert ! Puisse ma mort expier mon forfait !

Le Comte *au désespoir.*

Non, revenez à vous ! votre douleur a déchiré mon âme ! Asseyons-la. Léon !..... Mon fils ! (*Léon fait un grand mouvement.*) Suzanne, asseyons-la.

(*Ils la remettent sur le fauteuil.*)

SCÈNE XVIII.

Les Précédents, FIGARO.

FIGARO *accourant*.

Elle a repris sa connaissance ?

SUZANNE.

Ah Dieu ! j'étouffe aussi. (*Elle se desserre.*)

LE COMTE *crie*.

Figaro ! vos secours !

FIGARO *étouffé*.

Un moment, calmez-vous. Son état n'est plus si pressant. Moi qui étais dehors, grand Dieu ! Je suis rentré bien à propos !..... Elle m'avait fort effrayé ! Allons, Madame, du courage !

LA COMTESSE *priant, renversée*.

Dieu de bonté ! fais que je meure !

LÉON *en l'asseyant mieux*.

Non, maman, vous ne mourrez pas, et nous réparerons nos torts. Monsieur ! vous que je n'outragerai plus en vous donnant un autre nom, reprenez vos titres, vos biens ; je n'y avais nul droit: hélas! je l'ignorais. Mais, par pitié, n'écrasez point d'un déshonneur public cette infortunée qui fut votre..... Une erreur expiée par vingt années de larmes, est-elle encore un crime, alors qu'on fait justice? Ma mère et moi, nous nous bannissons de chez vous.

Le Comte *exalté.*

Jamais! Vous n'en sortirez point.

Léon.

Un couvent sera sa retraite ; et moi, sous mon nom de Léon, sous le simple habit d'un soldat, je défendrai la liberté de notre nouvelle patrie. Inconnu, je mourrai pour elle, ou je la servirai en zélé citoyen.

(*Suzanne pleure dans un coin ; Figaro est absorbé dans l'autre.*)

La Comtesse *péniblement.*

Léon! mon cher enfant! ton courage me rend la vie! Je puis encore la supporter, puisque mon fils a la vertu de ne pas détester sa mère. Cette fierté dans le malheur sera ton noble patrimoine. Il m'épousa sans biens ; n'exigeons rien de lui. Le travail de mes mains soutiendra ma faible existence ; et toi, tu serviras l'État.

Le Comte *avec désespoir.*

Non, Rosine! jamais. C'est moi qui suis le

vrai coupable ! De combien de vertus je privais ma triste vieillesse !.....

La Comtesse.

Vous en serez enveloppé. — Florestine et Bégearss vous restent. Floresta, votre fille, l'enfant chéri de votre cœur !.....

Le Comte *étonné*.

Comment ?..... d'où savez-vous ?..... qui vous l'a dit ?.....

La Comtesse.

Monsieur, donnez-lui tous vos biens ; mon fils et moi n'y mettons point d'obstacle ; son bonheur nous consolera. Mais, avant de nous séparer, que j'obtienne au moins une grâce ! Apprenez-moi comment vous êtes possesseur d'une terrible lettre que je croyais brûlée avec les autres ? Quelqu'un m'a-t-il trahie ?

Figaro *s'écriant*.

Oui ! l'infâme Bégearss : je l'ai surpris tantôt qui la remettait à Monsieur.

Le Comte *parlant vite*.

Non, je la dois au seul hasard. Ce matin, lui et moi, pour un tout autre objet, nous examinions votre écrin, sans nous douter qu'il eût un double fond. Dans le débat, et sous ses doigts, le secret s'est ouvert soudain, à son très-grand étonnement. Il a cru le coffre brisé !

FIGARO *criant plus fort.*

Son étonnement d'un secret ? Monstre ! C'est lui qui l'a fait faire !

LE COMTE.

Est-il possible ?

LA COMTESSE.

Il est trop vrai !

LE COMTE.

Des papiers frappent nos regards ; il en ignorait l'existence ; et, quand j'ai voulu les lui lire, il a refusé de les voir.

SUZANNE *s'écriant.*

Il les a lus cent fois avec Madame !

LE COMTE.

Est-il vrai ? Les connaissait-il ?

LA COMTESSE.

Ce fut lui qui me les remit, qui les apporta de l'armée, lorsqu'un infortuné mourut.

LE COMTE.

Cet ami sûr, instruit de tout ?

FIGARO, LA COMTESSE, SUZANNE, *ensemble, criant.*

C'est lui !

LE COMTE.

O scélératesse infernale ! Avec quel art il m'avait engagé ! A présent je sais tout.

FIGARO.

Vous le croyez !

LE COMTE.

Je connais son affreux projet. Mais, pour en être plus certain, déchirons le voile en entier. Par qui savez-vous donc ce qui touche ma Florestine ?

LA COMTESSE *vite.*

Lui seul m'en a fait confidence.

LÉON *vite.*

Il me l'a dit sous le secret.

SUZANNE *vite.*

Il me l'a dit aussi.

LE COMTE *avec horreur.*

O monstre ! Et moi j'allais la lui donner ! mettre ma fortune en ses mains !

FIGARO *vivement.*

Plus d'un tiers y serait déjà, si je n'avais porté,

sans vous le dire, vos trois millions d'or en dépôt chez M. Fal : vous alliez l'en rendre le maître, heureusement je m'en suis douté. Je vous ai donné son reçu......

Le Comte *vivement.*

Le scélérat vient de me l'enlever pour en aller toucher la somme.

Figaro *désolé.*

O proscription sur moi ! Si l'argent est remis, tout ce que j'ai fait est perdu ! Je cours chez M. Fal. Dieu veuille qu'il ne soit pas trop tard !

Le Comte à *Figaro.*

Le traître n'y peut être encore.

Figaro.

S'il a perdu un temps, nous le tenons. J'y cours. (*Il veut sortir.*)

Le Comte *vivement, l'arrête.*

Mais, Figaro ! que le fatal secret dont ce moment vient de t'instruire, reste enseveli dans ton sein ?

Figaro *avec une grande sensibilité.*

Mon maître ! il y a vingt ans qu'il est dans ce sein-là, et dix que je travaille à empêcher qu'un monstre n'en abuse ! Attendez surtout mon retour, avant de prendre aucun parti.

ACTE IV.

LE COMTE *vivement.*

Penserait-il se disculper ?

FIGARO.

Il fera tout pour le tenter ; (*Il tire une lettre de sa poche.*) mais voici le préservatif. Lisez le contenu de cette épouvantable lettre ; le secret de l'enfer est là. Vous me saurez bon gré d'avoir tout fait pour me la procurer. (*Il lui remet la lettre de Begearss.*) Suzanne ! des gouttes à ta maîtresse. Tu sais comment je les prépare ! (*Il lui donne un flacon.*) Passez-la sur sa chaise longue ; et le plus grand calme autour d'elle. Monsieur, au moins, ne recommencez pas ; elle s'éteindrait dans nos mains !

LE COMTE *exalté.*

Recommencer ! Je me ferais horreur !

FIGARO *à la Comtesse.*

Vous l'entendez, Madame ? Le voilà dans son caractère ! et c'est mon maître que j'entends. Ah ! je l'ai toujours dit de lui : la colère, chez les bons cœurs, n'est qu'un besoin pressant de pardonner ! (*Il sort précipitamment.*)

(*Le Comte et Léon la prennent sous les bras ; ils sortent tous.*

FIN DU QUATRIÈME ACTE.

ACTE V.

Le Théâtre représente le grand salon du premier Acte.

SCÈNE PREMIÈRE.

LE COMTE, LA COMTESSE, LÉON, SUZANNE.

(*La Comtesse, sans rouge, dans le plus grand désordre de parure.*)

LÉON *soutenant sa mere.*

Il fait trop chaud, maman, dans l'appartement intérieur. Suzanne, avance une bergère. (*On l'assied.*)

LE COMTE *attendri, arrangeant les coussins.*

Êtes-vous bien assise ? Eh quoi ! pleurer encore ?

LA COMTESSE *accablée.*

Ah ! laissez-moi verser des larmes de soulagement ! Ces récits affreux m'ont brisée ! cette infâme lettre, surtout.....

LE COMTE *délirant.*

Marié en Irlande, il épousait ma fille ! Et

tout mon bien placé sur la banque de Londres, eût fait vivre un repaire affreux. jusqu'à la mort du dernier de nous tous !..... Et qui sait, grand Dieu ! quels moyens ?.....

La Comtesse.

Homme infortuné ! calmez-vous ! Mais il est temps de faire descendre Florestine ; elle avait le cœur si serré de ce qui devait lui arriver ! Vas la chercher, Suzanne ; et ne l'instruis de rien.

Le Comte *avec dignité.*

Ce que j'ai dit à Figaro, Suzanne, était pour vous comme pour lui.

Suzanne.

Monsieur, celle qui vit Madame pleurer, prier pendant vingt ans, a trop gémi de ses douleurs, pour rien faire qui les accroisse !

(*Elle sort.*)

SCÈNE II.

LE COMTE, LA COMTESSE, LÉON.

Le Comte *avec un vif sentiment.*

Ah ! Rosine ! séchez vos pleurs ; et maudit soit qui vous affligera !

LA COMTESSE.

Mon fils ! embrasse les genoux de ton généreux protecteur; et rends-lui grâce pour ta mère. (*Il veut se mettre à genoux.*)

LE COMTE *le relève.*

Oublions le passé, Léon. Gardons-en le silence, et n'émouvons plus votre mère. Figaro demande un grand calme. Ah! respectons surtout la jeunesse de Florestine, en lui cachant soigneusement les causes de cet accident.

SCÈNE III.

FLORESTINE, SUZANNE, LES PRÉCÉDENTS.

FLORESTINE *accourant.*

Mon Dieu ! maman, qu'avez-vous donc ?

LA COMTESSE.

Rien que d'agréable à t'apprendre ; et ton parrain va t'en instruire.

LE COMTE.

Hélas ! ma Florestine ! je frémis du péril où

ACTE V.

j'allais plonger ta jeunesse. Grâce au ciel, qui dévoile tout, tu n'épouseras point Bégearss! Non, tu ne seras point la femme du plus épouvantable ingrat!.....

FLORESTINE.

Ah! ciel! Léon!.....

LÉON.

Ma sœur, il nous a tous joués!

FLORESTINE *au Comte*.

Sa sœur!

LE COMTE.

Il nous trompait. Il trompait les uns par les autres; et tu étais le prix de ses horribles perfidies. Je vais le chasser de chez moi.

LA COMTESSE.

L'instinct de ta frayeur te servait mieux que nos lumières. Aimable enfant! rends grâces au ciel qui te sauve d'un tel danger.

LÉON.

Ma sœur, il nous a tous joués!

FLORESTINE *au Comte*.

Monsieur, il m'appèle sa sœur!

LA COMTESSE *exaltée*.

Oui, Floresta, tu es à nous. C'est là notre

secret chéri. Voilà ton père ; voilà ton frère ; et moi, je suis ta mère pour la vie. Ah ! garde-toi de l'oublier jamais ! (*Elle tend la main au Comte.*) Almaviva ! pas vrai qu'elle est *ma fille ?*

LE COMTE *exalté.*

Et lui, *mon fils* ; voilà nos deux enfants. (*Tous se serrent dans les bras l'un de l'autre.*)

SCÈNE IV.

FIGARO, M. FAL, notaire. LES PRÉCÉDENTS.

FIGARO *accourant et jetant son manteau.*

MALÉDICTION ! Il a le portefeuille. J'ai vu le traître l'emporter, quand je suis entré chez Monsieur.

LE COMTE.

O monsieur Fal ! vous vous êtes pressé !

M. FAL *vivement.*

Non, monsieur, au contraire. Il est resté plus d'une heure avec moi, m'a fait achever le contrat, y insérer la donation qu'il fait. Puis il m'a remis mon reçu, au bas duquel était le vôtre, en me disant que la somme est à lui, qu'elle est un fruit d'hérédité, qu'il vous l'a remise en confiance.....

LE COMTE.

O scélérat ! Il n'oublie rien !

FIGARO.

Que de trembler sur l'avenir !

M. FAL.

Avec ces éclaircissements, ai-je pu refuser le portefeuille qu'il exigeait ? Ce sont trois millions au porteur. Si vous rompez le mariage, et qu'il veuille garder l'argent, c'est un mal presque sans remède.

LE COMTE *avec véhémence.*

Que tout l'or du monde périsse, et que je sois débarrassé de lui !

FIGARO *jetant son chapeau sur un fauteuil.*

Dussé-je être pendu, il n'en gardera pas une obole ! (*A Suzanne.*) Veille au dehors, Suzanne.

(*Elle sort.*)

M. FAL.

Avez-vous un moyen de lui faire avouer devant de bons témoins, qu'il tient ce trésor de Monsieur ? Sans cela, je défie qu'on puisse le lui arracher.

FIGARO.

S'il apprend par son allemand ce qui se passe dans l'hôtel, il n'y rentrera plus.

LE COMTE *vivement*.

Tant mieux ! c'est tout ce que je veux. Ah ! qu'il garde le reste.

FIGARO *vivement*.

Lui laisser par dépit l'héritage de vos enfants ? ce n'est pas vertu, c'est faiblesse.

LÉON *fâché*.

Figaro !

FIGARO *plus fort*.

Je ne m'en dédis point. (*Au Comte.*) Qu'obtiendra donc de vous l'attachement, si vous payez ainsi la perfidie ?

LE COMTE *se fâchant*.

Mais, l'entreprendre sans succès; c'est lui ménager un triomphe.....

SCÈNE V.

LES PRÉCÉDENTS, SUZANNE.

SUZANNE *à la porte et criant*.

Monsieur Bégearss qui rentre ! (*Elle sort.*)

SCÈNE VI.

Les précédents, *excepté Suzanne.*

(*Ils font tous un grand mouvement.*)

Le Comte *hors de lui.*

Oh ! traître !

Figaro *très-vite.*

On ne peut plus se concerter ; mais si vous m'écoutez et me secondez tous pour lui donner une sécurité profonde, j'engage ma tête au succès.

M. Fal.

Vous allez lui parler du portefeuille et du contrat ?

Figaro *très-vite.*

Non pas ; il en sait trop pour l'entamer si brusquement ! Il faut l'amener de plus loin à faire un aveu volontaire. (*Au Comte.*) Feignez de vouloir me chasser.

Le Comte *troublé.*

Mais, mais, sur quoi ?

SCÈNE VII.

Les précédents, SUZANNE, BÉGEARSS.

Suzanne *accourant.*

Monsieur Bégeaaaaaaarss! (*Elle se range près de la comtesse.*)

Bégearss *montre une grande surprise.*

Figaro *s'écrie en le voyant.*

Monsieur Bégearss! (*humblement.*) Eh bien! ce n'est qu'une humiliation de plus. Puisque vous attachez à l'aveu de mes torts le pardon que je sollicite, j'espère que Monsieur ne sera pas moins généreux.

Bégearss *étonné.*

Qu'y a-t-il donc? Je vous trouve assemblés!

Le Comte *brusquement.*

Pour chasser un sujet indigne.

Bégearss, *plus surpris encore, voyant le Notaire.*

Et Monsieur Fal?

M. Fal *lui montrant le contrat.*

Voyez qu'on ne perd point de temps, tout ici concourt avec vous.

ACTE V.

BÉGEARSS *surpris.*

Ha ! ha !.....

LE COMTE *impatient, à Figaro.*

Pressez-vous ; ceci me fatigue.

(*Pendant cette scène, Bégearss les examine l'un après l'autre avec la plus grande attention.*)

FIGARO, *l'air suppliant, adressant la parole au Comte.*

Puisque la feinte est inutile, achevons mes tristes aveux. Oui, pour nuire à monsieur Bégearss, je répète avec confusion, que je me suis mis à l'épier, le suivre et le troubler partout : (*Au comte.*) car Monsieur n'avait pas sonné, lorsque je suis entré chez lui, pour savoir ce qu'on y fesait du coffre aux brillants de Madame, que j'ai trouvé là tout ouvert.

BÉGEARSS.

Certes ! ouvert à mon grand regret !

LE COMTE *fait un mouvement inquiétant.*

(*A part.*) Quelle audace !

FIGARO *se courbant, le tire par l'habit pour l'avertir.*

Ah ! mon maître !

M. Fal *effrayé.*

Monsieur !

Bégearss *au Comte, à part.*

Modérez-vous, ou nous ne saurons rien.

Le Comte *frappe du pied.*

Bégearss *l'examine.*

Figaro *soupirant, dit au Comte.*

C'est ainsi que sachant Madame enfermée avec lui, pour brûler de certains papiers dont je connaissais l'importance, je vous ai fait venir subitement.

Bégearss *au Comte.*

Vous l'ai-je dit ?

Le Comte *mord son mouchoir, de fureur.*

Suzanne *bas à Figaro (par derrière).*

Achève, achève !

Figaro.

Enfin, vous voyant tous d'accord, j'avoue que j'ai fait l'impossible pour provoquer entre Madame et vous la vive explication..... qui n'a pas eu la fin que j'espérais.....

Le Comte *à Figaro, avec colère.*

Finissez-vous ce plaidoyer ?

ACTE V.

FIGARO *bien humble.*

Hélas ! je n'ai plus rien à dire, puisque c'est cette explication qui a fait chercher monsieur Fal, pour finir ici le contrat. L'heureuse étoile de Monsieur a triomphé de tous mes artifices.... Mon maître ! en faveur de trente ans.....

LE COMTE *avec humeur.*

Ce n'est pas à moi de juger. (*Il marche vite.*)

FIGARO.

Monsieur Bégearss !

BÉGEARSS, *qui a repris sa sécurité, dit ironiquement.*

Qui ! moi ? cher ami, je ne comptais guère vous avoir tant d'obligations ! (*Elevant son ton.*) Voir mon bonheur accéléré par le coupable effort destiné à me le ravir ! (*A Léon et Florestine.*) O jeunes gens ! quelle leçon ! Marchons avec candeur dans le sentier de la vertu. Voyez que tôt ou tard l'intrigue est la perte de son auteur.

FIGARO *prosterné.*

Ah ! oui !

BÉGEARSS, *au Comte.*

Monsieur, pour cette fois encore, et qu'il parte !

LE COMTE, *à Bégearss, durement.*

C'est-là votre arrêt ?..... j'y souscris.

FIGARO, *ardemment.*

Monsieur Bégearss ! je vous le dois. Mais je vois M. Fal pressé d'achever un contrat.....

LE COMTE, *brusquement.*

Les articles m'en sont connus.

M. FAL.

Hors celui-ci. Je vais vous lire la donation que Monsieur fait... (*cherchant l'endroit.*) M., M., M., messire James-Honoré Bégearss.. Ah ! (*il lit*) « et
» pour donner à la demoiselle future épouse, une
» preuve non équivoque de son attachement pour
» elle, ledit Seigneur futur époux lui fait donation
» entière de tous les grands biens qu'il possède ;
» consistant aujourd'hui, (*il appuie en lisant*)
» (ainsi qu'il le déclare, et les a exhibés à nous
» notaires soussignés) en trois millions d'or ici
» joints, en très-bons effets au porteur. » (*Il tend la main en lisant.*)

BÉGEARSS.

Les voilà dans ce portefeuille. (*Il donne le portefeuille à Fal.*) Il manque deux milliers de louis, que je viens d'en ôter pour fournir aux apprêts des noces.

ACTE V.

FIGARO *montrant le Comte, et vivement.*

Monsieur a décidé qu'il paierait tout ; j'ai l'ordre.

BÉGEARSS, *tirant les effets de sa poche et les remettant au notaire.*

En ce cas enregistrez-les ; que la donation soit entière !

FIGARO *retourné, se tient la bouche pour ne pas rire.*

M. FAL *ouvre le portefeuille, y remet les effets.*

M. FAL *montrant Figaro.*

Monsieur va tout additionner, pendant que nous achèverons. (*Il donne le portefeuille ouvert à Figaro, qui, voyant les effets, dit :*)

FIGARO, *l'air exalté.*

Et moi j'éprouve qu'un bon repentir est comme toute bonne action ; qu'il porte aussi sa récompense.

BÉGEARSS.

En quoi ?

FIGARO.

J'ai le bonheur de m'assurer qu'il est ici plus d'un généreux homme. Oh ! que le ciel comble les vœux de deux amis aussi parfaits ! Nous n'avons nul besoin d'écrire. (*Au Comte.*) Ce sont vos effets au porteur : oui, Monsieur, je les reconnais. Entre M. Bégearss et vous, c'est un combat de générosité ; l'un donne ses biens à l'époux ; l'autre les rend à sa future ! (*Aux jeunes gens.*) Monsieur, Mademoiselle ! Ah ! quel bienfesant protecteur, et que vous allez le chérir !... Mais, que dis-je ? l'enthousiasme m'aurait-il fait commettre une indiscrétion offensante ? (*Tout le monde garde le silence.*)

BÉGEARSS, *un peu surpris, se remet, prend son parti, et dit :*

Elle ne peut l'être pour personne, si mon ami ne la désavoue pas ; s'il met mon âme à l'aise, en me permettant d'avouer que je tiens de lui ces effets. Celui-là n'a pas un bon cœur, que la gratitude fatigue ; et cet aveu manquait à ma satisfaction. (*montrant le Comte.*) Je lui dois bonheur et fortune ; et quand je les partage avec sa digne fille, je ne fais que lui rendre ce qui lui appartient de droit. Remettez-moi le portefeuille ; je ne veux avoir que l'honneur de le mettre à ses pieds moi-même, en signant notre heureux contrat. (*Il veut le reprendre.*)

FIGARO, *sautant de joie.*

Messieurs, vous l'avez entendu ? vous témoignerez s'il le faut. Mon maître, voilà vos effets ;

Et cette Lettre, Monstre! m'abuse-t-elle aussi.

Acte Iʳ. Scène VII.

ACTE V.

donnez-les à leur détenteur, si votre cœur l'en juge digne. (*Il lui remet le portefeuille.*)

LE COMTE *se levant, à Bégearss.*

Grand Dieu ! les lui donner ! homme cruel, sortez de ma maison ; l'enfer n'est pas aussi profond que vous ! grâce à ce bon vieux serviteur, mon imprudence est réparée : sortez à l'instant de chez moi.

BÉGEARS.

O mon ami ! vous êtes encore trompé !

LE COMTE, *hors de lui, le bride de sa lettre ouverte.*

Et cette lettre, monstre ! m'abuse-t-elle aussi ?

BÉGEARSS *la voit ; furieux, il arrache au Comte la lettre, et se montre tel qu'il est.*

Ah !.... Je suis joué ! mais j'en aurai raison.

LÉON.

Laissez en paix une famille que vous avez remplie d'horreur.

BÉGEARSS *furieux.*

Jeune insensé ! c'est toi qui vas payer pour tous ; je t'appelle au combat.

LÉON, *vite.*

J'y cours.

LE COMTE, *vite.*

Léon !

LA COMTESSE, *vite.*

Mon fils !

FLORESTINE, *vite.*

Mon frère !

LE COMTE.

Léon ! Je vous défends..... (*à Bégearss.*) Vous vous êtes rendu indigne de l'honneur que vous demandez : ce n'est point par cette voie-là qu'un homme comme vous doit terminer sa vie.

BÉGEARSS *fait un geste affreux, sans parler.*

FIGARO, *arrêtant Léon, vivement.*

Non, jeune homme ! vous n'irez point ; Monsieur votre père a raison, et l'opinion est réformée sur cette horrible frénésie ; on ne combattra plus ici que les ennemis de l'État. Laissez-le en proie à sa fureur ; et s'il ose vous attaquer, défendez-vous, comme d'un assassin ; personne ne trouve mauvais qu'on tue une bête enragée ! mais il se gardera de l'oser ; l'homme capable de tant d'horreurs doit être aussi lâche que vil !

BÉGEARSS *hors de lui.*

Malheureux !

ACTE V.

LE COMTE, *frappant du pied.*

Nous laissez-vous enfin? c'est un supplice de vous voir. (*La Comtesse est effrayée sur son siége; Florestine et Suzanne la soutiennent; Léon se réunit à elles.*)

BÉGEARSS, *les dents serrées.*

Oui morbleu! je vous laisse; mais j'ai la preuve en main de votre infâme trahison! vous n'avez demandé l'agrément de Sa Majesté, pour échanger vos biens d'Espagne, que pour être à portée de troubler sans péril l'autre côté des Pyrénées.

LE COMTE.

O monstre! que dit-il?

BÉGEARSS.

Ce que je vais dénoncer à Madrid. N'y eût-il que le buste en grand d'un Washington, dans votre cabinet; j'y fais confisquer tous vos biens.

FIGARO, *criant.*

Certainement; le tiers au dénonciateur.

BÉGEARSS.

Mais pour que vous n'échangiez rien, je cours chez notre ambassadeur arrêter dans ses mains l'agrément de Sa Majesté, que l'on attend par ce courrier.

FIGARO, *tirant un paquet de sa poche, s'écrie vivement :*

L'agrément du roi ? le voici ; j'avais prévu le coup ; je viens, de votre part, d'enlever le paquet au secrétariat d'ambassade ; le courrier d'Espagne arrivait !

LE COMTE, *avec vivacité, prend le paquet.*

BÉGEARSS *furieux, frappe sur son front, fait deux pas pour sortir et se retourne.*

Adieu, famille abandonnée ! maison sans mœurs et sans honneur ! Vous aurez l'impudeur de conclure un mariage abominable, en unissant le frère avec la sœur : mais l'univers saura votre infamie !

(*Il sort.*)

SCÈNE VIII et dernière.

LES PRÉCÉDENTS, *excepté* BÉGEARSS.

FIGARO *follement.*

Qu'il fasse des libelles ! dernière ressource des lâches ! il n'est plus dangereux ; bien démasqué, à bout de voie, et pas vingt-cinq louis dans le monde ! Ah M. Fal ! je me serais poignardé s'il eût gardé les deux mille louis qu'il avait soustraits du paquet! (*Il reprend un ton grave.*) D'ailleurs, nul ne sait mieux que lui, que par la nature et la loi, ces jeunes gens ne se sont rien; qu'ils sont étrangers l'un à l'autre.

LE COMTE *l'embrasse et crie:*

O Figaro!..... Madame, il a raison.

LÉON *très-vite.*

Dieux! maman! quel espoir!

FLORESTINE *au Comte.*

Eh quoi! Monsieur, n'êtes-vous plus......

LE COMTE *ivre de joie.*

Mes enfants, nous y reviendrons; et nous consulterons, sous des noms supposés, des gens de loi, discrets, éclairés, pleins d'honneur. O mes enfants! il vient un âge où les honnêtes gens se pardonnent leurs torts, leurs anciennes faiblesses! font succéder un doux attachement aux passions orageuses qui les avaient trop désunis. Rosine! (c'est le nom que votre époux vous rend) allons nous reposer des fatigues de la journée. Monsieur Fal! restez avec nous. Venez, mes deux enfants!..... Suzanne, embrasse ton mari! et que nos sujets de querelles soient ensevelis pour toujours! (*à Figaro*). Les deux mille louis qu'il avait soustraits, je te les donne, en attendant la récompense qui t'est bien due !

FIGARO, *vivement.*

A moi, Monsieur ? Non s'il, vous plaît; moi, gâter par un vil salaire le bon service que j'ai fait ! ma récompense est de mourir chez vous. Jeune, si j'ai failli souvent, que ce jour acquitte ma vie ! O ma vieillesse ! pardonne à ma jeunesse, elle s'honorera de toi. Un jour a changé notre état ! plus d'oppresseur, d'hypocrite insolent ! Chacun a bien fait son devoir : ne plaignons point quelques moments de trouble ; on gagne assez dans les familles quand on en expulse un méchant.

FIN DU CINQUIÈME ET DERNIER ACTE.

TARARE,

OPÉRA EN CINQ ACTES,

AVEC UN PROLOGUE,

ET UN DISCOURS PRÉLIMINAIRE,

Représenté pour la première fois, sur le Théâtre de l'Académie royale de Musique, le Vendredi 8 Juin 1787.

Barbarus asi ego sum......

AUX ABONNÉS

DE L'OPÉRA,

QUI VOUDRAIENT AIMER L'OPÉRA.

Ce n'est point de l'art de chanter, du talent de bien moduler, ni de la combinaison des sons; ce n'est point de la Musique en elle-même, que je veux vous entretenir : c'est l'action de la poésie sur la musique, et la réaction de celle-ci sur la poésie au théâtre, qu'il m'importe d'examiner, relativement aux ouvrages où ces deux arts se réunissent. Il s'agit moins pour moi d'un nouvel opéra, que d'un nouveau moyen d'intéresser à l'opéra.

Pour vous disposer à m'entendre, à m'écouter avec un peu de faveur, je vous dirai, mes chers contemporains, que je ne connais point de siècle où j'eusse préféré de naître; point de nation à qui j'eusse aimé mieux appartenir. Indépendamment de tout ce que la société française a d'aimable, je vois en nous, depuis vingt ou trente ans, une émulation vigoureuse, un désir général d'agrandir nos idées par d'utiles recherches, et le bonheur de tous, par l'usage de la raison.

On cite le siècle dernier comme un beau siècle littéraire; mais qu'est-ce que la littérature dans la masse des objets utiles? Un noble amusement de l'esprit. On citera le nôtre comme un siècle profond de science, de philosophie, fécond en découvertes, et plein de force et de raison. L'esprit de la nation semble être dans une crise heureuse : une lumière vive et répandue fait sentir à chacun que tout peut être mieux. On s'inquiète, on s'agite, on invente, on réforme; et depuis la science profonde qui régit les gouvernements, jusqu'au talent frivole de faire une chanson; depuis cette élévation de génie qui fait admirer Voltaire et Buffon, jusqu'au métier facile et lucratif de critiquer ce qu'on n'aurait pu faire; je vois dans toutes les classes un désir de valoir, de prévaloir, d'étendre ses idées, ses connaissances, ses jouissances, qui ne peut que tourner à l'avantage universel; et c'est ainsi que tout s'accroît, prospère et s'améliore. Essayons, s'il se peut, d'améliorer un grand spectacle.

Tous les hommes, vous le savez, ne sont pas avantageusement placés pour exécuter de grandes choses : chacun de nous est ce qu'il naquit, et devient après ce qu'il peut. Tous les instants de la vie du même homme, quelque patriote qu'il soit, ne sont pas non plus destinés à des objets d'égale utilité : mais si nul ne préside au choix de ses travaux, tous au moins choisissent leurs plaisirs ; et c'est peut-être dans ce choix qu'un observateur doit chercher le vrai secret des caractères. Il faut du relâche à l'esprit. Après le travail forcé des affaires, chacun suit son attrait dans ses amusements : l'un chasse, l'autre boit, celui-ci joue, un autre intrigue ; et moi qui n'ai point tous ces goûts, je fais un modeste opéra.

Je conviendrai naïvement, pour qu'on ne me dispute rien, que de toutes les frivolités littéraires, une des plus frivoles est peut-être un poème de ce genre. Je conviens encore que si l'auteur d'un tel ouvrage allait s'offenser du peu de cas qu'on en fait ; malheureux par ce ridicule, et ridicule par ce malheur, il serait le plus sot de tous ses ennemis.

Mais d'où naît ce dédain pour le poème d'un opéra ? Car enfin, ce travail a sa difficulté. Serait-ce que la nation française, plus chansonnière que musicienne, préfère aux madrigaux de sa musique, l'épigramme et ses vaudevilles ? Quelqu'un a dit que les Français aimaient véritablement les chansons, mais n'avaient que la vanité d'un prétendu goût de musique. Ne pressons point cette opinion, de peur de la consolider.

Le froid dédain d'un opéra ne vient-il pas plutôt de ce qu'à ce spectacle, la réunion mal ourdie de tant d'arts nécessaires à sa formation a fini par jeter un peu de confusion dans l'esprit, sur le rang qu'ils doivent y tenir; sur le plaisir qu'on a droit d'en attendre.

La véritable hiérarchie de ces arts, devrait, ce me semble, ainsi marcher dans l'estime des spectateurs. Premièrement, la pièce ou l'invention du sujet, qui embrasse et comporte la masse de l'intérêt; puis la beauté du poème, ou la manière aisée d'en narrer les événements; puis le charme de la musique, qui n'est qu'une expression nouvelle ajoutée au charme des vers; enfin, l'agrément de la danse, dont la gaîté, la gentillesse, embellit quelques froides situations. Tel est, dans l'ordre du plaisir, le rang marqué pour tous ces arts.

Mais par une inversion bizarre, particulière à l'opéra, il semble que la pièce n'y soit rien qu'un moyen bannal, un prétexte pour faire briller tout ce qui n'est pas elle. Ici, les accessoires ont usurpé le premier rang, pendant que le fond du sujet n'est plus qu'un très-mince accessoire; c'est le canevas des brodeurs que chacun couvre à volonté.

Comment donc est-on parvenu à nous donner ainsi le change? Nos Français, que l'on sait si vifs sur ce qui tient à leurs plaisirs, seraient-ils froids sur celui-ci?

Essayons d'expliquer pourquoi les amateurs les plus zélés (moi le premier) s'ennuient toujours à l'opéra. Voyons pourquoi dans ce spectacle, on compte le poème pour rien; et comment la musique, toute insignifiante qu'elle est, lorsqu'elle marche sans appui, nous attache plus que les paroles, et la danse plus que la musique. Ce problème, depuis long-temps, avait besoin qu'on l'expliquât; je vais le faire à ma manière.

D'abord, je me suis convaincu que, de la part du public, il n'y a point d'erreur dans ses jugements au spectacle, et qu'il ne peut y en avoir. Déterminé par le plaisir, il le cherche, il le suit partout. S'il lui échappe d'un côté, il tente à le saisir de l'autre. Lassé, dans l'opéra, de n'entendre point les paroles, il se tourne vers la musique : celle-ci, dénuée de l'intérêt du poème, amusant à peine l'oreille, le cède bientôt à la danse, qui de plus amuse les yeux. Dans cette subversion funeste à l'effet théâtral, c'est toujours, comme on voit, le plaisir que l'on cherche: tout le reste est indifférent. Au lieu de m'inspirer un puissant intérêt, si l'opéra ne m'offre qu'un puéril amusement, quel droit a-t-il à mon estime?

Le spectateur a donc raison ; c'est le spectacle qui a tort.

Boileau écrivait à Racine : *On ne fera jamais un bon opéra. La musique ne sait pas narrer.* Il avait raison, pour son temps. Il aurait pu même ajouter : *la musique ne sait pas dialoguer.* On ne se doutait pas alors qu'elle en devînt jamais susceptible.

Dans une lettre de cet homme qui a tout pensé, tout écrit ; dans une lettre de Voltaire à Cideville, en 1732, on lit ces mots bien remarquables : « L'opéra n'est qu'un rendez-vous public, où » l'on s'assemble à certains jours, sans trop savoir » pourquoi : c'est une maison où tout le monde » va, quoiqu'on pense mal du maître, et qu'il » soit assez ennuyeux. »

Avant lui, la Bruyère avait dit : « On voit bien » que l'opéra est l'ébauche d'un grand spectacle; » il en donne l'idée ; mais je ne sais pas comment » l'opéra, avec une musique si parfaite et une dé- » pense toute royale, a pu réussir à m'ennuyer. »

Ils disaient librement ce que chacun éprouvait, malgré je ne sais quelle vanité nationale qui portait tout le monde à le dissimuler. Quoi ! de la vanité jusque dans l'ennui d'un spectacle ! je dirais volontiers comme l'abbé Bazile : *Qu'est-ce donc qu'on trompe ici? Tout le monde est dans le secret!*

Quant à moi, qui suis né très-sensible aux charmes de la bonne musique, j'ai bien longtemps cherché pourquoi l'opéra m'ennuyait, malgré tant de soins et de frais employés à l'effet contraire; et pourquoi tel morceau détaché qui me charmait au clavecin, reporté du pupitre au grand cadre, était près de me fatiguer s'il ne m'ennuyait pas d'abord; et voici ce que j'ai cru voir.

Il y a trop de musique dans la musique du théâtre, elle en est toujours surchargée; et pour employer l'expression naïve d'un homme justement célèbre, du célèbre chevalier Gluck : notre opéra pue de musique : *Puzza di Musica*.

Je pense donc que la musique d'un opéra n'est, comme sa poésie, qu'un nouvel art d'embellir la parole, dont il ne faut point abuser.

Nos poètes dramatiques ont senti que la magnificence des mots, que tout ce luxe poétique dont l'ode se pare avec succès, était un ton trop exalté pour la scène : ils ont tous vu que, pour intéresser au théâtre, il fallait adoucir, appaiser cette poésie éblouissante, la rapprocher de la nature; l'intérêt du spectacle exigeant une vérité simple et naïve, incompatible avec ce luxe.

Cette réforme faite, heureusement pour nous, dans la poésie dramatique, nous restait à tenter sur la musique du théâtre. Or s'il est vrai, comme on n'en peut douter, que la musique soit à l'opéra ce que les vers sont à la tragédie ; une expression plus figurée, une manière seulement plus forte de présenter le sentiment ou la pensée ; gardons-nous d'abuser de ce genre d'affectation, de mettre trop de luxe dans cette manière de peindre. Une abondance vicieuse, étouffe, éteint la vérité : l'oreille est rassasiée, et le cœur reste vide. Sur ce point, j'en appelle à l'expérience de tous.

Mais que sera-ce donc, si le musicien orgueilleux, sans goût ou sans génie, veut dominer le poète, ou faire de sa musique une œuvre séparée ? Le sujet devient ce qu'il peut ; on n'y sent plus qu'incohérence d'idées, division d'effets, et nullité d'ensemble ; car deux effets distincts et séparés ne peuvent concourir à cette unité qu'on désire, et sans laquelle il n'est point de charme au spectacle.

De même qu'un auteur français dit à son traducteur : Monsieur, êtes-vous d'Italie ? Traduisez-moi cet œuvre en Italien ; mais n'y mettez rien d'étranger. Poète d'un opéra, je dirais à mon partenaire : ami, vous êtes musicien : traduisez ce poème en musique ; mais n'allez pas, comme Pindare, vous égarer dans vos images, et chanter Castor et Pollux sur le triomphe d'un athlète, car ce n'est pas d'eux qu'il s'agit.

Et si mon musicien possède un vrai talent ; s'il

réfléchit avant d'écrire; il sentira que son devoir, que son succès consiste à rendre mes pensées dans une langue seulement plus harmonieuse; à leur donner une expression plus forte, et non à faire une œuvre à part. L'imprudent qui veut briller seul, n'est qu'un phosphore, un feu follet. Cherche-t-il à vivre sans moi, il ne fait plus que végéter : un orgueil si mal entendu tue son existence et la mienne; il meurt au dernier coup d'archet, et nous précipite à grand bruit, du théâtre au fond de l'Erèbe.

Je ne puis assez le redire, et je prie qu'on y réfléchisse : trop de musique dans la musique est le défaut de nos grands opéras.

Voilà pourquoi tout y languit. Sitôt que l'acteur chante, la scène se repose (je dis, s'il chante pour chanter), et partout où la scène repose, l'intérêt est anéanti. Mais, direz-vous, s'il faut-il bien qu'il chante, puisqu'il n'a pas d'autre idiôme? — Oui, mais tâchez que je l'oublie. L'art du compositeur serait d'y parvenir. Qu'il chante le sujet comme on le versifie, uniquement pour le parer; que j'y trouve un charme de plus, non un sujet de distraction.

« Moi, qui toujours ai chéri la musique, sans
» inconstance, et même sans infidélité, souvent
» aux pièces qui m'attachent le plus, je me sur-
» prends à pousser de l'épaule, à dire tout bas avec

» humeur : va donc, musique! Pourquoi tant
» répéter? N'es-tu pas assez lente? Au lieu de
» narrer vivement, tu rabaches : au lieu de peindre
» la passion, tu t'accroches oiseusement aux
» mots! (1) »

Qu'arrive-t-il de tout cela? Pendant qu'avare de paroles, le poète s'évertue à serrer son style, à bien concentrer sa pensée; si le musicien, au rebours, délaie, alonge les syllabes, et les noie dans des fredons, leur ôte la force ou le sens; l'un tire à droite, l'autre à gauche; on ne sait plus auquel entendre : le triste bâillement me saisit, l'ennui me chasse de la salle.

Que demandons-nous au théâtre? qu'il nous procure du plaisir. La réunion de tous les arts charmants devrait certes nous en offrir un des plus vifs à l'opéra! N'est-ce pas de leur union même que ce spectacle a pris son nom? Leur déplacement, leur abus en a fait un séjour d'ennui.

Essayons d'y ramener le plaisir, en les rétablissant dans l'ordre naturel, et sans priver ce grand théâtre d'aucun des avantages qu'il offre; c'est une belle tâche à remplir. Aux efforts qu'on a faits depuis *Iphigénie*, *Alceste*, et le chevalier Gluck, pour améliorer ce spectacle, ajoutons

---

(1) Préface du *Barbier de Séville*.

quelques observations sur le poème et son amalgame. Posons une saine doctrine : joignons un exemple au précepte, et tâchons d'entraîner les suffrages par l'heureux concours de tous deux.

Souvenons-nous d'abord, qu'un opéra n'est point une tragédie; qu'il n'est point une comédie; qu'il participe de chacune, et peut embrasser tous les genres.

Je ne prendrai donc point un sujet qui soit absolument tragique : le ton deviendrait si sévère, que les fêtes y tombant des nues, en détruiraient tout l'intérêt. Éloignons-nous également d'une intrigue purement comique, où les passions n'ont nul ressort, dont les grands effets sont exclus : l'expression musicale y serait souvent sans noblesse.

Il m'a semblé qu'à l'opéra, les sujets historiques devaient moins réussir que les imaginaires.

Faudra-t-il donc traiter des sujets de pure féerie? De ces sujets où le merveilleux, se montrant toujours impossible, nous paraît absurde et choquant? Mais l'expérience a prouvé que tout ce qu'on dénoue par un coup de baguette, ou par l'intervention des Dieux, nous laisse toujours le cœur vide; et les sujets mythologiques ont tous un peu ce défaut-là. Or, dans mon système *d'opéra*, je ne puis être avare de musique, qu'en y prodiguant l'intérêt.

N'oublions pas surtout que, la marche lente de la musique s'opposant aux développements, il faut que l'intérêt porte entièrement sur les masses ; qu'elles y soient énergiques et claires. Car, si la première éloquence au théâtre est celle de situation, c'est surtout dans le drame chanté qu'elle devient indispensable, par le besoin pressant d'y suppléer aux mouvements de l'autre éloquence, dont on est trop souvent forcé de se priver.

Je penserais donc qu'on doit prendre un milieu entre le merveilleux et le genre historique. J'ai cru m'apercevoir aussi que les mœurs très-civilisées étaient trop méthodiques pour y paraître théâtrales. Les mœurs orientales, plus disparates et moins connues, laissent à l'esprit un champ plus libre, et me semblent très-propres à remplir cet objet.

Partout où règne le despotisme, on conçoit des mœurs bien tranchantes. Là, l'esclavage est près de la grandeur : l'amour y touche à la férocité : les passions des grands sont sans frein. On peut y voir unie, dans le même homme, la plus imbécille ignorance à la puissance illimitée, une indigne et lâche faiblesse à la plus dédaigneuse hauteur. Là, je vois l'abus du pouvoir se jouer de la vie des hommes, de la pudicité des femmes; la révolte marcher de front avec l'atroce tyrannie :

le despote y fait tout trembler, jusqu'à ce qu'il tremble lui-même; et souvent tous les deux se voient en même temps. Ce désordre convient au sujet; il monte l'imagination du poète; il imprime un trouble à l'esprit, qui dispose aux *étrangetés* (selon l'expression de *Montagne*). Voilà les mœurs qu'il faut à l'opéra ; elles nous permettent tous les tons : le sérail offre aussi tous les genres d'événements. Je puis m'y montrer tour-à-tour, vif, imposant, gai, sérieux, enjoué, terrible ou badin. Les cultes même orientaux ont je ne sais quel air magique, je ne sais quoi de *merveilleux*, très-propre à subjuguer l'esprit, à nourrir l'intérêt de la scène.

Ah! si l'on pouvait couronner l'ouvrage d'une grande idée philosophique; même en faire naître le sujet! je dis qu'un tel amusement ne serait pas sans fruit; que tous les bons esprits nous sauraient gré de ce travail. Pendant que l'esprit de parti, l'ignorance ou l'envie de nuire armeraient la meute aboyante, le public n'en sentirait pas moins qu'un tel essai n'est point une œuvre méprisable. Peut-être irait-il même jusqu'à encourager des hommes d'un plus fort génie à se jeter dans la carrière, et à lui présenter un nouveau genre de plaisir, digne de la première nation du monde.

Quoi qu'il en puisse être des autres, voici ce

qu'il en est de moi. *Tarare* est le nom de mon opéra ; mais il n'en est pas le motif. Cette maxime, à la fois consolante et sévère, est le sujet de mon ouvrage :

> Homme ! ta grandeur sur la terre
> N'appartient point à ton état ;
> Elle est toute à ton caractère.

La dignité de l'homme est donc le point moral que j'ai voulu traiter, le thème que je me suis donné.

Pour mettre en action ce précepte, j'ai imaginé dans Ormus, à l'entrée du golphe Persique, deux hommes de l'état le plus opposé ; dont l'un, comblé, surchargé de puissance, un despote absolu d'Asie, a contre lui seulement un effroyable caractère. *Il est né méchant*, ai-je dit, *voyons s'il sera malheureux*. L'autre, tiré des derniers rangs, dénué de tout, pauvre soldat, n'a reçu qu'un seul bien du ciel, un caractère vertueux. *Peut-il être heureux ici bas ?*

Cherchons seulement un moyen de rapprocher deux hommes si peu faits pour se rencontrer.

Pour animer leurs caractères, soumettons-les au même amour ; donnons-leur à tous deux le plus ardent désir de posséder la même femme. Ici, le cœur humain est dans son énergie ; il doit se montrer sans détour. Opposons passion à passion, le vice puissant à la vertu privée de tout, le despotisme sans pudeur à l'influence de l'opinion publique; et voyons ce qui peut sortir d'une telle combinaison d'incidents et de caractères.

Les Français chercheront le motif qui m'a fait donner à mon héros un nom proverbial. Il faut avouer qu'il entre un peu de coquetterie d'auteur dans ceci. J'ai voulu voir si, lui donnant un nom usé, qui jetterait dans quelque erreur, qui ferait dire à tous nos bons plaisants, que je suis un garçon jovial, et que l'on va bien rire, ou de l'opéra ou de moi, quand j'aurai mis sur le théâtre *Tarare-pompon* en musique; j'ai voulu, dis-je, voir si, lui donnant un nom insignifiant, je parviendrais à l'élever à un très-haut degré d'estime avant la fin de mon ouvrage. Quant au choix du nom de *Tarare*, il me suffit de dire aux étrangers, qu'une tradition assez gaie, le souvenir d'un certain conte, nous rappelle, en riant, que le nom de *Tarare* excitait un étonnement dans les auditeurs, qui le fesait répéter à tout le monde aussitôt qu'on le prononçait. Hamilton, auteur de ce conte, a tiré très-peu de parti d'une bizarrerie qu'il aurait pu rendre plus gaie.

Voici, moi, ce que j'en ai fait. De cela seul que la personne de *Tarare*, en vénération chez le peuple, est odieuse à mon despote, on ne prononce point son nom devant lui sans le mettre en fureur, et sans qu'il arrive un grand changement dans la situation des personnages. Ce nom fait toutes mes transitions : avantage précieux pour un genre de spectacle où l'on n'a point de temps à perdre en situations transitoires, où tout doit être chaud d'action, brûlant de marche et d'intérêt.

La musique, cet invincible obstacle aux développements des caractères, ne me permettant point de faire connaître assez mes personnages, dans un sujet si loin de nous (connaissance pourtant sans laquelle on ne prend intérêt à rien), m'a fait imaginer un prologue d'un nouveau genre, où tout ce qu'il importe qu'on sache de mon plan et de mes acteurs est tellement présenté, que le spectateur entre sans fatigue, par le milieu, dans l'action, avec l'instruction convenable. Ce prologue est l'exposition. Composé d'êtres aériens, d'illusions, d'ombres légères, il est la partie merveilleuse du poëme; et j'ai prévenu que je ne voulais priver l'opéra d'aucun des avantages qu'il offre. Le merveilleux même est très-bon, si l'on veut n'en point abuser.

J'ai fait en sorte que l'ouvrage eût la variété qui pouvait le rendre piquant; qu'un acte y reposât de l'autre acte; que chacun eût son caractère. Ainsi le ton élevé, le ton gai, le style tragique ou comique, des fêtes, une musique noble et simple, un grand spectacle et des situations fortes soutiendront tour-à-tour, j'espère, et l'intérêt et la curiosité. Le danger toujours imminent de mon principal personnage, sa vertu, sa douce confiance aux divinités du pays, mis en opposition avec la férocité d'un despote et la politique d'un brame, offriront, je crois, des contrastes et beaucoup de moralité.

Malgré tous ces soins, j'aurai tort, si j'établis mal dans l'action le précepte qui fait le fond de mon sujet.

Depuis que l'ouvrage est fini, j'ai trouvé dans un conte arabe quelques situations qui se rapprochent de *Tarare*; elles m'ont rappelé qu'autrefois j'avais entendu lire ce conte à la campagne. Heureux, disais-je, en le feuilletant de nouveau, d'avoir eu si faible mémoire! Ce qui m'est resté du conte, a son prix; le reste était impraticable. Si le lecteur fait comme moi, s'il a la patience de lire le volume trois des Génies, il verra ce qui m'appartient, ce que je dois au conte arabe, comment le souvenir confus d'un objet qui nous a frappés, se fertilise dans l'esprit, peut fermenter dans la mémoire, sans qu'on en soit même averti.

Mais ce qui m'appartient moins encore, est la belle musique de mon ami *Salieri*. Ce grand compositeur, l'honneur de l'école de Gluck, ayant le style du grand-maître, avait reçu de la nature un sens exquis, un esprit juste, le talent le plus dramatique, avec une fécondité presque unique. Il a eu la vertu de renoncer, pour me complaire, à une foule de beautés musicales dont son opéra scintillait, uniquement, parce qu'elles allongeaient la scène, qu'elles *allanguissaient* l'action; mais la couleur mâle, énergique, le ton rapide et fier de l'ouvrage, le dédommageront bien de tant de sacrifices.

Cet homme de génie si méconnu, si dédaigné pour son bel opéra des *Horaces*, a répondu d'avance, dans *Tarare*, à cette objection qu'on fera: que mon poème est peu lyrique. Aussi n'est-ce pas là l'objet que nous cherchions; mais seulement à faire une musique dramatique. Mon ami, lui disais-je, amollir des pensées, efféminer des phrases, pour les rendre plus musicales, est la vraie source des abus qui nous ont gâté l'opéra. Osons élever la musique à la hauteur d'un poème nerveux et très-fortement intrigué; nous lui rendrons toute sa noblesse: nous atteindrons, peut-être, à ces grands effets tant vantés des anciens spectacles des Grecs. Voilà les travaux ambitieux qui nous ont pris plus d'année. Et je le dis sincèrement; je ne me serais soumis pour aucune considération, à sortir de mon cabinet, pour faire avec un homme ordinaire, un travail qui est devenu par M. *Salieri*, le délassement de mes soirées, souvent un plaisir délectable.

Nos discussions, je crois, auraient formé une très-bonne poétique à l'usage de l'opéra ; car M. Salieri est né poète, et je suis un peu musicien. Jamais, peut-être, on ne réussira sans le concours de toutes ces choses.

Si la partie qu'on nomme récitante, si la scène, en un mot, n'est pas aussi simple, à *Tarare*, que mon système l'exigeait ; la raison qu'il m'en donne est si juste, que je veux la transmettre ici.

Sans doute, on ne peut trop simplifier la scène, a-t-il dit ; mais la voix humaine, en parlant, procède par des gradations de tons presque impossibles à saisir ; par quart, sixième ou huitième de tons : et dans le système harmonique, on n'écrit pour la voix que sur l'intervalle en rigueur des tons entiers et des demi-tons : le reste dépend des acteurs : obtenez d'eux qu'ils vous secondent. Ma phrase musicale est posée dans la règle austère de l'art : mais vous me dites sans cesse que, dans la comédie, le plus grand talent d'un acteur est de faire oublier les vers, en en conservant la mesure. Eh bien ! nos bons chanteurs seront des comédiens, quand ils auront vaincu cette difficulté.

Simplifier le chant du récit, sans contrarier

l'harmonie, le rapprocher de la parole, est donc le vrai travail de nos répétitions ; et je me loue publiquement des efforts de tous nos chanteurs. A moins de parler tout-à-fait, le musicien n'a pu mieux faire : et parler tout-à-fait, eût privé la scène des renforcements énergiques que ce compositeur habile a soin de jeter dans l'orchestre à tous les intervalles possibles.

Orchestre de notre opéra! noble acteur dans le système de Gluck, de Salieri dans le mien! vous n'exprimeriez que du bruit, si vous étouffiez la parole : et c'est du sentiment que votre gloire est d'exprimer.

Vous l'avez senti comme moi. Mais si j'ai obtenu de mon compositeur que, par une variété constante, il partageât notre œuvre en deux, que la musique reposât du poème, et le poème de la musique ; l'orchestre et le chanteur, sous peine d'ennuyer, doivent signer entr'eux la même capitulation. Si l'âme du musicien est entrée dans l'âme du poète, l'a en quelque sorte épousée, toutes les parties exécutantes doivent s'entendre et s'attendre de même, sans se croiser, sans s'étouffer. De leur union sortira le plaisir : l'ennui vient de leur prétention.

Le meilleur orchestre possible eût-il à rendre les plus grands effets, dès qu'il couvre la voix, détruit tout le plaisir. Il en est alors du spectacle comme d'un beau visage éteint par des monceaux de diamants : c'est éblouir et non intéresser. D'où l'on voit que le projet qui nous a constamment occupés, a été d'essayer de rendre au plus grand spectacle du monde les seules beautés qui lui manquent, une marche rapide, un intérêt vif et pressant ; surtout l'honneur d'être entendu.

Deux maximes fort courtes ont composé, dans nos répétitions, ma doctrine pour ce théâtre. A nos acteurs pleins de bonne volonté, je n'ai proposé qu'un précepte : Prononcez bien. Au premier orchestre du monde, j'ai dit seulement ces deux mots : Appaisez-vous. Ceci bien compris, bien saisi, nous rendra dignes, ai-je ajouté, de toute l'attention publique. Mais, me dira quelqu'un, si nous n'entendons rien, que voulez-vous donc qu'on écoute ? Messieurs, on entend tout au spectacle où l'on parle; et l'on n'entendrait rien au spectacle où l'on chante ! Oubliez-vous qu'ici, chanter n'est que parler plus fort, plus harmonieusement ? Qui donc vous assourdit l'oreille ? est-ce l'empâtement des voix, ou le trop grand bruit de l'orchestre ? *prononcez bien* ; *appaisez-vous*, sont pour l'orchestre et les acteurs le premier remède à ce mal.

Mais j'ai découvert un secret que je dois vous communiquer. J'ai trouvé la grande raison qui fait qu'on n'entend rien à l'opéra. La dirai-je ;

Messieurs ? *C'est qu'on n'écoute pas.* Le peu d'intérêt, je le veux, a causé cette inattention. Mais, dans plusieurs ouvrages modernes, tous remplis d'excellentes choses, j'ai très-bien remarqué que des moments heureux subjuguaient l'attention publique. Et moi, que j'en sois digne ou non, je la demande toute entière pour le premier jour de *Tarare*; et qu'un bruit infernal venge après le public, si je m'en suis rendu indigne.

Me jugerez-vous sans m'entendre ? Ah ! laissez ce triste avantage aux affiches du lendemain, qui souvent sont faites la veille.

Est-ce trop exiger de vous, pour un travail de trois années, que trois heures d'une franche attention ? Accordez-les moi, je vous prie. Je prie surtout mes ennemis de prendre cet avantage sur moi; et c'est pour eux seuls que j'en parle. S'ils me laissent la moindre excuse à la première séance, ils peuvent bien compter que j'en abuserai pour me relever dans les autres. Leur intérêt est que je tombe, et non de me faire tomber.

On dit que les journaux ont l'injonction de ménager l'opéra dans leurs feuilles : j'aurais une bien triste opinion de leur crédit, s'ils n'obtenaient pas tous des dispenses contre *Tarare!*

En tout cas, reste la ressource intarissable des

lettres anonymes, des épigrammes, des libelles ; celle des invectives imprimées, jetées par milliers dans nos salles. Qui sait même si, dans le temple des muses, des lettres et du goût, au centre de la politesse, un orateur bien éloquent, regardant de travers *Tarare*, ne trouvera pas un moyen ingénieux d'écraser l'auteur et l'ouvrage, à ne s'en jamais relever ; comme il est advenu du centenaire *Figaro*, qui, depuis un tel anathème, n'a eu que des jours malheureux, une vieillesse languissante !

Tous ces moyens de nuire sont bons, efficaces, usités. La haine affamée s'en nourrit; la malignité les réclame ; notre urbanité les tolère ; l'auteur en rit ou s'en afflige ; la pièce chemine ou s'arrête ; et tout rentre à la fin dans l'ordre accoutumé de l'oubli : c'est-là le dernier des malheurs.

Puisse le goût public et l'acharnement de la haine nous en préserver quelque temps ! Puissent les bons esprits de la littérature adopter mes principes, et faire mieux que moi ! Mes amis savent bien si j'en serai jaloux, ou si j'irai les embrasser. Oui, je le ferai de grand cœur : heureux, ô mes comtemporains ! d'avoir, au champ de vos plaisirs, pu tracer un léger sillon que d'autres vont fertiliser !

A travers les injures que cet ouvrage m'a valu, j'ai reçu quelques vers qui me consoleraient si j'étais affligé. Entre autres, l'Apologue qui suit est si vrai, si philosophique et si juste, que je n'ai pu m'empêcher de lui donner place en ce lieu.

APOLOGUE
A L'AUTEUR DE TARARE.

Un bon homme un soir cheminant,
Passait à côté d'un village,
Un chien aboye, un autre en fait autant ;
Tous les mâtins du bourg hurlent au même instant.
Pourquoi, leur dit quelqu'un, pourquoi tout ce tapage ?
Nul d'eux n'en savait rien ; tous criaient cependant.
Des publiques clameurs c'est la fidèle image.
On répète au hasard les discours qu'on entend.
Au hasard on s'agite, on blâme, on injurie ;
On ne sait pas pourquoi l'on crie.
Le sage, direz-vous, méprise ces propos,
Tenus par des méchants, répétés par des sots :
Le sage quelquefois les paya de sa vie.
Socrate fut empoisonné ;
Aristide, à l'exil, fut par eux condamné :
Ils ont forcé Voltaire à sortir de la France :
Ils ont réduit Racine à quinze ans de silence.
On leur résiste quelque temps :
Leur fureur à la fin détruit tous les talents.
Demandez-le à la Grèce, à Rome, à l'Italie :
Ils ont, dans ces climats, jadis si florissants,
Fait renaître la barbarie.

Par M.***.

A MONSIEUR SALIERI,

MAITRE DE LA MUSIQUE

DE S. M. L'EMPEREUR D'ALLEMAGNE.

MON AMI,

Je vous dédie mon Ouvrage, parce qu'il est devenu le vôtre. Je n'avais fait que l'enfanter; vous l'avez élevé jusqu'à la hauteur du Théâtre.

Mon plus grand mérite en ceci, est d'avoir deviné l'opéra de Tarare *dans les* Danaïdes *et les* Horaces, *malgré la prévention qui nuisit à ce dernier, lequel est un fort bel Ouvrage, mais un peu sévère pour Paris.*

Vous m'avez aidé, mon ami, à donner aux Français une idée du spectacle des Grecs, tel que je l'ai toujours conçu. Si notre Ouvrage a du succès, je vous le devrai presqu'entier. Et quand votre modestie vous fait dire partout que vous n'êtes que mon musicien, je m'honore, moi, d'être votre poète, votre serviteur et votre ami.

CARON DE BEAUMARCHAIS.

PROLOGUE

DE

TARARE.

ACTEURS DU PROLOGUE.

LE GÉNIE de la reproduction des êtres, ou LA NATURE.

LE GÉNIE DU FEU, qui préside au Soleil, amant de la Nature.

L'OMBRE D'ATAR, roi d'Ormus.

L'OMBRE DE TARARE, soldat.

L'OMBRE D'ALTAMORT, général d'armée.

L'OMBRE D'ARTHENÉE, grand-prêtre de Brama.

L'OMBRE D'URSON, capitaine des gardes d'Atar.

L'OMBRE D'ASTASIE, femme de Tarare.

L'OMBRE DE SPINETTE, esclave du Sérail.

L'OMBRE DE CALPIGI.

UNE OMBRE femelle.

FOULE D'OMBRES des deux sexes, composée de tout ce qui paraîtra dans la pièce.

PROLOGUE DE TARARE.

SCÈNE PREMIÈRE.

LA NATURE et les VENTS *déchaînés*.

L'ouverture fait entendre un bruit violent dans les airs, un choc terrible de tous les Éléments. La toile, en se levant, ne montre que des nuages qui roulent, se déchirent, et laissent voir les Vents déchaînés; ils forment, en tourbillonnant, des danses de la plus violente agitation.

LA NATURE *s'avance au milieu d'eux, une baguette à la main, ornée de tous les attributs qui la caractérisent, et leur dit impérieusement:*

C'est assez troubler l'univers :
Vents furieux, cessez d'agiter l'air et l'onde.
    C'est assez, reprenez vos fers :
    Que le seul Zéphir règne au monde.

    (*L'ouverture, le bruit et le mouvement continuent.*)

PROLOGUE.

CHŒUR DES VENTS *déchaînés.*

Ne tourmentons plus l'univers :
Cessons d'agiter l'air et l'onde.
Malheureux ! reprenons nos fers :
L'heureux Zéphir seul règne au monde.

(*Ils se précipitent dans les nuages inférieurs. Le Zéphir s'élève dans les airs. L'ouverture et le bruit s'appaisent par degrés; les nuages se dissipent; tout devient harmonieux et calme. On voit une campagne superbe, et le Génie du feu descend dans un nuage brillant, du côté de l'orient.*)

SCÈNE II.

LE GÉNIE DU FEU, LA NATURE.

LE GÉNIE DU FEU.

De l'orbe éclatant du soleil,
Admirant des cieux la structure,
Je vous ai vu, belle Nature,
Disposer sur la terre un superbe appareil.

LA NATURE.

Génie ardent de la sphère enflammée,
Par qui la mienne est animée,

A mes travaux donnez quelques moments.
De toutes les races passées,
Dans l'immensité dispersées,
Je rassemble les éléments,
Pour en former une race prochaine
De la nombreuse espèce humaine,
Aux dépens des êtres vivants.

LE GÉNIE DU FEU.

Ce pouvoir absolu qui pèse et les enchaîne,
L'exercez-vous aussi sur les individus ?

LA NATURE.

Oui, si je descendais à quelques soins perdus !
Mais voyez comme la Nature
Les verse par milliers, sans choix et sans mesure.

(*Elle fait une espèce de conjuration.*)

Humains, non encore existants :
Atomes perdus dans l'espace :
Que chacun de vos éléments
Se rapproche et prenne sa place,
Suivant l'ordre, la pesanteur,
Et toutes les lois immuables
Que l'Éternel dispensateur
Impose aux êtres vos semblables.
Humains, non encore existants,
A mes yeux paraissez vivants !

(*Une foule d'Ombres des deux sexes s'élève de toutes parts, vêtue uniformément en blanc, au bruit* d'une symphonie très-douce, et forme des danses lentes et froides, en marquant la plus vive émotion de ce qu'elles sentent, voient et entendent ; puis un Chœur à demi-voix sort du milieu d'elles.)

SCÈNE III.

LE GÉNIE DU FEU, LA NATURE,
FOULE D'OMBRES *des deux sexes.*

CHŒUR D'OMBRES.

(*D'autres Ombres dansent sur l'air du Chœur.*)

Quel charme inconnu nous attire ?
Nos cœurs en sont épanouis.
D'un plaisir vague je soupire,
Je veux l'exprimer, je ne puis.
En jouissant, je sens que je désire,
En désirant, je sens que je jouis.
Quel charme inconnu nous attire ?
Nos cœurs en sont épanouis.

LE GÉNIE DU FEU, *à la Nature.*

Déesse pardonnez ; je brûle de m'instruire
De l'intérêt qui les occupe tous.

LA NATURE.

Parlez-leur.

LE GÉNIE DU FEU *s'adressant aux Ombres.*

Qu'êtes-vous ? et que demandez-vous ?

L'OMBRE D'ALTAMORT.

Nous ne demandons pas, nous sommes.

LE GÉNIE DU FEU.

Qui vous a mis au rang des hommes ?

L'OMBRE D'URSON.

Qui l'a voulu ; que nous importe à nous ?

LE GÉNIE DU FEU.

Comme ils sont froids, sans passions, sans goûts !
Que leur ignorance est profonde !

LA NATURE.

Ah ! je les ai formés sans vous.
Brillant Soleil, en vain la Nature est féconde ;
Sans un rayon de votre feu sacré,
Mon œuvre est morte, et son but égaré.

LE GÉNIE DU FEU.

Gloire à l'éternelle sagesse,
Qui, créant l'immortel amour,
Voulut que, par sa seule ivresse,
L'être sensible obtînt le jour.
Ah ! si ma flamme ardente et pure
N'eût pas embrâsé votre sein,
Stérile amant de la nature,
J'eusse été formé sans dessein.

PROLOGUE

(*En duo.*)

Gloire à l'éternelle sagesse, etc.

LE GÉNIE DU FEU, *montrant les deux Ombres d'Atar et de Tarare.*

Que sont ces deux superbes ombres,
Qui semblent menacer, taciturnes et sombres ?

LA NATURE.

Rien : mais dites un mot ; assignant leur état,
Je fais un roi de l'une, et de l'autre un soldat.

LE GÉNIE DU FEU.

Permettez ; ce grand choix les touchera peut-être.

LA NATURE.

J'en doute.

LE GÉNIE DU FEU *aux deux Ombres.*

Un de vous deux est roi : lequel veut l'être ?

L'OMBRE D'ATAR.

Roi ?

L'OMBRE DE TARARE.

Roi ?

TOUS DEUX.

Je ne m'y sens aucun empressement.

LA NATURE.

Enfants, il vous manque de naître,
Pour penser bien différemment.

LE GÉNIE DU FEU *les examine.*

Mon œil, entr'eux, cherche un roi préférable ;
   Mais, que je crains mon jugement !
   Nature, l'erreur d'un moment
   Peut rendre un siècle misérable.

LA NATURE *aux deux Ombres.*

   Futurs mortels, prosternez-vous :
Avec respect attendez en silence
   Le rang qu'avant votre naissance
   Vous allez recevoir de nous.

(*Les deux Ombres se prosternent ; et pendant que le Génie hésite dans son choix, toutes les Ombres curieuses chantent le chœur suivant, en les enveloppant.*)

CHŒUR DES OMBRES.

   Quittons nos jeux, accourons tous :
   Deux de nos frères à genoux
   Reçoivent l'arrêt de leur vie.

LE GÉNIE DU FEU *impose les mains à l'une des deux Ombres.*

Sois l'empereur Atar, despote de l'Asie,
   Règne à ton gré dans le palais d'Ormus.

   (*A l'autre Ombre.*)
Et toi, soldat, formé de parents inconnus,
   Gémis long-temps de notre fantaisie.

La Nature.

Vous l'avez fait soldat; mais n'allez pas plus loin :
C'est *Tarare*. Bientôt vous serez le témoin
    De leur dissemblance future.

    (*Aux deux Ombres.*)

Enfants, embrassez-vous : égaux par la nature,
Que vous en serez loin dans la société !
De la grandeur altière à l'humble pauvreté,
Cet intervalle immense est désormais le vôtre,
A moins que de Brama la puissante bonté,
    Par un décret prémédité,
    Ne vous rapproche l'un de l'autre,
Pour l'exemple des rois et de l'humanité.

Quatre Ombres principales en chœur.

O bienfaisante Déité !
Ne souffrez pas que rien altère
Notre touchante égalité ;
Qu'un homme commande à son frère !

Toutes les Ombres en chœur.

O bienfaisante Déité !
Ne souffrez pas que rien altère
Notre touchante égalité ;
Qu'un homme commande à son frère !

(*L'Ombre d'Atar seule ne chante pas, et s'éloigne avec hauteur; le* Génie du Feu *la fait remarquer à la* Nature.)

La Nature *au Génie du Feu.*

C'est assez. Éteignons en eux
Ce germe d'une grande idée,
Faite pour des climats et des temps plus heureux.

(*A toutes les Ombres.*)

Tels qu'une vapeur élancée,
Par le froid en eau condensée,
Tombe et se perd dans l'Océan;
Futurs mortels, rentrez dans le néant.
Disparaissez.

(*Au Génie du Feu.*)

Et nous, dont l'essence profonde
Dévore l'espace et le temps;
Laissons en un clin-d'œil écouler quarante ans;
Et voyons-les agir sur la scène du monde.

(*La* Nature *et le* Génie du Feu *s'élèvent dans les nuages dont la masse redescend et couvre toute la scène.*)

Chœur d'Esprits aériens.

Gloire à l'éternelle Sagesse,
Qui, créant l'immortel amour,
Voulut que par sa seule ivresse,
L'être sensible obtînt le jour.

Fin du Prologue.

ACTEURS DE LA PIÈCE.

LE GÉNIE qui préside à la reproduction des êtres, *ou* LA NATURE.

LE GÉNIE DU FEU qui préside au Soleil, amant de la Nature.

ATAR, roi d'Ormus, homme féroce et sans frein.

TARARE, soldat à son service, révéré pour ses grandes vertus.

ASTASIE, femme de Tarare, épouse aussi tendre que pieuse.

ARTHENÉE, grand-prêtre de Brama, mécréant dévoré d'orgueil et d'ambition.

ALTAMORT, général d'armée, fils du grand-prêtre, jeune homme imprudent et fougueux.

URSON, capitaine des gardes d'Atar, homme brave et plein d'honneur.

CALPIGI, chef des Eunuques, esclave européan, chanteur sorti des chapelles d'Italie, homme sensible et gai.

SPINETTE, esclave européanne, femme de Calpigi, cantatrice napolitaine, intrigante et coquette.

ÉLAMIR, jeune enfant des Augures, naïf et très-dévoué.

PRÊTRE DE BRAMA.

UN ESCLAVE.

UN EUNUQUE.

VISIRS.

ÉMIRS.

PRÊTRES de la vie, en blanc.

PRÊTRES de la mort, en noir.

ESCLAVES des deux sexes du Sérail.

MILICE de la garde d'Atar.

SOLDATS.

PEUPLE nombreux.

La scène est dans le palais d'Atar ; dans le temple de Brama ; sur la Place de la ville d'Ormus, en Asie, près du golfe Persique.

TARARE.

Nouvelle ouverture d'un genre absolument différent de la première.

(Les nuages qui couvrent le théâtre s'élèvent; on voit une salle du palais d'Atar.)

SCÈNE PREMIÈRE.

Pendant que l'ouverture s'achève, des soldats nombreux sortent de chez l'Empereur, portant des drapeaux persans déchirés et de riches dépouilles enlevées à l'ennemi.

Un chœur de soldats *sur l'harmonie de l'ouverture.*

Chantons la nouvelle victoire
Dont Tarare a toute la gloire.
Puisqu'on nous laisse enfin ces drapeaux qu'il a pris,
Qu'ils soient de sa valeur et la preuve et le prix.

SCÈNE II.

URSON, *venant au-devant des soldats, leur dit à demi-voix :*

Guérriers, si vous aimez Tarare,
Dans ce palais du moins cessez votre fanfare.
Vous avez trop vanté son courage éclatant.
    L'empereur paraît mécontent.

Les Soldats *se pelotonnent et chantent en chœur d'un ton sourd :*

Avez-vous vu sa contenance,
Et comme il restait en silence?
Portons nos chants en d'autres lieux,
Le peuple nous entendra mieux.

(*Ils sortent sans ordre et précipitamment.*)

SCÈNE III.

ATAR, CALPIGI.

Atar, *en entrant, violemment.*

Laisse-moi, Calpigi!

ACTE PREMIER.

CALPIGI.

La fureur vous égare.
Mon maître ! ô roi d'Ormus ! grâce, grâce à Tarare !

ATAR.

Tarare ! encor *Tarare !* Un nom abject et bas,
Pour ton organe impur a donc bien des appas ?

CALPIGI.

Quand sa troupe nous prit, au fond d'un antre sombre,
Je défendais mes jours contre ces inhumains.
Blessé, prêt à périr, accablé par le nombre,
Cet homme généreux m'arracha de leurs mains.
Je lui dois d'être à vous, Seigneur, faites-lui grâce.

ATAR.

Qui, moi, je souffrirais qu'un soldat eût l'audace
D'être toujours heureux, quand son roi ne l'est pas !

CALPIGI.

A travers le torrent d'Arsace,
Il vous a sauvé du trépas ;
Et vous l'avez nommé chef de votre milice.
A l'instant même encore un important service....

ATAR.

Ah ! combien je l'ai regretté !
Son orgueilleuse humilité,
Le respect d'un peuple hébété,
Son air, jusqu'à son nom... Cet homme est mon supplice.
Où trouve-t-il, dis-moi, cette félicité ?
Est-ce dans le travail, ou dans la pauvreté ?

CALPIGI.

Dans son devoir. Il sert avec simplicité
Le ciel, les malheureux, la patrie et son maître.

ATAR.

Lui ? c'est un humble fastueux,
Dont l'orgueil est de le paraître :
L'honneur d'être cru vertueux
Lui tient lieu du bonheur de l'être :
Il n'a jamais trompé mes yeux.

CALPIGI.

Vous tromper, lui, Tarare ?

ATAR.

Ici la loi des Brames
Permet à tous un grand nombre de femmes;
Il n'en a qu'une, et s'en croit plus heureux.
Mais nous l'aurons cet objet de ses vœux;
En la perdant, il gémira peut-être.

CALPIGI.

Il en mourra !

ATAR.

Tant mieux. Oui, le fils du grand-prêtre,
Altamort a reçu mon ordre cette nuit.
Il vole à la rive opposée,
Avec sa troupe déguisée :
En son absence, il va dévaster son réduit.
Il ravira surtout son Astasie,
Ce miracle, dit-on, des beautés de l'Asie.

ACTE PREMIER.

CALPIGI.

Eh! quel est donc son crime, hélas?

ATAR.

D'être heureux, Calpigi, quand son roi ne l'est pas.
De faire partout ses conquêtes
Des cœurs que j'avais autrefois....

CALPIGI.

Ah! pour tourner toutes les têtes,
Il faut si peu de chose aux rois!

ATAR.

D'avoir, par un manége habile,
Entraîné le peuple imbécile.

CALPIGI.

Il est vrai, son nom adoré,
Dans la bouche de tout le monde,
Est un proverbe révéré.
Parle-t-on des fureurs de l'onde,
Ou du fléau le plus fatal;
Tarare! est l'écho général :
Comme si ce nom secourable
Eloignait, rendait incroyable
Le mal, hélas! le plus certain...

ATAR, *en colère.*

Finiras-tu, méprisable chrétien?
Eunuque vil et détestable;
La mort devrait....

CALPIGI.

La mort, la mort, toujours la mort !
Ce mot éternel me désole :
Terminez une fois mon sort ;
Et puis cherchez qui vous console
Du triste ennui de la satiété,
De l'oisiveté,
De la royauté. (*Il s'éloigne.*)

ATAR, *furieux*.

Je punirai cet excès d'arrogance.

SCÈNE IV.

LES PRÉCÉDENTS, ALTAMORT.

ATAR.

Mais qu'annonce Altamort à mon impatience ?

ALTAMORT.

Mon maître est obéi ; tout est fait, rien n'est su.

ATAR.

Astasie ?

ALTAMORT.

Est à toi, sans qu'on m'ait aperçu,
Sans qu'elle ait deviné qui la veut, qui l'enlève.

ACTE PREMIER.

ATAR.

Au rang de mes visirs, Altamort, je t'élève.
   (*à Calpigi.*)
Pour la bien recevoir sont-ils tous préparés ?
Le sérail est-il prêt, les jardins décorés,
Calpigi ?

CALPIGI.

Tout, Seigneur.

ATAR.

Qu'une superbe fête,
Demain, de ma grandeur enivre ma conquête.

CALPIGI.

Demain ? le terme est court.

ATAR, *en colère.*

Malheureux !

CALPIGI, *vîte.*

Vous l'aurez.

ATAR.

J'ai parlé : tu m'entends ? S'il manque quelque chose...

CALPIGI.

Manquer ! chacun sait trop à quel mal il s'expose.

SCÈNE V.

Tous les Acteurs précédents, SPINETTE, ODALISQUES, esclaves du sérail des deux sexes.

Tout le sérail entre et se range en haie ; quatre esclaves noirs portent Astasie couverte d'un grand voile noir, de la tête aux pieds.

(*On la dépose au milieu de la salle.*)

Chœur *d'esclaves du sérail.*

(*On danse pendant le chœur.*)

Dans les plus beaux lieux de l'Asie,
Avec la suprême grandeur,
L'amour met aux pieds d'Astasie
Tout ce qui donne le bonheur.
Ce n'est point dans l'humble retraite
Qu'un cœur généreux le ressent ;
Et la beauté la plus parfaite
Doit régner sur le plus puissant.

(*On la dévoile.*)

ATAR.

Que tout s'abaisse devant elle.

(*On se prosterne.*)

ACTE PREMIER.

ASTASIE.

O sort affreux, dont l'horreur me poursuit !
Du sein d'une profonde nuit,
Quelle clarté triste et nouvelle....
Où suis-je ? Tout mon corps chancelle.

SPINETTE.

Dans le palais d'Atar.

ATAR.

Calpigi, qu'elle est belle !

ASTASIE *se levant.*

Dans le palais d'Atar ! Ah ! quelle indignité !

ATAR *s'approche.*

D'Atar qui vous adore.

ASTASIE.

Et c'est la récompense,
O mon époux, de ta fidélité !

ATAR.

Mes bienfaits laveront cette légère offense.

ASTASIE.

Quoi, cruel ! par cet attentat,
Vous payez la foi d'un soldat
Qui vous a conservé la vie !
Vous lui ravissez Astasie !

(*Levant les yeux au ciel.*)

Grand Dieu ! ton pouvoir infini,

Laissera-t-il donc impuni
Ce crime atroce d'un parjure,
Et la plus odieuse injure !
O Brama ! Dieu vengeur !...

(*Elle s'évanouit. Des femmes la soutiennent. On l'assied.*)

CALPIGI.

Quel effrayant transport !

UN ESCLAVE *accourant.*

Le voile de la mort a couvert sa paupière.

ATAR *tire son poignard.*

Quoi ! malheureux ! tu m'annonces sa mort !
Meurs toi-même. (*Il le poignarde.*) (1)

(*Courant vers Astasie.*)

Et vous tous, rendez à la lumière
L'objet de mon funeste amour.
A sa douleur tremblez qu'il ne succombe ;
Répondez-moi de son retour,
Ou je lui fais de tous un horrible hécatombe.

ASTASIE, *revenant à elle, aperçoit l'esclave renversé qu'on enlève.*

Dieux ! quel spectacle a glacé mes esprits !

---

(1) Lisez Chardin et les autres voyageurs.

ACTE PREMIER.

ATAR.

Je suis heureux, vous êtes ranimée.
  Un lâche esclave par ses cris,
  M'alarmait sur ma bien-aimée;
De son vil sang la terre est arrosée :
  Un coup de poignard est le prix
  De la frayeur qu'il m'a causée.

ASTASIE *joignant les mains.*

O Tarare! ô Brama! Brama!
  (*Elle retombe, on l'assied.*)

ATAR.

Dans le sérail qu'on la transporte :
  Que cent eunuques, à sa porte,
  Attendent les ordres d'Irza. (1)
C'est le doux nom qu'à ma belle j'impose ;
C'est mon Irza, plus fraîche que la rose
Que je tenais lorsqu'elle m'embrasa.

(*Les esclaves noirs portent Astasie dans le sérail; tous la suivent.*)

---

(1) Le nom d'*Irza* signifie *la plus belle fleur des plus belles fleurs écloses aux premiers soleils du printemps de l'orient de l'Asie.* Tant les langues orientales ont d'avantages sur les nôtres. Lisez les *Mille et une Nuits*, et tous les Contes arabes.

SCÈNE VI.

ATAR', CALPIGI, ALTAMORT, SPINETTE,

CALPIGI, *au Sultan.*

Qui nommez-vous, Seigneur, pour servir la sultane?

ATAR.

Notre Spinette; allez.

CALPIGI.

L'adroite européanne?

ATAR.

Elle-même.

CALPIGI.

En effet, nulle ici ne sait mieux
Comment il faut réduire un cœur né scrupuleux.

SPINETTE, *au roi.*

Oui, Seigneur, je veux la réduire,
Vous livrer son cœur, et l'instruire
Du respect, du retour qu'elle doit à vos feux.

(*Montrant Calpigi.*)

Et... si ce grand succès consterne

ACTE PREMIER.

Le chef... puissant qui nous gouverne,
Mon maître appréciera le zèle de tous deux.

ATAR.

Je l'enchaîne à tes pieds, si tu remplis mes vœux.

(*Spinette et Calpigi sortent en se menaçant.*)

SCÈNE VII.

URSON, ATAR, ALTAMORT.

URSON.

Seigneur, c'est ce guerrier, du peuple la merveille...

ATAR.

Garde-toi que son nom offense mon oreille !

URSON.

Il pleure ; autour de lui tout le peuple empressé
Dit tout haut qu'en ses vœux il doit être exaucé.

ATAR.

Tu dis qu'il pleure, qu'il soupire ?

URSON.

Ses traits en sont presque effacés.

ATAR.

Urson, qu'il entre, c'est assez.

(*à Altamort.*)
Il est malheureux... Je respire.
(*Urson sort.*)

SCÈNE VIII.

TARARE, ALTAMORT, ATAR.

ATAR.

Que me veux-tu, brave soldat?

TARARE, *avec un grand trouble.*

O mon roi! prends pitié de mon affreux état.
En pleine paix, un avare corsaire
Comble sur moi les horreurs de la guerre.
Tous mes jardins sont ravagés,
Mes esclaves sont égorgés;
L'humble toit de mon Astasie
Est consumé par l'incendie....

ATAR.

Grâce au ciel, mes serments vont être dégagés!
Soldat qui m'as sauvé la vie,
Reçois en pur don ce Palais
Que dix mille esclaves Malais
Ont construit d'ivoire et d'ébène :
Ce palais, dont l'aspect riant
Domine la fertile plaine,

ACTE PREMIER.

Et la vaste mer d'Orient.
Là, cent femmes de Circassie,
Pleines d'attraits et de pudeur,
Attendront l'ordre de ton cœur,
Pour t'enivrer des trésors de l'Asie.
Puisse de ton bonheur l'envieux s'irriter !
Puisse l'infâme calomnie,
Pour te perdre, en vain s'agiter !.....

ALTAMORT, *bas.*

Mais, Seigneur, ta hautesse oublie....

ATAR, *bas.*

Je l'élève, Altamort, pour le précipiter.
(*haut.*) Allez, visir, que l'on publie...

TARARE.

O mon roi ! ta bonté doit se faire adorer.
Des maux du sort mon âme est peu saisie ;
Mais celui de mon cœur ne peut se réparer,
Le barbare emmène Astasie.

ATAR, *avec un signe d'intelligence.*

Quelle est cette femme, Altamort ?

ALTAMORT.

Seigneur, si j'en crois son transport,
Quelqu'esclave jeune et jolie.

TARARE *indigné.*

Une esclave ! une esclave ! excuse, ô roi d'Ormus !

A ce nom odieux tous mes sens sont émus.
> Astasie est une déesse.
>
> Dans mon cœur souvent combattu,
> Sa voix sensible, enchanteresse,
> Fesait triompher la vertu.
> D'une ardeur toujours renaissante,
> J'offrais sans cesse à sa beauté,
> Sans cesse à sa beauté touchante,
> L'encens pur de la volupté.
> Elle tenait mon âme active
> Jusque dans le sein du repos :
> Ah ! faut-il que ma voix plaintive
> En vain la demande aux échos ?

ATAR.

Quoi ! soldat ! pleurer une femme !
Ton roi ne te reconnaît pas.
Si tu perds l'objet de ta flamme,
Tout un sérail t'ouvre ses bras.
Faut-il regretter quelques charmes,
Quand on retrouve mille attraits ?
Mais l'honneur qu'on perd dans les larmes,
On ne le retrouve jamais.

TARARE, *suppliant.*

Seigneur !

ATAR.

Qu'as-tu donc fait de ton mâle courage ?
Toi qu'on voyait rugir dans les combats ;
Toi qui forças un torrent à la nage,
En transportant ton maître dans tes bras !

ACTE PREMIER.

Le fer, le feu, le sang et le carnage
N'ont jamais pu t'arracher un soupir,
Et l'abandon d'une esclave volage
Abat ton âme, et la force à gémir !

TARARE, *vivement.*

Seigneur, si j'ai sauvé ta vie,
Si tu daignes t'en souvenir,
Laisse-moi venger Astasie
Du traître qui l'osa ravir.
Permets que, déployant ses ailes,
Un léger vaisseau de transport
Me mène, vers ces infidèles,
Chercher Astasie ou la mort.

SCÈNE IX.

CALPIGI, ATAR, ALTAMORT, TARARE.

ATAR.

QUE veux-tu, Calpigi? (*bas.*) Sois inintelligible.

CALPIGI.

Mon maître, cette Irza si chère à ton amour...

ATAR, *vivement.*

Hé bien ?

CALPIGI.

Elle est rendue à la clarté du jour.

TARARE, *exalté.*

Atar, ta grande âme est sensible,
La joie a brillé dans tes yeux.

(*Un genou en terre.*)

Par cette Irza, Sultan, sois généreux;
A mes maux deviens accessible.

ATAR.

Dis-moi, Tarare, es-tu bien malheureux?

TARARE.

Si je le suis! ah! peut-être elle expire!

ATAR.

Souhaite devant moi qu'Irza cède à mes vœux;
Je fais ce que ton cœur désire.

CALPIGI, *à part.*

Grands Dieux! je sers un homme affreux!

TARARE, *se levant, dit avec feu.*

Charmante Irza, qu'est-ce donc qui t'arrête?
Le fils des dieux n'est-il pas ta conquête?
Puisse-t-il trouver dans tes yeux
Ce pur feu dont il étincelle!
Rends, Irza, rends mon maître heureux....

(*Calpigi lui fait un signe négatif pour qu'il n'achève pas son vœu.*)

.... Si tu le peux, sans être criminelle.

ACTE PREMIER.

ATAR.

Brave Altamort, avant le point du jour,
   Demain qu'une escadre soit prête
   A partir du pied de la tour.
   Suis mon soldat, sers son amour
   Dans les combats, dans la tempête.

(Bas à Altamort.)

S'il revoit jamais ce séjour,
Tu m'en répondras sur ta tête.

(à Tarare.)

   Et toi, jusqu'à cette conquête,
   De tout service envers ton roi,
   Soldat, je dégage ta foi;
J'en jure par Brama.

TARARE, *la main au sabre*.

          Je jure en sa présence,
De ne poser ce fer sanglant,
Qu'après avoir, du plus lâche brigand,
Puni le crime et vengé mon offense.

ATAR, *à Altamort*.

Tu viens d'entendre son serment;
Il touche à plus d'une existence :
Vole, Altamort, et plus prompt que le vent,
Reviens jouir de ma reconnaissance.

ALTAMORT.

Noble roi, reçois le serment

De ma plus prompte obéissance.
Commande, Atar, je cours aveuglément
Servir l'amour, la haine ou la vengeance.

CALPIGI, *à part.*

De son danger, secrètement,
Il faut lui donner connaissance.

(*Atar le regarde. Calpigi dit d'un ton courtisan.*)

Qui sert mon maître, et le sert prudemment,
Peut bien compter sur sa munificence.

(*Ils sortent tous.*)

SCÈNE X.

ATAR *seul.*

Vertu farouche et fière,
Qui jetait trop d'éclat,
Rentre dans la poussière
Faite pour un soldat.
Du crime d'Altamort je vois la mer chargée
Rendre à ton corps sanglant les funèbres honneurs.
Et nous, heureux Atar, de ma belle affligée,
Dans la joie et l'amour, nous sècherons les pleurs.

(*Il sort.*)

FIN DU PREMIER ACTE.

ACTE II.

Le théâtre représente la place publique.

Le palais d'Atar est sur le côté; le temple de Brama, dans le fond.

Atar sort de son palais avec toute sa suite.

Urson sort du temple, suivi d'Arthenée en habits pontificaux.

SCÈNE PREMIÈRE.

URSON, ATAR.

URSON.

Seigneur, le grand-prêtre Arthenée
Demande un entretien secret.

ATAR, *à sa suite.*

Eloignez-vous... Qu'il vienne. Urson, que nul sujet,
  Dans cette agréable journée,
D'un seul refus d'Atar n'emporte le regret.

SCÈNE II.

ARTHENÉE, ATAR. *Tout le monde s'éloigne du roi.*

ARTHENÉE *s'avance.*

Les sauvages d'un autre monde
Menacent d'envahir ces lieux ;
Au loin déjà la foudre gronde :
Ton peuple superstitieux,
Pressé comme les flots, inonde
Le parvis sacré de nos dieux.

ATAR.

De vils brigands une poignée,
Sortant d'une terre éloignée,
Pourrait-elle envahir ces lieux ?
Pontife, votre âme étonnée...
Cependant, parlez, Arthenée,
Que dit l'interprète des dieux ?

ARTHENÉE, *vivement.*

Qu'il faut combattre,
Qu'il faut abattre
Un ennemi présomptueux :
Le sol aride
De la Torride
A soif de son sang odieux.

ACTE II.

Par des mesures
Promptes et sûres,
Que l'armée ait un commandant,
Vaillant, fidèle,
Rempli de zèle :
Mais, sur ce devoir important,
Que le caprice
De ta milice
Ne règle point le choix d'Atar :
Que le murmure,
Comme une injure,
Soit puni d'un coup de poignard.

ATAR.

Apprends-moi donc, ô chef des Brames !
Ce qu'Atar doit penser de toi.
Ardent zélateur de la foi
Du passage éternel des âmes !
Le plus vil animal est nourri de ta main,
Tu craindrais d'en purger la terre !
Et cependant tu brûles, dans la guerre,
De voir couler des flots de sang humain !

ARTHÉNÉE.

Ah ! d'une antique absurdité,
Laissons à l'Indou les chimères.
Brame et Soudan doivent, en frères,
Soutenir leur autorité.
Tant qu'ils s'accordent bien ensemble,
Que l'esclave ainsi garrotté,

Souffre, obéit, et croit, et tremble,
Le pouvoir est en sûreté.

ATAR.

Dans ta politique nouvelle,
Comment mes intérêts sont-ils unis aux tiens?

ARTHENÉE.

Ah! si ta couronne chancelle,
Mon temple, à moi, tombe avec elle.
Atar, ces farouches Chrétiens
Auront des dieux jaloux des miens :
Ainsi qu'au trône, tout partage,
En fait de culte, est un outrage.
Pour les domter, fais que nos Indiens
Pensent que le ciel même a conduit nos mesures :
Le nom du chef, dont nous serons d'accord,
Je l'insinue aux enfants des augures.
Qui veux-tu nommer?

ATAR.
    Altamort.

ARTHENÉE.

Mon fils!

ATAR.
  J'acquitte un grand service.

ARTHENÉE.

Que devient Tarare?

ATAR.
   Il est mort.

ARTHENÉE.

Il est mort!

ATAR.

Oui, demain, j'ordonne qu'il périsse.

ARTHENÉE.

Juste ciel! crains Atar.....

ATAR.

Quoi craindre? mes remords?

ARTHENÉE.

Crains de payer de ta couronne
Un attentat sur sa personne.
Ses soldats seraient les plus forts.
Si, sur un prétexte frivole,
Tu les prives de leur idole,
Cette milice en sa fureur
Peut, oubliant ton rang et ta naissance.....

ATAR.

J'ai tout prévu; Tarare dans l'erreur,
Court à sa perte en cherchant la vengeance.
Qu'une grande solemnité
Rassemble ce peuple agité;
De ses cris et de ses murmures
Montre-lui le ciel irrité.
Prépare ensuite les augures;
Et par d'utiles impostures
Consacrons notre autorité.

(*Il sort.*)

SCÈNE III.

ARTHENÉE seul.

O POLITIQUE consommée !
Je tiens le secret de l'État ;
Je fais mon fils chef de l'armée ;
A mon temple je rends l'éclat,
Aux augures leur renommée.
Pontifes, pontifes adroits !
Remuez le cœur de vos rois.
    Quand les rois craignent,
    Les Brames règnent ;
La tiare agrandit ses droits.
Eh ? qui sait si mon fils, un jour maître du monde !.....

(*Il voit arriver Tarare ; il rentre dans le temple.*)

SCÈNE IV.

TARARE seul. (*Il rêve.*)

DE quel nouveau malheur suis-je encor menacé ?
O Brama ! tire-moi de cette nuit profonde.
    Ce matin, quand j'ai prononcé :
    Qu'à son amour Irza réponde ;
    Un signe effrayant m'a glacé.....
De quel nouveau malheur suis-je encor menacé ?
O Brama ! tire-moi de cette nuit profonde.

SCÈNE V.

CALPIGI, TARARE.

Calpigi *déguisé, couvert d'une cape, l'ouvre.*

Tarare! connais-moi.

TARARE.

Calpigi !

CALPIGI, *vivement.*

Mon héros !
Je te dois mon bonheur, ma fortune et ma vie.
Que ne puis-je à mon tour te rendre le repos !
    Cette belle et tendre Astasie
    Que tu vas chercher au hasard
    Sur le vaste océan d'Asie,
    Elle est dans le sérail d'Atar,
Sous le faux nom d'Irza.....

TARARE.

Qui l'a ravie ?

CALPIGI.

C'est Altamort.

TARARE.

O lâche perfidie !

CALPIGI.

Le golfe où nos plongeurs vont chercher le corail,

Baigne les jardins du sérail :
Si, dans la nuit, ton courage inflexible
Ose de cette route affronter le danger,
De soie une échelle invisible,
Tendue à l'angle du verger.....

TARARE.

Ami généreux, secourable.....

CALPIGI.

Le temple s'ouvre, adieu.

(*Il s'enveloppe et s'enfuit.*)

SCÈNE VI.

TARARE *seul*.

J'IRAI :
Oui j'oserai :
Pour la revoir je franchirai
Cette barrière impénétrable.
De ton repaire, affreux vautour !
J'irai l'arracher morte ou vive ;
Et si je succombe au retour,
Ne me plains pas, tyran, quoi qu'il m'arrive.
Celui qui te sauva le jour,
A bien mérité qu'on l'en prive !

SCÈNE VII.

Le fond du Théâtre, qui représentait le portail du temple de Brama, se retire, et laisse voir l'intérieur du temple, qui se forme jusqu'au devant du Théâtre.

ARTHENÉE, les PRÊTRES DE BRAMA, ELAMIR et les autres enfants des Augures.

ARTHENÉE, *aux prêtres.*

Sur un choix important le ciel est consulté.
Vous, préparez l'autel; vous, nos saintes armures;
Vous, choisissez parmi les enfants des Augures
Celui pour qui Brama s'est plus manifesté,
En le douant d'un cœur plein de simplicité.

UN PRÊTRE.

C'est le jeune Elamir. Il vient à vous.

ELAMIR, *accourant.*
Mon père!

ARTHENÉE *s'assied.*

Approchez-vous, mon fils; un grand jour vous éclaire.
Croyez-vous que Brama vous parle par ma voix,
Et qu'il parle à moi seul?

ELAMIR.
Mon père, oui, je le crois.

ARTHENÉE, *sévèrement.*

Le ciel choisit par vous un vengeur à l'Empire :
Ne dites rien, mon fils, que ce qu'il vous inspire.

(*D'un ton caressant.*)

Ah ! s'il vous inspirait de nommer Altamort !
L'État serait vainqueur, il vous devrait son sort !

ELAMIR, *les mains croisées sur sa poitrine.*

Je l'en supplîrai tant, mon père,
Qu'il me l'inspirera, j'espère.

ARTHENÉE.

Moi je l'espère aussi : priez-le avec transport.

(*Elamir se prosterne.*)

Ainsi qu'une abeille,
Qu'un beau jour éveille,
De la fleur vermeille
Attire le miel ;
Un enfant fidèle,
Quand Brama l'appelle,
S'il prie avec zèle,
Obtient tout du ciel.

(*Il relève l'enfant.*)

Tout le peuple, mon fils, sous nos voûtes arrive.
Avant de nommer son vengeur,
Vous le ferez rougir de sa vaine terreur.
Il croit les Chrétiens sur la rive ;
Assurez-le qu'ils sont bien loin ;
Et du reste, mon fils, Brama prendra le soin.

SCÈNE VIII.

Grande marche.

ATAR, ALTAMORT, TARARE, URSON, ARTHENÉE, ELAMIR, PRÊTRES, ENFANTS, VISIRS, EMIRS, Suite, Peuple, Soldats, Esclaves.

Atar *monte sur un trône élevé dans le temple.*

ARTHENÉE, *majestueusement.*

Prêtres du grand Brama! roi du Golfe Persique!
Grands de l'Empire! peuple inondant le portique!
La nation, l'armée attend un général.

Chœur *universel.*

Pour nous préserver d'un grand mal,
Que le choix de Brama s'explique!

ARTHENÉE.

Vous promettez tous d'obéir
Au chef que Brama va choisir?

Chœur *universel.*

Nous le jurons sur cet autel antique.

ARTHENÉE, *d'un ton inspiré.*

Dieu sublime dans le repos,
Magnifique dans la tempête,

Soit que ton souffle élève aux cieux les flots,
Soit que ton regard les arrête;
Permets que le nom d'un héros,
Sortant d'une bouche innocente,
Devienne cher à ses rivaux;
Et porte à l'ennemi le trouble et l'épouvante!

(*A Elamir.*)

Et vous, enfant, par le ciel inspiré!
Nommez, nommez sans crainte un héros préféré.

(*On élève Elamir sur des pavois.*)

ELAMIR, *avec enthousiasme.*

Peuple, que la terreur égare,
Qui vous fait redouter ces sauvages Chrétiens?
L'État manque-t-il de soutiens?
Comptez, aux pieds du roi, vos défenseurs, Tarare....

CHOEUR *subit du peuple et des soldats.*

Tarare! Tarare! Tarare!
Ah! pour nous Brama se déclare :
L'enfant vient de nommer Tarare.
Tarare! Tarare! Tarare!

ALTAMORT, *en colère.*

Arrêtez ce fougueux transport.

ARTHENÉE.

Peuple, c'est une erreur! (*A Elamir.*)
Mon fils, que Dieu vous touche!

ELAMIR.

Le ciel m'inspirait Altamort;
Tarare est sorti de ma bouche.

ACTE II.

Deux CORIPHÉES de Soldats.

Par l'enfant, Tarare indiqué
N'est point un hasard sans mystère.
Plus son choix est involontaire,
Plus le vœu du ciel est marqué.
Oui, pour nous Brama se déclare;
L'enfant vient de nommer Tarare.

CHOEUR *du peuple et des soldats.*

Tarare! Tarare! Tarare!

(*On redescend Elamir.*)

ATAR *se lève.*

Tarare est retenu pour un premier serment :
Son grand cœur s'est lié d'avance
A suivre une juste vengeance.

TARARE, *la main sur sa poitrine.*

Seigneur, je remplirai le double engagement
De la vengeance et du commandement.

(*Au peuple.*)

    Qui veut la gloire,
    A la victoire
    Vole avec moi.

TOUS.

C'est moi, c'est moi.

TARARE.

    Sujets, esclaves,
    Que les plus braves
    Donnent leur foi.

TARARE,

Tous.

C'est moi, c'est moi.

TARARE.

Ni paix, ni trève,
L'horreur du glaive
Fera la loi.

Tous.

C'est moi, c'est moi.

TARARE.

Qui veut la gloire,
A la victoire
Vole avec moi.

Tous.

C'est moi, c'est moi.

ATAR, *à part.*

Je ne puis soutenir la clameur importune,
D'un peuple entier sourd à ma voix.

(*Il veut descendre.*)

ALTAMORT *l'arrête.*

Ce choix est une injure à tous tes chefs commune ;
Il attaque nos premiers droits.
L'arrogant soldat de fortune
Doit-il aux grands dicter des lois ?

TARARE, *fièrement.*

Apprends, fils orgueilleux des prêtres !
Qu'élevé parmi les soldats,
Tarare avait, au lieu d'ancêtres,

ACTE II.

Déjà vaincu dans cent combats;

(*Avec un grand dédain.*)

Qu'Altamort enfant, dans la plaine,
Poursuivait les fleurs des chardons,
Que les Zéphirs, de leur haleine,
Font voler au sommet des monts.

ALTAMORT, *la main au sabre.*

Sans le respect d'Atar, vil objet de ma haine.....

TARARE, *bien dédaigneux.*

Du destin de l'État tu prétends décider!
Fougueux adolescent, qui veux nous commander,
  Pour titre ici, n'as-tu que des injures?
  Quels ennemis t'a-t-on vu terrasser?
    Quels torrents osas-tu passer?
  Où sont tes exploits, tes blessures?

ALTAMORT, *en fureur.*

Toi, qui de ce haut rang brûles de t'approcher,
Apprends que sur mon corps il te faudra marcher.

(*Il tire son sabre.*)

ARTHENÉE, *troublé.*

O désespoir! ô frénésie!
Mon fils!.....

ALTAMORT, *plus furieux.*

A ce brigand j'arracherai la vie.

TARARE, *froidement.*

Calme ta fureur, Altamort.
Ce sombre feu, quand il s'allume,

Détruit les forces, nous consume :
Le guerrier, en colère, est mort.

(*Il tire son sabre.*)

A R T H E N É E *s'écrie.*

Le temple de nos Dieux est-il donc une arène ?

A T A R *se lève.*

Arrêtez.

T A R A R E.

J'obéis..... (*A Altamort, lui prenant la main.*)
Toi, ce soir, à la plaine.

(*A Calpigi, à part, pendant qu'Atar descend de son trône.*

Et toi, fidèle ami, sans fanal et sans bruit,
Au verger du sérail attends-moi cette nuit.

A T A R *lui remet le bâton de commandement, au bruit d'une fanfare.*

GRANDE MARCHE POUR SORTIR.

Chœur général *sur le chant de la marche.*

Brama! si la vertu t'est chère;
Si la voix du peuple est ta voix;
Par des succès soutiens le choix
Que le peuple entier vient de faire.
 Que sur ses pas,
 Tous nos soldats
Marchent d'une audace plus fière!
Que l'ennemi, triste, abattu,
Par son aspect déjà vaincu,
Sous nos coups morde la poussière!

FIN DU SECOND ACTE.

ACTE III.

Le théâtre représente les jardins du Sérail; l'appartement d'Irza est à droite; à gauche, et sur le devant, est un grand sopha sous un dais superbe, au milieu d'un parterre illuminé. Il est nuit.

SCÈNE PREMIÈRE.

CALPIGI *entre d'un côté;* ATAR, URSON *entrent de l'autre;* DES JARDINIERS *ou* BOSTANGIS *qui allument.*

CALPIGI, *sans voir Atar.*

Les jardins éclairés ! des Bostangis ! pourquoi ?
Quel autre ose au Sérail donner des ordres ?...

ATAR *lui frappant sur l'épaule.*

Moi.

CALPIGI, *troublé.*

Seigneur..... puis-je savoir ?.....

ATAR.

Ma fête à ce que j'aime ?

CALPIGI.

Est fixée à demain, Seigneur, c'est votre loi.

ATAR, *brusquement.*

Moi, je la veux à l'instant même.

CALPIGI.

Tous mes acteurs sont dispersés.

ATAR, *plus brusquement.*

Du bruit autour d'Irza, qu'on danse, et c'est assez.

CALPIGI *à part, avec douleur.*

O l'affreux contre-temps ! De cet ordre bizarre,
Il n'est aucun moyen de prévenir Tarare !

ATAR *l'examinant.*

Quel est donc ce murmure inquiet et profond ?

CALPIGI *affecte un air gai.*

Je dis..... qu'on croira voir ces spectacles de France,
Où tout va bien, pourvu qu'on danse.

ATAR, *en colère.*

Vil chrétien ! obéis, ou ta tête en répond.

CALPIGI *à part, en s'en allant.*

Tyran féroce !

(*Les Bostangis se retirent.*)

SCÈNE II.

ATAR, URSON.

ATAR.

Avant que ma fête commence,
Urson, conte-moi promptement
Le détail et l'événement
De leur combat à toute outrance.

URSON.

Tarare le premier arrive au rendez-vous :
Par quelques passes dans la plaine,
Il met son cheval en haleine,
Et vient converser avec nous.
Sa contenance est noble et fière.
Un long nuage de poussière
S'avance du côté du Nord ;
On croit voir une armée entière ;
C'est l'impétueux Altamort.
D'esclaves armés un grand nombre,
Au galop à peine le suit.
Son aspect est farouche et sombre,
Comme les spectres de la nuit.
D'un œil ardent mesurant l'adversaire ;
Du vaincu décidons le sort.
Ma loi, dit Tarare, est la mort.

L'un sur l'autre à l'instant fond comme le tonnerre.
Altamort pare le premier.
Un coup affreux de cimeterre
Fait voler au loin son cimier.
L'acier étincelle,
Le casque est brisé,
Un noir sang ruisselle.
Dieux ! Je suis blessé.
Plus furieux que la tempête,
A plomb sur la tête,
Le coup est rendu,
Le bras tendu,
Tarare
Pare.....
Et tient en l'air le trépas suspendu.

ATAR.

Je vois qu'Altamort est perdu.

URSON.

Aveuglé par le sang, il s'agite, il chancelle.
Tarare, courbé sur la selle,
Pique en avant. Son fier coursier,
Sentant l'aiguillon qui le perce,
S'élance, et du poitrail renverse
Et le cheval et le guerrier.
Tarare à l'instant saute à terre,
Court à l'ennemi terrassé.
Chacun frémit, le cœur glacé
Du terrible droit de la guerre.....

ACTE III.

O d'un noble ennemi, saint et sublime effort !

ATAR, *en colère.*

Achève donc.

URSON.

Ne crains rien, superbe Altamort :
Entre nous la guerre est finie.
Si le droit de donner la mort
Est celui d'accorder la vie,
Je te la laisse de grand cœur.
Pleure long-temps ta perfidie.

ATAR.

Sa perfidie ?

URSON.

Il s'en éloigne avec douleur.

ATAR, *furieux.*

Il est instruit.

URSON.

Inutile et vaine faveur !
Celui dont les armes trop sûres
Ne firent jamais deux blessures,
A peine, hélas ! se retirait,
Que son adversaire expirait.

ATAR.

Partout il a donc l'avantage !
Ah ! mon cœur en frémit de rage !
Quand, par le combat, Altamort
Voulut hier régler leur sort,

Urson, je sentais bien d'avance
Qu'il allait de sa mort
Payer cette imprudence.
Sans les clameurs d'un père épouvanté,
Le temple était ensanglanté :
Mais son pouvoir força le nôtre
D'arrêter un crime opportun,
Qui m'offrait, dans la mort de l'un,
Un prétexte pour perdre l'autre.
(*Il voit entrer les esclaves.*)
Tout le sérail ici porte ses pas.
Retire-toi : que cette affreuse image,
Se dissipant comme un nuage,
Fasse place aux plaisirs et ne les trouble pas.
(*Urson sort.*)

SCÈNE III.

ATAR, ASTASIE *en habit de Sultane, soutenue par des esclaves, son mouchoir sur les yeux*; SPINETTE, CALPIGI, EUNUQUES, ESCLAVES *des deux sexes.*

ATAR *fait asseoir Astasie sur le grand sopha, près de lui, et dit au chef des Eunuques:*

Eh bien ! vont-ils chanter le bonheur de leur maître ?

CALPIGI.

Dans le léger essai d'une fête champêtre,

Ils ont tous le noble désir
De montrer l'excès de leur joie.

ATAR, *avec dédain.*

Eh! que m'importe leur plaisir,
Pourvu que leur art se déploie!

CALPIGI, *à part.*

De quel monstre, grand Dieu! cette Asie est la proie!
(*Il fait signe aux esclaves d'avancer.*)

Tarare n'est point prévenu :
S'il arrivait, il est perdu.

SCÈNE IV.

LES ACTEURS PRÉCÉDENTS. *Tous les esclaves, en habits champêtres, ouvrent la fête par des danses.*

ATAR *dit à tout le Sérail.*

Saluez tous la belle Irza,
Je la couronne : elle est Sultane.
(*Il lui attache au front un diadème de diamants.*)

CHOEUR UNIVERSEL.

Saluons tous la belle Irza,
L'Amour, du fond d'une cabane,

Au trône d'Ormus l'éleva.
Du grand Atar elle est Sultane.

(*On danse.*)

(*Le ballet fini, des esclaves apportent des vases de sorbet, des liqueurs et des fruits devant Atar et la Sultane. Spinette reste auprès de sa maîtresse, prête à la servir.*)

ATAR, *avec joie.*

Calpigi, ton zèle m'enchante!
J'aime un esprit fertile à qui tout obéit.
Des mers de votre Europe, et contre toute attente,
Apprends-nous quel hasard dans Ormus t'a conduit?
Mais pour amuser mon amante,
Anime ton récit d'une gaîté piquante.

CALPIGI *à part, d'un ton sombre.*

J'y veux mêler un nom qui nous rendra la nuit.

(*Il prend une mandoline, et chante sur le ton de la Barcariole.*)

(*La danse figurée cesse; tous les danseurs et danseuses se prennent par la main pour danser le refrain de sa chanson.*)

CALPIGI.

Premier Couplet.

Je suis né natif de Ferrare:
Là, par les soins d'un père avare,

ACTE III.

Mon chant s'étant fort embelli ;
Ahi ! povero Calpigi !
Je passai du Conservatoire,
Premier chanteur à l'Oratoire
Du souverain di Napoli :
Ah ! bravo, Caro Calpigi !

Le Chœur *répète le derniers vers.*

(*On danse la ritournelle.*)

(*A la fin de chaque couplet, Calpigi se retourne, et regarde avec inquiétude du côté par où il craint que Tarare n'arrive.*)

Second Couplet.

La plus célèbre cantatrice,
De moi fit bientôt par caprice
Un simulacre de mari.
Ahi ! povero Calpigi !
Mes fureurs, ni mes jalousies,
N'arrêtant point ses fantaisies,
J'étais chez moi comme un zéro :
Ahi ! Calpigi povero !

Le Chœur *répète le dernier vers.*

(*On danse la ritournelle.*)

Troisième Couplet.

Je résolus, pour m'en défaire,
De la vendre à certain corsaire ;

Exprès passé de Tripoli :
Ah ! bravo, caro Calpigi !
Le jour venu, mon traître d'homme,
Au lieu de me compter la somme,
M'enchaîne au pied de leur châlit :
Ahi ! povero Calpigi !

LE CHOEUR *répète le dernier vers.*

(*On danse la ritournelle.*)

Quatrième Couplet.

Le Forban en fit sa maîtresse ;
De moi, l'argus de sa sagesse ;
Et j'étais là tout comme ici :
Ahi ! povero Calpigi !

(*Spinette, en cet endroit, fait un grand éclat de rire.*)

ATAR.

Qu'avez-vous à rire, Spinette ?

CALPIGI.

Vous voyez ma fausse coquette.

ATAR.

Dit-il vrai ?

SPINETTE.

Signor, e vero.

CALPIGI *achève l'air.*

Ahi ! Calpigi povero !

ACTE III.

LE CHOEUR *répète le dernier vers.*

(*On danse la ritournelle.*)

(*Ici l'on voit dans le fond Tarare descendre par une échelle de soie ; Calpigi l'aperçoit.*)

CALPIGI, *à part.*

C'est Tarare !

Cinquième Couplet, plus vite.

Bientôt, à travers la Lybie,
L'Égypte, l'Isthme et l'Arabie,
Il allait nous vendre au Sophi :
Ahi ! povero Calpigi !
Nous sommes pris, dit le barbare.
Qui nous prenait ? Ce fut Tarare.....

ASTASIE, *faisant un cri.*

Tarare !

TOUT LE SÉRAIL *s'écrie.*

Tarare !

ATAR, *furieux.*

Tarare !

(*Il renverse la table d'un coup de pied.*)

Astasie se lève troublée. Spinette la soutient. Au bruit qui se fait, Tarare, à moitié descendu, se jette en bas dans l'obscurité.

SPINETTE *à Astasie.*

Dieux ! que ce nom l'a courroucé !

ATAR.

Que la mort, que l'enfer s'empare
Du traître qui l'a prononcé !

(*Il tire son poignard ; tout le monde s'enfuit.*)

SPINETTE, *soutenant Astasie.*

Elle expire !

(*Atar, rappelé à lui par ce cri, laisse aller Calpigi et les autres esclaves, et revient vers Astasie que des femmes emportent chez elle. Atar y entre, en jetant à la porte sa simarre et ses brodequins, à la manière des Orientaux.*)

SCÈNE V.

Le théâtre est très-obscur.

CALPIGI, TARARE, *un poignard à la main, prêt à frapper Calpigi qu'il entraîne.*

CALPIGI *s'écrie.*

O TARARE !

TARARE, *avec un grand trouble.*

O fureur que j'abhorre !
Mon ami...., s'il n'eût pas parlé,
De ma main était immolé.

ACTE III.

CALPIGI.

Tu le devais, Tarare ! Il le faudrait encore,
  Si quelque esclave curieux.....

TARARE, *troublé.*

Mille cris de mon nom font retentir ces lieux !
Je me crois découvert, et que la jalousie.....
Mourir sans la revoir, et si près d'Astasie !....

CALPIGI.

O mon héros ! tes vêtements mouillés,
D'algues impurs et de limon souillés !....
Un grand péril a menacé ta vie !

TARARE, *à demi-voix.*

  Au sein de la profonde mer,
  Seul, dans une barque fragile,
  Aucun souffle n'agitant l'air,
  Je sillonnais l'onde tranquille.
  Des avirons le monotone bruit,
  Au loin distingué dans la nuit,
  Soudain a fait sonner l'alarme :
  J'avais ce poignard pour toute arme.
Deux cents rameurs partent du même lieu :
On m'enveloppe, on se croise, on rappelle :
  J'étais pris !..... D'un grand coup d'épieu,
  Je m'abîme avec ma nacelle,
  Et me frayant sous les vaisseaux
  Une route nouvelle et sûre,
  J'arrive à terre entre les eaux,

Dérobé par la nuit obscure.
J'entends la cloche du beffroi.
L'appel bruyant de la trompette,
Que le fond du golfe répète,
Augmente le trouble et l'effroi.
On court, on crie aux sentinelles :
Arrête ! arrête ! On fond sur moi :
Mais, s'ils couraient, j'avais des ailes.
J'atteins le mur comme un éclair.
On cherche au pied; j'étais dans l'air,
Sur l'échelle souple et tendue,
Que ton zèle avait suspendue.
Je suis sauvé, grâce à ton cœur :
Et pour payer tant de faveur,
O douleur ! ô crime exécrable !
Trompé par une aveugle erreur,
J'allais, d'une main misérable,
Assassiner mon bienfaiteur !
Pardonne, ami, ce crime involontaire.

CALPIGI.

O mon héros ! que me dois-tu !
Sans force, hélas ! sans caractère,
Le faible Calpigi, de tous les vents battu,
Serait moins que rien sur la terre,
S'il n'était pas épris de ta mâle vertu !
Ne perdons point un instant salutaire:
Au Sérail, la tranquillité
Renaît avec l'obscurité.

(*Il prend un paquet dans une touffe d'arbre et dit :*)

ACTE III.

Sous cet habit d'un noir esclave,
Cachons des guerriers le plus brave.
D'homme éloquent deviens un vil muet.

(Il l'habille en muet.)

Que mon héros, surtout, jamais n'oublie
Que, sous ce masque, un mot est un forfait,

(Il lui met un masque noir.)

Et qu'en ce lieu de jalousie,
Le moindre est payé de la vie.

(Ils s'avancent vers l'appartement d'Astasie.)

Tout est ici dans un repos parfait.

(Ici Calpigi s'arrête avec effroi.)

N'avançons pas ! j'aperçois la simarre,
Les brodequins de l'Empereur.

TARARE *égaré, criant.*

Atar chez elle ! Ah ! malheureux Tarare !
Rien ne retiendra ma fureur.
Brama ! Brama !

CALPIGI *lui fermant la bouche.*

Renferme donc ta peine !

TARARE *criant plus fort.*

Brama ! Brama !

(Il tombe sur le sein de Calpigi.)

CALPIGI.

Notre mort est certaine.

SCÈNE VI.

ATAR *sort de chez Astasie*, TARARE, CALPIGI.

CALPIGI *crie, effrayé.*

On vient : c'est le Sultan.

(*Tarare tombe la face contre terre.*)

ATAR, *d'un ton terrible.*

Quel insolent ici ?...

CALPIGI, *troublé.*

Un insolent !.... C'est Calpigi !

ATAR.

D'où vient cette voix déplorable ?

CALPIGI, *troublé.*

Seigneur, c'est..... c'est ce misérable.
Croyant entendre quelque bruit,
Nous faisions la ronde de nuit.
D'une soudaine frénésie
Cette brute à l'instant saisie.....
Peut-être a-t-il perdu l'esprit !
Mais il pleure, il crie, il s'agite,
Parle, parle, parle si vite,
Qu'on n'entend rien de ce qu'il dit.

ACTE III.

ATAR, *d'un ton terrible.*

Il parle, ce muet?

CALPIGI, *plus troublé.*

Que dis-je !
Parler serait un beau prodige !
D'affreux sons inarticulés.....

ATAR *lui prend le bras. Tarare est sans mouvement, prosterné.*

O bizarre sort de ton maître !
Tu maudis quelquefois ton être.....
Je venais, les sens agités,
L'honorer de quelques bontés,
Soupirer l'amour auprès d'elle.
A peine étais-je à ses côtés,
Elle s'échappe, la rebelle !
Je l'arrête et saisis sa main :
Tu n'as vu chez nulle mortelle
L'exemple d'un pareil dédain !
Farouche Atar ! quelle est donc ton envie ?
  Avant de me ravir l'honneur,
  Il faudra m'arracher la vie...
Ses yeux pétillaient de fureur.
Farouche Atar !..... son honneur !..... La sauvage,
  Appelant la mort à grands cris.....
  Atar, enfin, a connu le mépris.

(*Il tire son poignard.*)

Vingt fois j'ai voulu, dans ma rage,

Épargner moi-même à son bras.....
Allons, Calpigi, suis mes pas.

  CALPIGI *lui présente sa simarre.*

Seigneur, prenez votre simarre.

   ATAR.

Rattache avant mon brodequin
Sur le corps de cet Africain.....

  (*Il met son pied sur le corps de Tarare.*)

Je sens que la fureur m'égare !....

   (*Il regarde Tarare.*)

Malheureux nègre, abject et nu,
Au lieu d'un reptile inconnu,
Que du néant rien ne sépare,
Que n'es-tu l'odieux Tarare !
Avec quel plaisir, de ce flanc,
Ma main épuiserait le sang !....
Si l'insolent pouvait jamais connaître
 Quels dédains il vaut à son maître !
 Et c'est pour cet indigne objet,
 C'est pour lui seul qu'elle me brave !.....
Calpigi, je forme un projet :
Coupons la tête à cet esclave ;
Défigure-la tout-à-fait :
Porte-la de ma part toi-même.
Dis-lui qu'en mes transports jaloux,
Surprenant ici son époux.....

   (*Il tire le sabre de Calpigi.*)

Calpigi, je forme un projet:
Coupons la tête à cet Esclave;....
Acte III. Scène VI.

ACTE III.

CALPIGI *l'arréte et l'éloigne de son ami.*

De cet horrible stratagème,
Ah ! mon maître, qu'espérez-vous ?
Quand elle pourrait s'y méprendre,
En deviendrait-elle plus tendre ?
En l'inquiétant sur ses jours,
Vous la ramènerez toujours.

ATAR, *furieux.*

La ramener !..... J'adopte une autre idée.
Elle me croit l'âme enchantée :
Montrons-lui bien le peu de cas
Que je fais de ses vains appas.
Cette orgueilleuse a dédaigné son maître !
O le plus charmant des projets !
Je punis l'audace d'un traître
Qui m'enleva le cœur de mes sujets,
Et j'avilis la superbe à jamais.
Calpigi ?....

CALPIGI, *troublé.*

Quoi ! Seigneur !

ATAR.

Jure-moi sur ton âme
D'obéir.

CALPIGI, *plus troublé.*

Oui, Seigneur.

ATAR.

Point de zèle indiscret ;
Tout-à-l'heure.

CALPIGI, *presque égaré.*

A l'instant.

ATAR.

Prends-moi ce vil muet,
Conduis-le chez elle en secret :
Apprends-lui que ma tendre flamme
La donne à ce monstre pour femme.
Dis-lui bien que j'ai fait serment
Qu'elle n'aura jamais d'autre époux, d'autre amant.
Je veux que l'hymen s'accomplisse :
Et si l'orgueilleuse prétend
S'y dérober, prompte justice.
Qu'à son lit à l'instant conduit,
Avec elle il passa la nuit ;
Et qu'à tous les yeux exposée,
Demain, de mon Sérail, elle soit la risée !
A présent, Calpigi, de moi je suis content.
Toi, par tes signes, fais que cette brute apprenne
Le sort fortuné qui l'attend.

CALPIGI, *tranquillisé.*

Ah ! Seigneur, ce n'est pas la peine,
S'il ne parle pas, il entend.

ATAR.

Accompagne ton maître à la garde prochaine.

(*Il se retourne pour sortir.*)

ACTE III.

CALPIGI, *en se baissant pour ramasser la simarre de l'Empereur, dit tout bas à Tarare.*

Quel heureux dénoûment!

(*Il suit Atar.*)

TARARE *se relève à genoux.*

Mais quelle horrible scène !

(*Il ôte son masque, qui tombe à terre loin de lui.*)

Ah ! respirons.

ATAR *revient à l'appartement d'Astasie, d'un air menaçant, et dit avec une joie féroce.*

Je pense au plaisir que j'aurai,
Superbe, quand je te verrai
Au sort d'un vieux nègre liée,
Et par cent cris humiliée !

(*Il imite le chant trivial des Esclaves.*)

Saluons tous la fière Irza,
Qui, regrettant une cabane,
Aux vœux d'un roi se refusa :
D'un vil muet elle est Sultane.

Hein ! Calpigi?

(*Il va, il vient. Calpigi, sous prétexte de lui donner sa simarre, se met toujours entre lui et Tarare, pour qu'il ne le voie pas sans masque.*

CALPIGI, *effrayé, feint la joie.*

Ha ! quel plaisir mon maître aura !

ATAR.

Hein ! Calpigi ?

CALPIGI.

Quand le Sérail retentira.....

ATAR et CALPIGI, *en duo.*

Saluons tous la fière Irza,
Qui, regrettant une cabane,
Aux vœux d'un roi se refusa :
D'un vil muet elle est Sultane.
(*Le même jeu de scène continue. Ils sortent.*)

SCÈNE VII.

TARARE *seul, levant les mains au ciel.*

Dieu tout-puissant ! tu ne trompas jamais
L'infortuné qui croit à tes bienfaits.

(*Il remet son masque, et suit de loin l'Empereur.*)

FIN DU TROISIÈME ACTE.

ACTE IV.

Le théâtre représente l'intérieur de l'appartement d'Astasie. C'est un salon superbe, garni de sophas et autres meubles orientaux.

SCÈNE PREMIÈRE.

ASTASIE, SPINETTE.

A S T A S I E *entre en grand désordre.*

Spinette, comment fuir de cette horrible enceinte ?

SPINETTE.

Calmez le désespoir dont votre âme est atteinte.

A S T A S I E *égarée, les bras élevés.*

O mort ! termine mes douleurs :
    Le crime se prépare.
Arrache au plus grand des malheurs
    L'épouse de Tarare.

Il semblait que je pressentais
  Leur entreprise infâme !
Quand il partit, je répétais,
  Hélas ! l'effroi dans l'âme !

Cruel ! pour qui j'ai tant souffert,
  C'est trop que ton absence
Laisse Astasie en un désert,
  Sans joie et sans défense !

L'imprudent n'a pas écouté
  Sa compagne éplorée :
Aux mains d'un brigand détesté,
  Des brigands l'ont livrée.

O mort ! termine mes douleurs :
  Le crime se prépare,
Arrache au plus grand des malheurs
  L'épouse de Tarare.

(*Elle se jète sur un sopha avec désespoir.*)

SPINETTE.

Un grand roi vous invite à faire son bonheur.
L'amour met à vos pieds le maître de la terre.
Que de beautés ici brigueraient cet honneur !
Loin de s'en alarmer, on peut en être fière.

ASTASIE, *pleurant.*

Ah ! vous n'avez pas eu Tarare pour amant !

SPINETTE.

Je ne le connais point ; j'aime sa renommée ;
Mais pour lui, comme vous, si j'étais enflammée ;

ACTE IV.

Avec le dur Atar je feindrais un moment ;
Et j'instruirais Tarare au moins de ma souffrance.

ASTASIE.

A la plus légère espérance
Le cœur des malheureux s'ouvre facilement.
J'aime ton noble attachement :
Hé bien ! fais-lui savoir qu'en cette enceinte horrible....

SPINETTE.

Cachez vos pleurs, s'il est possible.
Des secrets plaisirs du Sultan
Je vois le ministre insolent.

(*Astasie essuie ses yeux, et se remet de son mieux.*)

SCÈNE II.

CALPIGI, SPINETTE, ASTASIE.

CALPIGI, *d'un ton dur.*

BELLE Irza, l'empereur ordonne
Qu'en ce moment vous receviez la foi
D'un nouvel époux qu'il vous donne.

ASTASIE.

Un époux ! un époux à moi ?

SPINETTE *le contrefait.*

Commandant d'un corps ridicule!
Abrège-nous ton grave préambule.
Ce nouvel époux, quel est-il?

CALPIGI.

C'est du Sérail le muet le plus vil.

ASTASIE.

Un muet!

SPINETTE.

Un muet!

ASTASIE.

J'expire.

CALPIGI.

L'ordre est que chacun se retire.

SPINETTE.

Moi?

CALPIGI.

Vous.

SPINETTE.

Moi?

CALPIGI.

Vous; vous, Spinette; il y va des jours
De qui troublerait leurs amours.

ASTASIE.

O juste Ciel!

ACTE IV.

SPINETTE, *raillant.*

Dis à ton maître
Que le grand-prêtre
Sera sans doute assez surpris
Qu'à la pluralité des femmes,
On ose ajouter, chez les Brames,
La pluralité des maris.

CALPIGI, *ironiquement.*

Votre conseil au roi paraîtra d'un grand prix.
J'en ferai votre cour.

SPINETTE, *du même ton.*

Vous l'oublîrez peut-être.

CALPIGI.

Non.

SPINETTE.

Vous le rendrez mieux, l'ayant deux fois appris.

(*Elle répète.*)

Dis à ton maître
Que le grand-prêtre
Sera sans doute assez surpris
Qu'à la pluralité des femmes,
On ose ajouter, chez les Brames,
La pluralité des maris.

(*Calpigi sort en lui fesant le signe impérieux de se retirer.*)

SCÈNE III.

ASTASIE, SPINETTE.

ASTASIE, *au désespoir.*

O ma compagne ! ô mon amie !
Sauve-moi de cette infamie.

SPINETTE.

Hé ! comment vous prouver ma foi ?

ASTASIE.

Prends mes diamants, ma parure :
Je te les donne, ils sont à toi.

(*Elle les détache.*)

Ah ! dans cette horrible aventure,
Sois Irza, représente-moi ;
Tu le réprimeras sans peine.

SPINETTE.

Si c'est Calpigi qui l'amène,
Madame, il me reconnaîtra.

ASTASIE *ôte son manteau royal.*

Ce long manteau te couvrira.
Souviens-toi de Tarare, et nomme-le sans cesse ;
Son nom seul te garantira.

ACTE IV.

SPINETTE, *pendant qu'on l'habille.*

Je partage votre détresse.
Hélas ! que ne ferais-je pas
Pour sauver d'un dangereux pas
Mon incomparable maîtresse !

(*Astasie sort précipitamment.*)

SCÈNE IV.

SPINETTE *seule.*

SPINETTE, allons, point de faiblesse !
Le roi dans peu te saura gré
D'avoir adroitement paré
Le coup qu'il porte à sa maîtresse.

(*Elle s'assied sur un sopha.*)

Surcroît d'honneur et de richesse !

SCÈNE V.

CALPIGI, TARARE *en muet*, SPINETTE
assise, voilée, son mouchoir sur les yeux.

CALPIGI *à Tarare, d'un ton sévère.*

CETTE femme est à toi, Muet !

(*Il sort.*)

SCÈNE VI.

TARARE, SPINETTE.

SPINETTE *à part, voilée.*

Comme il est laid !....
Cependant il n'est point mal fait.

(*Tarare se met à genoux à six pas d'elle.*)

Il se prosterne ! il n'a point l'air farouche
Des autres monstres de ces lieux.

(*à Tarare, d'un air de dignité.*)

Muet, votre respect me touche;
Je lis votre amour dans vos yeux :
Un tendre aveu de votre bouche
Ne pourrait me l'exprimer mieux.

TARARE *à part, se relevant.*

Grands Dieux ! ce n'est point Astasie,
Et mon cœur allait s'exhaler !
De m'être abstenu de parler,
O Brama ! je te remercie.

SPINETTE *à part.*

On croirait qu'il se parle bas.
Chaque animal a son langage.

(*Elle se dévoile; Tarare la regarde.*)

ACTE IV.

De loin, je le veux bien, contemplez mes appas.
 Je voudrais pouvoir davantage :
Mais un monarque, un calife, un sultan,
 Le plus parfait, comme le plus puissant,
Ne peut rien sur mon cœur, il est tout à Tarare.

TARARE *s'écrie.*

A Tarare !...

SPINETTE, *se levant.*

Il me parle !

TARARE.

    O transport qui m'égare !
Étonnement trop indiscret !

SPINETTE.

Un mot a trahi ton secret !
Tu n'es pas muet ! téméraire !

(*Elle lui enlève son masque.*)

TARARE, *à ses pieds.*

Madame, hélas ! calmez une juste colère !

SPINETTE, *d'un ton plus doux.*

Imprudent ! quel espoir a pu te faire oser...

TARARE, *timidement.*

Ah ! c'est en m'accusant, que je dois m'excuser.
Etranger dans Ormus, hier on me vint dire
 Que le maître de cet Empire

Donnait à son amante une fête au sérail...
J'ai cru, sous ce vil attirail....

SPINETTE, *légèrement.*

(DUO DIALOGUÉ.)

Ami, ton courage m'éclaire.
Si Tarare aimait à me plaire,
Il eût tout bravé comme toi.
J'oublîrai qu'il obtint ma foi :
C'en est fait, mon cœur te préfère ;
Tu seras Tarare pour moi.

TARARE, *troublé.*

Quoi ! Tarare obtint votre foi !

SPINETTE.

C'en est fait, mon cœur te préfère.

TARARE.

C'est moi que votre cœur préfère ?

SPINETTE.

Tu seras Tarare pour moi.

TARARE, *plus troublé.*

Est-ce un songe, ô Brama ! veillé-je ?
Tout ce que j'entends me confond.
Atar, toi que la haine assiége,
M'as-tu conduit de piége en piége
Dans un abîme aussi profond ?

ACTE IV.

SPINETTE.

Ce n'est point un piége, non, non :
De son pardon
Je te répond.

(*Elle voit entrer des soldats.*)

Ciel! on vient l'arrêter!

TARARE.

Tout espoir m'abandonne.

(*Elle se voile, et rentre précipitamment.*)

SCÈNE VII.

TARARE *démasqué*, URSON, SOLDATS *armés de massues*, CALPIGI, EUNUQUES, *entrant de l'autre côté.*

URSON.

Marchez, soldats,
Doublez le pas.

CALPIGI.

Quoi! des soldats!
N'avancez pas.

URSON, *aux soldats.*

Suivez l'ordre que je vous donne.

CALPIGI, *aux eunuques.*

Ne laissez avancer personne.

CHŒUR *de soldats.*

Doublons le pas.

CHŒUR *d'eunuques.*

N'avancez pas.
Pour tous cette enceinte est sacrée.

CHŒUR *de soldats.*

Notre ordre est d'en forcer l'entrée.

CALPIGI.

Urson, expliquez-vous.

URSON.

Le Sultan agité,
Sur l'effet d'un courroux qu'il a trop écouté,
Veut que l'affreux muet soit massolé, jeté
Dans la mer, et pour sépulture,
Y serve aux monstres de pâture.

CALPIGI *se met entre eux et Tarare.*

Le voici : de sa mort, Urson, je prends le soin.
Les jardins du sérail sont commis à ma garde ;
Mes eunuques sont prêts.

URSON.

Pour que rien ne retarde,
Son ordre est que j'en sois témoin.
Marchez, soldats, qu'on s'en empare.

(*Les soldats lèvent la massue.*)

UN SOLDAT *s'avançant.*

Ce n'est point un muet.

ACTE IV.

URSON.

Quel qu'il soit.

TARARE *se retournant vers eux.*

C'est Tarare.

URSON.

Tarare !...

(*Les soldats et les eunuques reculent par respect.*)

CHOEUR *de soldats et d'eunuques.*

Tarare ! Tarare !

CALPIGI.

Un tel coupable, Urson, devient trop important
Pour qu'on l'ose frapper sans l'ordre du Sultan.

(*A Tarare, à part.*)

En suspendant leurs coups, je te sauve peut-être.

URSON, *avec douleur.*

Tarare infortuné ! qui peut le désarmer !
Nos larmes, contre toi, vont encor l'animer !

CHOEUR *douloureux de soldats.*

Tarare infortuné ! qui peut le désarmer ?
Nos larmes, contre toi, vont encor l'animer !

TARARE.

Ne plaignez point mon sort, respectez votre maître :
Puissiez-vous un jour l'estimer !

(*On emmène Tarare.*)

URSON, *bas à Calpigi.*

Calpigi, songe à toi ; la foudre est sur deux têtes.

(*Il sort.*)

SCÈNE VIII.

CALPIGI *seul, d'un ton décidé.*

Sur deux têtes la foudre, et l'on m'ose nommer !
Elle en menace trois, Atar et ces tempêtes,
Que ta haine alluma, pourront te consumer.

  Va ! l'abus du pouvoir suprême
  Finit toujours par l'ébranler :
  Le méchant, qui fait tout trembler,
  Est bien près de trembler lui-même.

  Cette nuit, despote inhumain,
  Tarare excitait ta furie ;
  Ta haine menaçait sa vie,
  Quand la tienne était dans sa main !

  Va ! l'abus du pouvoir suprême
  Finit toujours par l'ébranler :
  Le méchant, qui fait tout trembler,
  Est bien près de trembler lui-même.

       (*Il sort.*)

FIN DU QUATRIÈME ACTE.

ACTE V.

Le théâtre représente une cour intérieure du palais d'Atar. Au milieu est un bûcher ; au pied du bûcher, un billot, des chaînes, des haches, des massues et autres instruments d'un supplice.

SCÈNE PREMIÈRE.

ATAR, EUNUQUES, suite.

ATAR *examine avec avidité le bûcher et tous les apprêts du supplice de Tarare.*

Fantôme vain ! Idole populaire,
Dont le nom seul excitait ma colère,
Tarare !... enfin tu mourras cette fois !
Ah ! pour Atar, quel bien céleste,
D'immoler l'objet qu'il déteste,
Avec le fer souple des lois !

(*Aux eunuques.*)
Trouve-t-on Calpigi ?

Un eunuque.

Seigneur, on suit sa trace.

Atar.

A qui l'arrêtera, je donnerai sa place.

(*Les eunuques sortent en courant.*)

SCÈNE II.

ATAR, ARTHENÉE.

(*Deux files de prêtres le suivent; l'une en blanc, dont le premier prêtre porte un drapeau blanc, où sont écrits en lettres d'or ces mots :* LA VIE.

L'autre file de prêtres est en noir, couverte de crêpes, dont le premier prêtre porte un drapeau noir, où sont écrits ces mots, en lettres d'argent : LA MORT.

Arthenée *s'avance, bien sombre.*

Que veux-tu, roi d'Ormus, et quel nouveau malheur
Te force d'arracher un père à sa douleur?

Atar.

Ah! si l'espoir d'une prompte vengeance
Peut l'adoucir, reçois-en l'assurance.
Dans mon sérail on a surpris
L'affreux meurtrier de ton fils.

Je tiens la victime enchaînée,
Et veux que par toi-même elle soit condamnée.
Dis un mot, le trépas l'attend.

ARTHENÉE.

Atar, c'était en l'arrêtant...
Sans avoir l'air de le connaître,
Il fallait poignarder le traître :
Je tremble qu'il ne soit trop tard !
Chaque instant, le moindre retard,
Sur ton bras peut fermer le piége.

ATAR.

Quel démon, quel dieu le protége ?
Tout me confond de cette part !

ARTHENÉE.

Son démon, c'est une âme forte,
Un cœur sensible et généreux,
Que tout émeut, que rien n'emporte ;
Un tel homme est bien dangereux !

SCÈNE III.

ATAR, ARTHENÉE, TARARE *enchaîné*, SOLDATS, ESCLAVES, Suite, PRÊTRES DE LA VIE ET DE LA MORT.

ATAR.

Approche, malheureux ! viens subir le supplice,
Qu'un crime irrémissible arrache à ma justice.

TARARE.

Qu'elle soit juste ou non, je demande la mort.
De tes plaisirs j'ai violé l'asyle,
Sans y trouver l'objet d'une audace inutile,
Mon Astasie!.... O ce fourbe Altamort!
Il l'a ravie à mon séjour champêtre,
Sans la présenter à son maître!
Trahissant tout, honneur, devoir...
Il a payé sa double perfidie;
Mais ton Irza n'est point mon Astasie.

ATAR, *avec fureur.*

Elle n'est pas en mon pouvoir?

(*Aux eunuques.*)

Que l'on m'amène Irza. Si ta bouche en impose,
Je la poignarde devant toi.

TARARE.

La voir mourir est peu de chose;
Tu te puniras, non pas moi.

ATAR.

De sa mort la tienne suivie...

TARARE, *fièrement.*

Je ne puis mourir qu'une fois.
Quand je m'engageai sous tes lois,
Atar, je te donnai ma vie,
Elle est toute entière à mon roi;
Au lieu de la perdre pour toi,

ACTE V.

C'est par toi qu'elle m'est ravie.
J'ai rempli mon sort, suis ton choix ;
Je ne puis mourir qu'une fois.
Mais souhaite qu'un jour ton peuple te pardonne.

ATAR.

Une menace ?

TARARE.

Il s'en étonne !
Roi féroce ! as-tu donc compté,
Parmi les droits de ta couronne,
Celui du crime et de l'impunité ?
Ta fureur ne peut se contraindre,
Et tu veux n'être pas haï !
Tremble d'ordonner...

ATAR.

Qu'ai-je à craindre ?

TARARE.

De te voir toujours obéi ;
Jusqu'à l'instant où l'effrayante somme
De tes forfaits déchaînant leur courroux...
Tu pouvais tout contre un seul homme ;
Tu ne pourras rien contre tous.

ATAR.

Qu'on l'entoure !

(*Les esclaves l'entourent.*)

TARARE *va s'asseoir sur le billot, au pied du bûcher, la tête appuyée sur ses mains, et ne regarde plus rien.*

SCÈNE IV.

ASTASIE *voilée*, ATAR, ARTHENÉE, TARARE, SPINETTE, ESCLAVES *des deux sexes*, SOLDATS.

ATAR, *à Astasie.*

Ainsi donc, abusant de vos charmes,
Fausse Irza, par de feintes larmes,
Vous triomphiez de me tromper ?
Je prétends, avant de frapper,
Savoir comment ma puissance jouée....

SPINETTE.

Une esclave fidèle, hélas ! substituée,
Innocemment causa le désordre et l'erreur.

TARARE, *à part, tenant sa tête dans ses mains.*

Ah ! cette voix me fait horreur !

ATAR.

Il est donc vrai, cet échange funeste !
J'adorais sous le nom d'Irza....

(*à Astasie.*)

Va, malheureuse, je déteste
L'indigne amour, qui, pour toi, m'embrasa.
A la rigueur des lois, avec lui, sois livrée !

(*Au grand prêtre.*)

Pontife, décidez leur sort.

ACTE V.

ARTHENÉE.

Ils sont jugés : levez l'étendard de la mort.
De leurs jours criminels la trame est déchirée.

Le grand prêtre déchire la bannière de la vie.

Le prêtre en deuil élève la bannière de la mort.

On entend un bruit funèbre d'instruments déguisés.

CHŒUR *funèbre des esclaves.*

(Astasie se jette à genoux, et prie pendant le chœur. On apporte au grand-prêtre le livre des arrêts, couvert d'un crêpe. Il signe l'arrêt de mort. Deux enfants en deuil lui remettent chacun un flambeau. Quatre prêtres en deuil lui présentent deux grands vases pleins d'eau lustrale. Il éteint dans ces vases les deux flambeaux en les renversant.

Pendant ce temps, les prêtres de la vie se retirent en silence. Le drapeau de la vie déchiré traîne à terre. On entend trois coups d'une cloche funéraire.)

CHŒUR *funèbre.*

Avec tes décrets infinis,
Grand Dieu, si ta bonté s'accorde,
Ouvre à ces coupables punis
Le sein de ta miséricorde !

ARTHENÉE *prie.*

Brama ! de ce bûcher, par la mort réunis,
Ils montent vers le ciel : qu'ils n'en soient point bannis !

Le Chœur funèbre *répond :*

Avec tes décrets infinis, etc.

(*Astasie se relève, et s'avance au bûcher, où Tarare est abîmé de douleur.*)

Astasie, *à Tarare.*

Ne m'impute pas, étranger,
Ta mort que je vais partager.

Tarare *se relève avec feu.*

Qu'entends-je ? Astasie !

Astasie.

Ah ! Tarare !

(*Ils je jettent dans les bras l'un de l'autre.*)

Arthenée, *au roi.*

Je te l'avais prédit.

Atar, *furieux.*

Qu'on les sépare.
Qu'un seul coup les fasse périr.

(*Les soldats s'avancent.*)

Non..... C'est trop tôt briser leurs chaînes ;
Ils seraient heureux de mourir.
Ah ! je me sens altéré de leurs peines,
Et j'ai soif de les voir souffrir.

Astasie, *avec dédain, au roi.*

O tigre ! mes dédains ont trompé ton attente,
Et, malgré toi, je goûte un instant de bonheur :
J'ai bravé ta faim dévorante,

ACTE V.

Le rugissement de ton cœur.
Pour prix de ta lâche entreprise,
Vois, Atar, je l'adore, et mon cœur te méprise.
(*Elle embrasse Tarare.*)

ATAR, *vivement aux soldats.*

Arrachez-la tous de ses bras.
Courez. Qu'il meure, et qu'elle vive.

ASTASIE *tire un poignard qu'elle approche de son sein.*

Si quelqu'un vers lui fait un pas,
Je suis morte avant qu'il arrive.

ATAR, *aux soldats.*

Arrêtez-vous.

ASTASIE, TARARE ET ATAR.
Trio.

TARARE
et
ASTASIE
ensemble.
{
Le trépas nous attend :
Encore une minute,
Et notre amour constant
Ne sera plus en butte
Aux coups d'un noir Sultan.

(*Les soldats font un mouvement.*)

ATAR *s'écrie.*

Arrêtez un moment.

ASTASIE, *seule.*

Je me frappe à l'instant
Que sa loi s'exécute.
Sur ton cœur palpitant,

Tu sentiras ma chute.
Et tu mourras content.

ATAR.

O rage! affreux tourment!
C'est moi, c'est moi qui lutte,
Et leur cœur est content!

ASTASIE.

Sur ton cœur palpitant,
Tu sentiras ma chute,
Et tu mourras content.

TARARE.

Sur mon cœur palpitant,
Je sentirai ta chute,
Et je mourrai content.

SCÈNE V.

ACTEURS PRÉCÉDENTS,

Une foule d'Esclaves *des deux sexes accourt avec frayeur, et se serre à genoux autour d'Atar.*

Chœur d'Esclaves *effrayés.*

Atar, défends-nous, sauve-nous.
Du palais la garde est forcée,
Du sérail la porte enfoncée.
Notre asyle est à tes genoux,
Ta milice en fureur redemande Tarare.

SCÈNE VI.

Les Précédents, toute la Milice *le sabre à la main*, CALPIGI *à leur tête*, URSON.

(*Les prêtres de la mort se retirent.*)

Chœur de Soldats *furieux. Ils renversent le bûcher.*

Tarare, Tarare, Tarare,
Rendez-nous notre général.
Son trépas, dit-on, se prépare.
Ah! s'il reçoit le coup fatal,
Nous en punirons ce barbare.

(*Ils s'avancent vers Atar.*)

Tarare, *enchaîné, écarte les Esclaves.*

Arrêtez, soldats, arrêtez.
Quel ordre ici vous a portés?
O l'abominable victoire!
On sauverait mes jours, en flétrissant ma gloire!
Un tas de rebelles mutins
De l'État ferait les destins!
Est-ce à vous de juger vos maîtres?
N'ont-ils soudoyé que des traîtres?
Oubliez-vous, soldats, usurpant le pouvoir;

Que le respect des rois est le premier devoir ?
Armes bas, furieux ! votre empereur vous casse.

(*Ils se jettent tous à genoux.*)
(*Il s'y jette lui-même, et dit au roi.*)

Seigneur, ils sont soumis ; je demande leur grâce.

ATAR, *hors de lui.*

Quoi ! toujours ce fantôme entre mon peuple et moi !

(*Aux soldats.*)

Défenseurs du Sérail, suis-je encor votre roi ?

UN EUNUQUE.

Oui.

CALPIGI *le menace du sabre.*

Non.

TOUS LES SOLDATS *se lèvent.*

Non.

TOUT LE PEUPLE.

Non.

CALPIGI, *montrant Tarare.*

C'est lui.

TARARE.

Jamais.

LES SOLDATS.

C'est toi.

ACTE V.

TOUT LE PEUPLE.

C'est toi.

ATAR, *avec désespoir.*

(*A Tarare.*)

Monstre!... Ils te sont vendus... Règne donc à ma place

(*Il se poignarde, et tombe.*)

TARARE, *avec douleur.*

Ah! malheureux!

ATAR *se relève dans les angoisses.*

La mort est moins dure à mes yeux.....
Que de régner par toi..... sur ce peuple odieux.

(*Il tombe mort dans les bras des Eunuques qui l'emportent. Urson les suit.*)

SCÈNE VII.

LES ACTEURS PRÉCÉDENTS, *excepté Atar et Urson.*

CALPIGI *crie au peuple.*

Tous les torts de son règne, un seul mot les répare :
Il laisse le trône à Tarare.

TARARE, *vivement.*

Et moi, je ne l'accepte pas.

CHOEUR GÉNÉRAL, *exalté.*

Tous les torts de son règne, un seul mot les répare :
Il laisse le trône à Tarare.

TARARE, *avec dignité.*

Le trône est pour moi sans appas :
Je ne suis point né votre maître.
Vouloir être ce qu'on n'est pas,
C'est renoncer à tout ce qu'on peut être.
Je vous servirai de mon bras :
Mais laissez-moi finir en paix ma vie,
Dans la retraite, avec mon Astasie.

(*Il lui tend les bras, elle s'y jette.*)

SCÈNE VIII.

LES ACTEURS PRÉCÉDENTS, URSON *tenant dans sa main la couronne d'Atar.*

URSON *prend la chaîne de Tarare.*

Non, par mes mains, le peuple entier
Te fait son noble prisonnier :
Il veut que de l'État tu saisisses les rênes.
Si tu rejetais notre foi,
Nous abuserions de tes chaînes,
Pour te couronner malgré toi.

(*Au Grand-Prêtre.*)

Pontife, à ce grand homme, Atar lègue l'Asie ;

ACTE V.

Consacrez le seul bien qu'il ait fait de sa vie :
Prenez le diadème et réparez l'affront,
Que le bandeau des rois a reçu de son front.

ARTHENÉE, *prenant le diadème des mains d'Urson.*

Tarare, il faut céder.

TOUT LE PEUPLE *s'écrie.*

Tarare, il faut céder.

ARTHENÉE.

Leurs désirs sont extrêmes.

TOUT LE PEUPLE.

Nos désirs sont extrêmes.

ARTHENÉE.

Sois donc le roi d'Ormus.

TOUT LE PEUPLE.

Sois, sois le roi d'Ormus.

ARTHENÉE *lui met la couronne sur la tête au bruit d'une fanfare.*

ARTHENÉE, *à part.*

Il est des Dieux suprêmes.

(*Il sort.*)

SCÈNE IX.

TOUS LES PRÉCÉDENTS, *excepté le grand-prêtre.*

Calpigi et Urson se jettent à genoux, et ôtent dans cette posture les chaînes de Tarare.

TARARE, *pendant qu'on le déchaîne.*

ENFANTS, vous m'y forcez, je garderai ces fers :
Ils seront à jamais ma royale ceinture.
De tous mes ornements, devenu les plus chers,
Puissent-ils attester à la race future,
Que, du grand nom de roi, si j'acceptai l'éclat,
Ce fut pour m'enchaîner au bonheur de l'État !

(*Il s'enveloppe le corps de ses chaînes.*)

CHŒUR GÉNÉRAL, *avec ivresse.*

Quel plaisir de nos cœurs s'empare !
Vive notre grand roi Tarare !
Tarare, Tarare, Tarare !
La belle Astasie et Tarare.
Nous avons le meilleur des rois :
Jurons de mourir sous ses lois.

ACTE V.

URSON.

Les fiers Européans marchent vers ces États ;
Inaugurons Tarare, et courons aux combats.

Les soldats et le peuple placent Tarare et Astasie sous le dais où Atar était assis pendant la prière publique. On danse militairement devant eux. Puis Urson et Calpigi, entourés du peuple, chantent ce duo.

URSON ET CALPIGI.

Roi, nous mettons la liberté
Aux pieds de ta vertu suprême.
Règne sur ce peuple qui t'aime,
Par les lois et par l'équité.

DEUX FEMMES *en duo.*

Et vous, reine, épouse sensible,
Qui connûtes l'adversité,
Du devoir souvent inflexible
Adoucissez l'austérité.
Tenez son grand cœur accessible
Aux soupirs de l'humanité.

CHOEUR GÉNÉRAL.

Roi, nous mettons la liberté
Aux pieds de ta vertu suprême ;
Règne sur ce peuple qui t'aime,
Par les lois et par l'équité.

(*Danse des premiers sujets dans tous les genres. Au*

milieu de la fête, un coup de tonnerre se fait entendre, le théâtre se couvre de nuages; on voit paraître au ciel, sur le char du soleil, la Nature et le Génie du Feu.)

SCÈNE X et dernière.

Les acteurs précédents, la NATURE et le GÉNIE du FEU.

Le Génie du Feu.

Nature! quel exemple imposant et funeste!
Le soldat monte au trône, et le tyran est mort!

La Nature.

Les Dieux ont fait leur premier sort;
Leur caractère a fait le reste.

Le tonnerre recommence. Les nuages s'élèvent. On voit dans le fond toute la nation à genoux, son roi à la tête.

Chœur général, *très-éloigné.*

De ce grand bruit, de cet éclat,
O ciel! apprends-nous le mystère!

La Nature et le Génie du Feu, *majestueusement.*

Mortel, qui que tu sois, prince, Brame ou soldat;
Homme! ta grandeur sur la terre

N'appartient point à ton état ;
Elle est toute à ton caractère.

A mesure que la Nature et le Génie prononcent les vers ci-dessus, ils se peignent en caractères de feu dans les nuages.

Les trompettes sonnent ; le tonnerre reprend ; les nuages les couvrent ; ils disparaissent. La toile tombe.

FIN DU SECOND VOLUME DU THÉATRE.

TABLE

DES ARTICLES

CONTENUS DANS CE VOLUME.

~~~~~

Préface du *Mariage de Figaro*, page 1
La Folle Journée, ou *le Mariage de Figaro*,
  comédie en cinq actes et en prose, 57
Un Mot sur la Mère coupable, 323
L'autre Tartuffe, ou *la Mère coupable*, drame
  en cinq actes et en prose, 333
Aux Abonnés de l'Opéra, 487
Apologue à l'Auteur de Tarare, 510
Épître dédicatoire à M. Saliéri, Maître de la
  Musique de S. M. l'Empereur d'Allemagne, 511
Prologue de Tarare, 513
Tarare, opéra en cinq actes, 525

FIN DE LA TABLE DU SECOND VOLUME DU THÉATRE.

www.ingramcontent.com/pod-product-compliance
Lightning Source LLC
Chambersburg PA
CBHW071152230426
43668CB00009B/921